期刊编辑
与高校学术诚信体系研究

邓履翔　著

ZHEJIANG UNIVERSITY PRESS
浙江大学出版社
·杭州·

图书在版编目(CIP)数据

期刊编辑与高校学术诚信体系研究 / 邓履翔著. —
杭州：浙江大学出版社，2022.8
　ISBN 978-7-308-22916-6

　Ⅰ．①期… Ⅱ．①邓… Ⅲ．①高等学校－学术期刊－
期刊编辑－道德规范－研究 Ⅳ．①G644②G237.5

　中国版本图书馆 CIP 数据核字(2022)第 149069 号

期刊编辑与高校学术诚信体系研究

邓履翔　著

责任编辑	宋旭华	
责任校对	胡　畔	
封面设计	周　灵	
出版发行	浙江大学出版社	
	（杭州市天目山路 148 号　邮政编码 310007）	
	（网址：http://www.zjupress.com）	
排　　版	杭州朝曦图文设计有限公司	
印　　刷	广东虎彩云印刷有限公司绍兴分公司	
开　　本	710mm×1000mm　1/16	
印　　张	14.75	
字　　数	273 千	
版 印 次	2022 年 8 月第 1 版　2022 年 8 月第 1 次印刷	
书　　号	ISBN 978-7-308-22916-6	
定　　价	78.00 元	

前　言

　　高校学术诚信问题直接影响着高校的学术声誉。高校的声誉需要长时间积累,但长期积累的好声誉却会因个别学术诚信事件而瞬间崩塌。这也是我国高校管理部门、科研主管部门三令五申加强高校学术诚信体系建设的初衷。长期以来,如何做好高校学术诚信体系建设工作得到了各界的广泛关注。

　　高校学术诚信治理工作牵涉面广、涉及人员多,需要科研管理者、科研工作者、学术期刊编辑等学术共同体成员以及社会各界的实质性参与、联合治理。已有研究成果主要从两个方面提出了解决方案:一是强调规章制度的建立与执行,希望通过高校及高校主管部门制定并严格执行相关法律法规,做到有法可依、有法必依;二是整理国外高校的治理办法,希望借他山之石以攻玉。由于学术期刊与学术不端行为的天然联系,部分研究也从编辑工作出发,希望加强论文发表这一出口管理,减少学术不端问题的发生。应该说,研究成果已经较为充分,以"自律＋他律"共治学术不端问题已成共识。但问题似乎仍未得到解决,近些年来,学术不端问题仍屡有发生。是已经提出来的方法未被执行还是有更深层次的问题未被发现? 这值得思考。

　　高校学术期刊与人才培养、科学研究,期刊编辑的工作与学术不端行为的发现、治理等,都有着密不可分的关系。因此,高校学术期刊编辑在高校学术诚信体系中的角色与作用值得关注。笔者认为高校学术诚信体系建设中极为重要的一个要求就是各利益相关方主动承担起各自的职责。作为高校学术诚信建设体系中的一员,高校学术期刊有义务也有责任承担工作赋予的职责。当前形势下,社会各界越来越关注期刊和编辑工作,国家管理部门和社会各界也对学术期刊编辑提出了更高的要求。学术期刊编辑不应只满足于单纯的论文编辑、出版工作,而应基于自身积累和优势,积极向学术出版服务方向转变。高校学术期刊编辑应在高校科研诚信体系建设中主动承担更多职责。

　　针对学术不端行为防范与治理的问题,可将高校学术期刊编辑的相关工作分为传统与创新两部分：传统的部分是学术期刊编辑严守"把关人"职责，通过学术期刊编辑部建立的各种机制、期刊业界的新技术的实施以及编辑个人的专业素养和能力防范和处理所在期刊可能出现的学术不端问题；创新的部分则需要高校学术期刊有意识地融入高校主流工作，依赖高校学术期刊编辑的自身能力，主动作为，尽可能地帮助所在高校和所在学术期刊预防学术不端行为的发生。

本书遵循"提出问题（高校学术诚信问题是什么）—分析问题（高校学术诚信的现状如何）—解决问题（高校学术期刊编辑可以做什么工作，以及如何参与高校学术诚信治理体系）"的思路展开研究，以党的十八大、十九大及中央有关部委文件精神为指导，以高校学术期刊如何参与高校学术诚信体系建设为研究对象开展研究工作。本书共分七章。第一章介绍本书的研究背景与缘起、研究意义、研究内容与目标、研究思路、研究方法。第二章对"学术诚信"或"学术不端"等相关概念进行了阐述和界定，对高校学术诚信体系建设的相关研究进行了综述，指出了当前高校学术诚信治理过程中存在的错误理解和观点。第三章以责任为主题词，探讨了相关概念、相关要素，引入利益相关方理论，探讨高校学术诚信共同体中高校即高校主管部门、高校教职员工、高校学生及高校学术期刊等各利益相关方的伦理责任。第四章探讨了编辑培养的核心问题，分析了新时代出版工作的衍变与编辑的素质规格及能力要求，给出了编辑需要具备的素养和能力。第五章从学术期刊出版流程着手，探讨了学术期刊针对学术不端行为的防范可设置的相关机制，给出了学术期刊应对各种常见学术不端问题的解决办法，介绍了常用的发现学术不端问题的网站和软件的使用方法。第六章探讨了高校学术期刊参与高校学术诚信体系建设的必要性与可行性，总结分析了 21 世纪以来我国学术诚信相关文件以及 42 所"双一流"高校学术诚信的相关文件，并针对 42 所"双一流"高校预防和处理学术不端行为办法进行了比较研究，进而以"高校学术期刊编辑在高校学术诚信体系建设中的角色和功能"为研究目标，通过问卷调研了解期刊编辑在高校学术诚信建设体系中的角色和功能，分别针对学术诚信各相关利益者——教师、管理人员、研究生以及编辑等群体，开展了调研。第七章在前述调研的基础上，从构建原则、构建方法和策略实施等三个方面提出以高校期刊为中心节点的高校学术诚信治理体系建设的完整策略，进而从事前预防、事中监督、事后处理等三个阶段十个方面给出了高校学术期刊在高校学术诚信治理体系中的角色定位与功能。

本书内容分别得到了中国科技期刊卓越行动计划选育高水平办刊人才青年项目（项目编号：2020ZZ111015）、中信所—泰勒集团前沿实验室课题项目以及湖南省培育世界一流湘版科技期刊建设工程(2021—2022年)科技期刊杰出中青年人才项目(项目编号:2021ZL9004)的资助,课题组成员杜焱、涂鹏、徐佳忆、陈勇、胡英、沈辉戈等也对本书的撰写做出了贡献,在此一并表示感谢!

学术诚信问题日谈日新,高校学术诚信防治体系建设工作一直在路上。限于本书作者的学识、水平和能力,书中难免有不足和欠妥之处,诚请各位专家、学者和读者不吝赐教、指正!

邓履翔

2022年2月9日星期三　雨夹雪

目　录

第一章　绪论

第一节　研究背景与缘起

近年来,我国对诚信问题日益重视。党的十八大报告中文化建设部分在阐述公民道德素质时提出,加强政务诚信、商务诚信、社会诚信和司法公信建设。党的十九大报告在阐述加强思想道德建设时提出,要推进诚信建设和志愿服务制度化,强化社会责任意识、规则意识、奉献意识。学术诚信问题作为诚信问题的一个重要分支,也得到了高度重视。国家针对学术诚信、学术不端行为密集出台了一系列相关文件。如国务院发布《关于优化学术环境的指导意见》(国发〔2015〕94号),要求"实行严格的科研信用制度,建立学术诚信档案,加大对学术不端行为的查处力度";《关于全面加强基础科学研究的若干意见》(国发〔2018〕4号),明确"坚持科学监督与诚信教育相结合""对科研不端行为'零容忍'";2018年3月中央全面深化改革委员会第一次会议通过了《关于进一步加强我国科研诚信建设的若干意见》,会议强调要"进一步加强科研诚信建设,要坚持预防和惩治并举","严肃查处违背科研诚信要求的行为"。教育部发布了《高等学校预防与处理学术不端行为办法》(2016年)、《关于严厉查处高等学校学位论文买卖、代写行为的通知》(教督厅函〔2018〕6号)等文件。可以说,学术诚信问题得到了我国政府、各级管理部门的高度重视,学者、出版者、读者等学术出版共同体成员也积极参与和响应,学术环境进一步优化,我国的学术诚信建设取得了显著的成效。但与之相对应的,学术不端事件仍时有出现。特别是随着新媒体等数字化技术的不断发展和应用,学术不端行为较之以前更隐蔽,手段更复杂。因此,如何进一步推动学术诚信建设和反学术不端工作的具体实施,落地学术不端行为的防范、监督和处理工作(比如运用新媒体技术严厉打击学术不端等),兜底学术诚信底线,已经成为当前编辑出版学及其他诸多相关学科的前沿、热点研究领域。

第二节　研究意义

随着社会和科学技术的不断发展,高校学术失信问题逐渐成为社会关注的热点。研究高校学术失信行为的现状、治理体系不仅具有理论价值,而且也有利于指导现实实践。高校学术期刊作为高校和我国学术体系中的重要一员,近些年来在自身得到极大发展的同时,也尝试更加主动、深入地融入学校主流工作中去,这对高校学术诚信防治工作来说是一个非常好的切入口,高校学术期刊的介入有着极大的理论意义和现实意义。

(一) 对高校科研事业开展的意义

第一,探讨高校学术诚信治理相关的研究有助于保持高校科研事业的纯洁性,营造风清气正的环境。探讨高校学术失信问题的出发点是将高校作为学术研究的重要发源地和活动基地。学术研究活动本身是一项追求客观真理的活动,要求每位科研工作者在科学研究中保持诚信的优良品质。正如美国学者Nicholas H. Stencek在《科研伦理入门》中所描述的:"科学研究事业是一项需要以诚信为基础的事业,与人类的其他的交往活动一样,都离不开诚信这个前提,……科学研究只有建立较高的信用水平,才会推动整个科学事业的空前繁荣发展。然而,只有科研工作者自身用实例证明并传播合乎职业道德规范的科学道德以及精神价值观念,才能始终保持。"[①]要保持高校科学研究事业的纯洁性,需要高校每个科研工作者的共同努力。

第二,探讨高校学术诚信治理相关的研究有助于帮助高校明晰自身所处的位置和现状,推动高校科研事业的可持续发展。要保持科学研究事业的可持续发展,需要每个科研工作者的共同努力。高校出现学术失信行为,不仅是对科学求真精神这一传统和精神的违背,也是对公众对学术活动期望的背叛,学术失信行为本身也会对科学本身的发展带来不利影响。(1)对科研工作公信力的权威性带来不利影响。这些学术失信行为是对既有科研制度规范的一种破坏,对准

---

①　Nicholas H. Stencek. 科研伦理入门 [M]. 曹南燕,等译. 北京:清华大学出版社,2005:6.

科研人员、研究生群体等的诚信观念产生了不好的影响，同时也对整个科研人员群体在社会公众中的形象带来了影响，进而对整个科学事业的可持续发展带来不利的影响。(2)对后续科研工作的开展带来不利影响。这些失信行为会使得研究成果带有不真实的成分，导致后面的科研工作者的研究前提建立在前人错误的研究结果之上。同时，这些失信行为，如伪造、剽窃、篡改等学术不端行为，提高了学术研究的成本，也加大了学术成果应用中的不确定性风险。(3)对学术资源的分配带来不利影响。这些失信行为本身就是对有限的学术资源的浪费，包括研究经费、学生资源等；进而，这些虚假成果，还会造成学术领域内资源的不公平分配、对公共利益的不合理侵占，威胁到公共利益和安全，并最终影响到整个科研工作的正常开展。

(二)开展学术诚信研究工作的意义

第一，有助于推动学术诚信的学术研究。自20世纪80年代开始，国外学者就已经陆续关注并研究与学术诚信有关的问题，很多国外学者对这一问题进行了深入的分析和思考，相关研究成果也较为丰富。从笔者已知的国外研究成果情况来看，对学术诚信相关的研究较为充分，而且理论和实证均较为深入，相关各级失信行为的治理组织基本成立，失信行为也因此更加隐蔽；相较于国外研究成果来说，国内的学者对学术诚信方面的研究成果较少，及至当前，学术诚信相关概念仍未能统一，如一些学者将学术诚信、学术道德、学术规范等概念混用。另外，国内学者探讨学术失信行为的治理问题，大多立足于当前中国的实际情况，从国家政府层面、大学内部学术团体层面、科研合作单位层面等讲政策的多、讲文件的多，但从科研管理制度、法律法规以及实证调查等研究层面进行探讨的较少。这也体现在现有研究的特点上。现有研究对学术诚信问题的研究较为零散，缺乏系统性，理论层面的研究多，实证层面的研究少，侧面研究多，正面研究少。

第二，有助于推动编辑出版学相关的学术研究。学术不端行为与学术期刊经常被联系在一起，学术不端与学术期刊的实际关系到底怎样反而不被关注。其实，从明面上看，学核销期刊只是学术成果的一种承载方式，学术期刊之于学术研究是龙尾和龙头的角色，基于"文责自负"的学术惯例，学术成果是否涉嫌学术失信与学术期刊本身并无太多关系。但随着学术期刊"把关人"角色权重的日益增加，学术期刊逐渐承载了更多的职责，学术期刊编辑的学术研究范围也因此拓宽了。以学术期刊编辑如何看待学术不端行为为例，研究学术期刊编辑应对哪些、哪类学术不端行为做出处理,如何避免学术期刊发生学术不端行为的研究较多,但学术期刊编辑与学术不端行为的关系是怎样的、什么样的学术不端行为编辑可以介入、介入多深等的研究较少,学术期刊编辑开展学术失信相关的研究较为零散、缺乏体系、缺乏整体思维。基于上述几种情况,本书力求做到理论与实证调查相结合,从宏观角度出发,探讨我国高校的学术诚信现状、治理体系,分析各利益相关方的伦理责任,对高校学术期刊编辑该不该、能不能以及如何介入高校学术诚信治理进行较为深入、系统的讨论,并以此为契机,拓宽学术期刊编辑的研究范围,推进中国学术诚信问题研究的深度和广度,丰富学术诚信的理论内涵和治理对策,为高校学术失信行为的治理提供一点借鉴和参考。

(三)对高校学术期刊工作开展的意义

第一,有助于提升高校学术期刊在高校中的地位。教育的根本任务是立德树人。围绕这一根本任务,高校开展各项工作,教学与科研相关的工作和部门权重自然较大,以此来看,高校学术期刊的边缘部门地位是可以理解的。从另一个侧面来看,这种边缘也有着编辑自身的原因。由于历史原因,我国科技期刊编辑界本身存在着诸多问题。一是编辑整体素质偏低。据 2008 年中国科协科技期刊调查,结果显示,编辑人员刊均 4.6 人,学历为本科的占 47.2%,博士及以上的仅占 11.2%,编辑人员从高中生、大专生、本科生,到硕士生、博士生,均有分布,平均文化素质的偏低限制了编辑工作的良性开展。二是专业知识面窄,很多期刊编辑所学专业与期刊涉及的学科领域不吻合,即便相同或相近,但由于长期从事编辑、审校工作,不做或很少做科研工作,不太了解学术前沿动态。三是缺乏提高自身学术修养的意识,有的编辑人员安于现状,缺乏上升动力,主动放弃了更多参与论文质量控制方面的工作。[①] 但边缘部门不代表不重要,不代表不能进入或靠近核心,不代表工作可以懈怠。如何从边缘部门做起,努力发挥自身学识,围绕高校根本任务开展工作应是每个高校学术期刊编辑应该思考的。高校核心竞争力是一所高校的人才培养能力和科学研究能力。学术期刊与人才培养、科学研究都有着密不可分的关系。从学术论文的审核、编校与发表,以及与论文相关的学术失信问题等角度看,高校学术期刊编辑的每个工作环节几乎都与大学的核心竞争力直接相关。由此看来,学术期刊工作不应被边缘。本书的撰写有助于帮助高校学术期刊编辑更好地认识自身工作特点,进而通过工作开

① 邓履翔,彭超群.执行编辑如何把握科技期刊的论文质量[J].中国科技期刊研究,2012(6).

展提升其在高校的地位。

第二,有助于推动高校学术期刊编辑自身工作的开展。推动高校学术期刊编辑自身工作的顺利开展要对编辑工作特点有着清晰的认识。其一,这一职业有特殊性,既要懂理论知识,又要将理论应用到实际中。传统的学术期刊编辑主要集中在语言文字的编辑加工、校对等环节。如今,随着科学技术活动和文化的发展,学术期刊编辑不再只从事文字工作,其工作职责、方法、内容、表现形式随之改变,学术期刊编辑应提高"学术"二字的权重。其二,这一职业发展有幕后性。编辑工作的性质、特点及社会责任,决定了学术期刊编辑要"为他人作嫁衣",勇于做"幕后英雄"。其三,这一职业有可拓展性。编辑要对自身的职业资源有准确判断。从期刊运营来看,论文从接收到发表这一过程,实际上是由编辑主导完成的,虽然编辑不能代替作者、读者和审稿专家,但编辑是连接专家、作者、编辑部、期刊出版公司/平台等学术出版共同体的纽带,是学术出版工作的核心节点。基于上述情况可知,高校学术诚信治理的相关工作是高校学术期刊编辑能参与、可参与、亟须参与的,也是高校学术期刊编辑主动融入高校主流工作、核心工作的一个着力点。高校学术期刊参与高校学术诚信治理体系建设,不仅能提升期刊编辑部在学校的地位,还有效地拓宽了期刊编辑职业范围和上升通道,更有利于期刊工作的开展。

第二节 研究内容与目标

本书以高校学术期刊工作为出发点,从理论视角探讨学术期刊编辑如何开展学术不端行为治理工作,如何尝试参与高校学术诚信治理工作,进而拓宽编辑出版学研究范围。本书研究内容可归纳为以下几个方面。

(一)我国高校学术诚信相关文件总结与分析

国家先后发布了学术诚信相关的文件、指导办法。全国各高校也根据学校实际情况和学科特点,制定了本校的学术诚信相关规则,表现形式如学术诚信指导条例、学术道德规范手册以及预防与处理学术不端行为的办法等。本书尝试以42所"双一流"建设高校为例,收集、整理、归纳、总结已有文件、规定、制度和方法,指出其中存在的问题。

(二)我国高校学术失信的相关表现与原因分析

科研工作者产生学术失信行为的主要原因如下:一是科研工作者对学术规范的认知水平低下,即不了解相关的学术规范;二是科研工作者对学术规范的认同程度,即是否愿意遵守相关规范。而教育权限下放、规范普及程度不够、教师培训时间不够等原因也使得对科研人员的学术诚信教育存在一定程度的缺失。本书尝试从重点高校科研人员、研究生、学术期刊从业人员等遵守学术规范的角度比较分析科研失信现象、产生原因以及解决办法。

(三)高校学术诚信体系建设各利益相关方的伦理责任

科研人员学术道德问题的解决重在科研群体的自我认知和约束。本书尝试从学术共同体的伦理责任建设角度出发,通过问卷调查和专家访谈,审视高校学术期刊从业人员与高校科研活动相关的人员和机构的责任。在责任伦理的视角下,进一步完善高校学术诚信教育、预防与惩处体系,防止学术失范。

(四)高校学术期刊编辑自身能力提升与培养

"打铁还需自身硬",我国学术期刊办刊大多采取全职编辑办刊的模式,编辑水平的高低决定了期刊的水平。面对日益隐蔽的学术不端行为、民众日益增长的惩治学术不端的诉求,学术期刊及从业人员作为学术不端问题的"把关人"的作用越来越凸显。本书尝试探讨学术期刊编辑应如何培养自身素质、提升自身能力,从而从容应对各类学术不端问题带来的挑战。

(五)高校学术期刊在高校学术诚信体系建设中的角色定位和功能重塑

针对学术不端行为防范与治理的问题,笔者将高校学术期刊编辑的相关工作分为传统与创新两部分。传统的部分是学术期刊编辑严守"把关人"职责,通过学术期刊编辑部建立的各种机制、期刊业界的新技术的实施以及编辑个人专业素养和能力防范和处理可能出现的学术不端问题;创新的部分则需要高校学术期刊管理部门有意识地主动融入高校主流工作,也依赖于高校学术期刊编辑自身能力,即如何通过主动作为,尽可能地帮助所在高校和所在学术期刊预防学术不端行为的发生。本书从以上两方面分别讨论高校学术期刊编辑在防范学术不端行为和高校学术诚信治理中的定位和功能。一方面,本书整理、归纳和总结了当前已有的关于学术期刊有哪些体制机制防范学术不端行为、编辑需要判别哪些学术不端行为、编辑可借助哪些网站、软件、组织的帮助实现对学术不端行为进行防范与处理;另一方面,本书针对"双一流"高校学术诚信体系建设工作,围绕科研诚信教育、预防与处罚工作的开展,指出高校学术期刊可以通过自身建设,积极融入高校学术诚信工作的必要性和可行性,并从学术期刊可以为高校学术诚信教育工作提供师资力量、为学术不端问题的产生发挥监督作用、为学术不端行为的认定提供技术支持和理论支撑、为高校学术规范等文件的制定提供参考资料和意见等几个方面给出高校学术期刊的全新角色定位和功能重塑。

第四节　研究思路与技术路线

(一)研究思路

本书遵循"提出问题(高校学术诚信问题是什么)—分析问题(高校学术诚信的现状如何)—解决问题(高校学术期刊编辑可以做什么工作、如何参与高校学术诚信治理体系)"的思路展开研究,以党的十八大、十九大及中央有关部委文件精神为指导,以"双一流"建设视角下的高校学术期刊如何参与高校学术诚信体系建设为研究对象,从解释学术诚信相关概念的内涵着手,分析当前高校学术诚信治理的现状以及学术诚信问题各利益相关方的伦理责任,将高校学术期刊编辑可开展的学术诚信相关工作分为内外两部分,即编辑如何在传统视角下的本职工作范围内开展与论文相关的学术诚信问题的防范、治理与教育工作,编辑如何以自身工作为基础,尝试参与高校学术诚信体系建设,最后,尝试提出了以高校学术期刊为中心节点的高校学术诚信体系的构建策略。

本书运用理论研究、理论探讨与实证调研等相结合的研究方法,对高校学术期刊编辑参与高校学术诚信问题进行了较为深入的研究。以下为本书的各章内容介绍。

第一章,绪论。介绍本书的研究背景与缘起、研究意义、研究内容与目标、研究思路、研究方法。

第二章,学术诚信相关概念及当前研究综述。对"学术诚信"或"学术不端"等相关概念进行了阐述和界定,对高校学术诚信建设的相关研究进行了综述,指出了当前高校学术诚信治理过程中存在的错误理解和观点。

第三章,高校学术诚信治理体系各利益相关方伦理责任。以责任为主题词,探讨了伦理责任的相关概念、相关要素,引入利益相关方理论,探讨高校学术诚信共同体中高校即高校主管部门、高校教职员工、高校学生及高校学术期刊等各利益相关方的伦理责任。

第四章,高校学术期刊编辑的自身建设。高校学术期刊在高校学术诚信治理体系建设中起着越来越重要作用,这一客观事实要求编辑进一步加强自身建设。本章探讨了编辑素质及能力培养的核心问题,分析了新时代出版工作的衍变与编辑的素质、能力要求,明确了编辑需要具备的素养和能力。

第五章,高校学术期刊如何防范和治理学术诚信问题。从学术期刊出版流程着手,探讨了学术期刊针对学术不端行为的防范可设置的相关机制,给出了学术期刊应对各种常见学术不端问题的解决办法,介绍了常用的发现学术不端问题的网站和软件。

第六章,高校学术诚信治理体系中学术期刊编辑的角色定位与功能。高校学术期刊编辑在做好"传统"本职工作的同时,还可以主动拓展工作边界,参与到高校的学术诚信建设体系中。本章探讨了高校学术期刊参与到高校学术诚信教育中的必要性与可行性,总结分析了 21 世纪以来我国学术诚信相关文件以及 42 所"双一流"高校学术诚信的相关文件,并针对 42 所"双一流"高校预防和处理学术不端行为办法进行了比较研究,进而以"高校学术期刊编辑在高校学术诚信体系建设的角色和功能"为研究目标,通过问卷调研了解期刊编辑在高校学术诚信体系建设中的角色和功能,分别针对学术诚信各相关利益者——教师、管理人员、研究生以及编辑等群体,开展了调研。

第七章,以高校学术期刊为中心节点的高校学术诚信治理体系的构建。本章在前述调研的基础上,从构建原则、构建方法和策略实施三个方面提出以高校期刊为中心节点的高校学术诚信治理体系建设的完整策略,进而从事前预防、事中监督、事后处理等三个阶段十个方面论述了高校学术期刊在高校学术诚信治理体系中的角色定位与功能。

(二)技术路线

```
提出问题 ──→   高校学术诚信治理体系        高校学术期刊编辑的
              建设的意义                   现实地位与作用

分析问题 ──→   学术诚信      高校学术      高校学术诚    国家部门    高校相关
              相关概念      诚信研究      信各利益相    文件汇编    文件汇编
                           综述          关方责任

              ┌─学术与科研   ┌─概念与形式   ┌─伦理责任概念
              ├─规范与道德   ├─诚信教育     ├─高校及主管部门
              └─失信与不端   ├─产生原因     ├─教师及科研人员
                            └─治理对策     ├─准科研人员
                                          └─高校期刊编辑

解决问题 ──→   编辑自身建设 ──→ 编辑部防范学术不端行为的机制、方法

              构建以高校学术期刊为中心节点的高校学术诚信防治体系
```

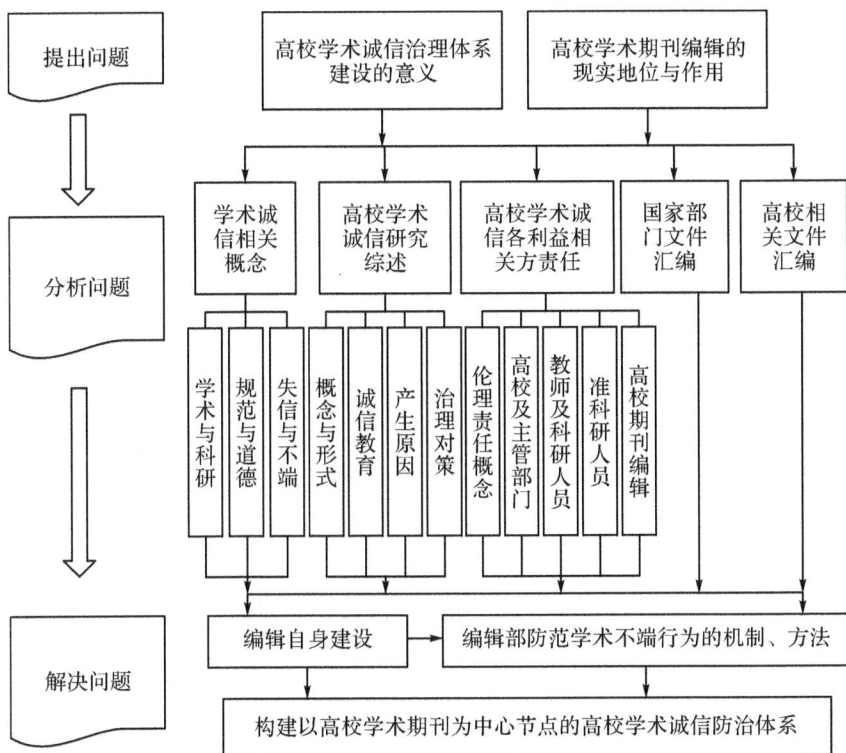

第五节　研究方法

结合研究内容和研究思路,本书采用新闻传播学、图书情报学、统计学、公共管理学等多学科交叉的研究方法展开研究,具体包括如下几点。

(一)文献分析法

文献研究方法是哲学社会科学研究最为基础的研究方法,主要是指就某一个问题搜集、整理、鉴别、研究历史上出现过的文献(包括论文、专著、声像、网络信息等资料),并对这些文献进行深入研究,总结前人就这一问题的理论观点和阐释,并在此基础上就这一问题提出研究者自己的创见。文献研究方法是继承

和借鉴前人的研究成果,促进学术积累和学术发展的重要手段之一。

本书在写作中所参考的研究文献,包括通过中国知网(CNKI)、SSCI数据库等国内外论文数据库,以及百度搜索等网站,检索得到的论文和专著,以及从图书馆借阅和自行购买的有关学术诚信研究的中外重要论著。同时,本书还对近十几年来我国有关部门颁布的学术诚信建设方面的规范性文件、有关知识产权法律法规以及重点高校校内颁布的学术诚信相关文件进行了文本研究和分析。本书对国内外有关学术诚信的研究成果也进行了总结和梳理,在全面了解学术诚信研究成果以及未来研究趋势的基础上,尝试提炼出一些具有创新性的结论。

(二)比较法

比较研究方法是对两个或两个以上的事物或对象进行对比研究,或者是对某一个问题在不同的时间、空间领域内呈现的状态进行对比分析,以找出它们之间的相似性和差异性的一种哲学社会科学研究方法。

本书对涉及学术诚信有关的概念进行了比较和解析,尝试厘清学术诚信与其他相关概念之间的区别和联系。本书以42所"双一流"高校为例,通过网络搜索,经下载、核实、阅读与整理这些高校的学术诚信相关文件等资料,并进行分类和对比。同时,提取出这些资料中较为共性的、较有可操作性的、学校师生员工最需要了解的"学术不端行为处理办法"进行了对比研究。

(三)案例研究方法

案例研究方法是对曾经发生的某一个或某一些事件的内容、特征、原因、影响等问题进行资料搜集和分析,从中找出这类事件发生规律的一种经验研究方法。

本书在写作之前对国内外多年来发生的重大学术不端案例进行了研究,并深入分析了不同案例中的学术不端的表现形式、发生机理和影响因素,为提炼理论论断提供经验支持。同时,本书还在行文中提及了若干个具有某种代表性的典型案例,增加了理论论据的说服力。

(四)调查研究方法

调查研究方法是在科学的理论和方法的指导下,通过问卷、访谈、观察、测量等,有目的、有计划地收集有关问题的资料和数据,并将这些资料和数据进行整理、归纳、分析,总结出研究对象客观规律的哲学社会科学研究方法。本书以高校教师、管理人员、研究生以及学术期刊编辑为调研对象,问卷包括个人基本信息、目前高校科研诚信建设体系建设的总体情况、高校学术期刊编辑与学术诚信体系建设工作的关系等3个方面的内容。问卷设计单选题、多选题及开放性问答题等3种问题,共计30题左右,问卷共计发放4000余人次,分别开展调研,并分析、总结、归纳结果。此次调查研究用问卷调查与随机访谈两种方式收集资料,并对有关数据进行了数理分析,获得了一线数据。这也是本书的创新点之一。

(五)系统研究方法

系统研究方法是把需要解决的问题看作一个系统,并对系统内外要素进行深入综合分析,找出解决问题可行方案的研究方法。本书从系统学研究视角出发,把学术不端问题看作是学术系统在发展演变过程中出现的一个复杂性问题,也是学术共同体所面临的一个共性问题。由于学术系统在发展过程中会受到各种内外因素的影响,存在于学术系统肌体之中的学术不端问题自然也是学术共同体系统内部和外部各个要素之间相互影响和相互制约的结果。因此,研究学术诚信问题和治理学术不端现象,必须要用系统论的方法,综合多学科的理论知识,分析研究与学术诚信相关的科研工作者、科研管理人员、科研机构之间的相互作用以及经济、政治、法律、社会、文化、心理等因素之间的相互影响,这有助于深层次把握学术不端问题的成因,也有助于研究学术诚信问题治理的相关措施。

第六节 小结

本章对全书的章节安排进行了简要说明,将研究的背景、意义以及目标等进行了详细阐述,尝试将研究思路进行较为完整的展示以有利于后续阅读。

第二章　学术诚信相关概念及当前研究综述

厘清相关概念和了解研究现状是研究之初必须要开展的工作。科学发展至今天,学术诚信早已引起全球各国的高度重视,产生了大量的学术诚信相关的研究成果,但学术诚信相关概念似仍未能达成共识。本章尝试探讨学术诚信相关概念并给出笔者自己的理解,进而综述高校学术诚信体系建设的相关研究,以期为后续研究打下基础。

第一节　学术诚信相关概念

概念是展开学术研究之前对研究对象的基本特征和识别范畴进行的界定。对研究对象涉及的概念作出准确描述,或对研究对象进行定义,是展开学术研究的逻辑起点和基础。对"学术诚信"或"学术不端"等相关概念进行界定,是学界开展学术诚信研究时应首先考虑的基本问题。本节收集、整理、归纳已有论文和专著等与学术诚信相关的概念;将这些相关概念分为几个层级,分别是:A 学术、科研、诚信等,B 学术诚信、科研诚信等,C 学术规范、学术道德等,D 学术失范、学术不端、学术腐败等。

自 20 世纪 80 年代起,全球高度重视学术诚信治理,各国政府均在加强治理学术不端行为。与学术诚信问题相关的多个概念,如"学术诚信""科学诚信""研究诚信"等,其定义一直以来未能得到学界、业界的普遍认可,各有其表述,相关专业术语的内涵和使用仍未统一。本节尝试厘清此类概念,界定学术诚信概念的内涵、特征、外延,并进行适度的理论分析,以便统一思路,为后续研究提供支撑。

（一）学术

学术在《新华字典》中的解释是"一切学问的总称"，《现代汉语词典》中解释为"有系统的、专门的学问，泛指高等教育和研究"。英文中对应学术的词为"academic"，来源于古希腊柏拉图创立的阿卡米德学园，英文辞典解释其为"学业的、教学的、学术的（与实践性、技术性相对）"，可理解为"通过理论推理而不是通过实验或实证研究方式获得理论化、学科化知识，该种知识与应用性的技术、技能知识不同"。亚里士多德归纳学术为"实用和制造"。美国著名教育家欧内斯特·博耶（Ernest Boyer）认为，学术指的是创造知识，揭示事物发展的客观规律，或者以一种新的方式使用现有的知识回答并解决疑难问题。[①]

一般认为，理论研究主要在于求证真理，应用研究主要在于求其功用。梁启超认为，"学"为观察事物并求证其规律，"术"为取其真理而应用于社会活动中。有学者认为："学术"指科学或是高深知识，涉及整个知识领域，既包括人文社会科学，又包括自然科学，运用创新知识或理论去解释实际遇到的疑难问题，或用新的方式与手段去解决问题。[②] 还有学者因此认为学术活动包含三个方面内容，即高等教育机构的教学活动、科学研究活动、知识的转化与应用。[③]

（二）科研

科研即科学研究，一般是指利用科研手段和装备，为了认识客观事物的内在本质和运动规律而进行的调查研究、实验、试制等活动，为创造发明新产品和新技术提供理论依据。科学研究的基本任务就是探索、认识未知。我国教育部的定义是：科学研究是指为了增进知识，包括关于人类文化和社会的知识，以及利用这些知识去发明新的技术而进行的系统的创造性工作。美国资源委员会对科学研究工作的定义是：科学研究工作是科学领域中的检索和应用，包括对已有知识的整理、统计以及对数据的搜集、编辑和分析。根据研究工作的目的、任务和方法不同，科学研究通常划分为以下几种类型。

---

① ［美］欧内斯特·博耶.学术水平反思——教授工作的重点领域［M］.北京：人民教育出版社，1994：32.

② 杨萍，朱伯兰.高等学校学术道德建设及其学术不端行为惩处机制研究［R］.2010年教育部人文社科项目研究报告，2012：4.

③ 沈亚平.学术诚信与建设［M］.北京：高等教育出版社，2017：8.

1. 基础研究,是对新理论、新原理的探讨,目的在于发现新的科学领域,为新的技术发明和创造提供理论前提。

2. 应用研究,是把基础研究发现的新的理论应用于特定的目标的研究,它是基础研究的继续,目的在于为基础研究的成果开辟具体的应用途径,使之转化为实用技术。

3. 开发研究,又称发展研究,是把基础研究、应用研究应用于生产实践的研究,是科学转化为生产力的中心环节。

基础研究、应用研究、开发研究是整个科学研究系统三个互相联系的环节,它们在一个国家、一个专业领域的科学研究体系中协调一致地发展。科学研究应具备一定的条件,如需有一支合格的科技队伍、必要的科研经费、完善的科研技术装备以及科技试验场所等。

(三)诚信

对于诚信,英文有 integrity 和 accountability 两种表达,英语中 integrity 有"坚定地按照道德、艺术或其他价值准则办事"的含义,accountability 的意思是"对自己的决定、行为负有责任,有说明义务"。诚信是人类社会存在和运行的根基,其重要性不言而喻。不欺骗、不歪曲、不掩盖、不做作、不弄虚作假是诚信的基本特质。诚信是指诚实信用的品行,即内诚于心、外信于人,包括真诚的内在道德品质和外在的具体行为及其价值指向,体现了忠于职责的责任感和义务感。诚信作为人类合作的道德基础,也是人类赖以生存的必要前提。从某种意义上说,公民的诚信观既是一个国家政治、经济、文化的积淀,也是一个国家文明系统的反映。[①]

(四)学术诚信

学术诚信主要是指学术行为主体在从事一切学术活动中,坚持诚实守信的良好道德意识和行为,坚守严谨求实的科学态度,践行实事求是的工作作风,恪守学术规范和学术道德等。美国学术诚信中心将学术诚信定义为学术研究中坚持诚实、信任、公平、尊重、责任这五项基本价值观。诚实(honesty)就是学者(包括教师和学生)在学习、教学、研究和服务中坚持诚实不欺骗的原则,真诚地探索

---

① 杨萍,靳丽遥.高校学术诚信体系建设研究[M].北京:经济科学出版社,2019:5.

真理和知识。信任（trust）就是大学应积极营造相互信任的气氛，只有在学者之间建立了学术信任的关系和气氛，学术交流和学术发展才能顺利进行。公平（fairness）就是要公平地对待学术成果，公正地展开学术评价估计。尊重（respect）就是要尊重别人的学术观点和意见，引用他人的学术研究成果时必须予以公开标注和致谢。责任（responsibility）就是学术团体的每一位成员都恪守的学术研究诚信规范和标准，并在面对学术不道德行为时，坚守职责，采取实际行动予以制止。

　　本书研究的"学术诚信"，是指高校师生在一切学术活动中，都应该坚持科学精神，自觉遵守学术道德和学术规范，诚实守信、严谨求实。这是国家基于学术活动的特性而对从事学术活动的主体提出的道德和法律要求，包含内在的诚实品质和外在的社会信用评价等内容。

（五）科研诚信

　　对于科研工作者而言，诚信就是诚实地从事科研工作，遵守学术共同体的标准和规则，尊重事实、尊重客观规律，严谨、真实地报告科研成果并尊重别人的成果。科研诚信是指科研工作者在科学研究活动中不弄虚作假、不搞欺骗，发扬求真务实、推崇科技创新、开放协作的科学精神。

（六）学术规范

　　学术规范是人们在学术活动中应当遵守的各种行为规范的总和[①]，是学者在其从事学术研究活动的过程中，就如何进行知识生产及再生产和如何进行知识交流及传播等具体的学术活动所达成的共识。完善的学术规范应当包含三个层次的内容：道德层次、内容层次和技术层次。[②] 学术规范是学术共同体内部逐渐形成的、便于操作的、一系列关于学术研究方法的基本规定。学术规范是学术研究活动健康、正常开展的必要条件。有效的学术规范的内容应能规范、约束和引导学者去实现学术共同体的知识创新目标，同时可以作为依据，学术共同体可对违背这些规范的行为实施道德谴责，相应的学术机构可实施惩罚。这就是学术规范产生和存在的意义。学术规范需要制度建设。学术规范的价值不仅仅是为规范而规范，即"对学术研究本身进行规范"，其根本目的在于保证学术研究的

　　①　王玉林.试论学术规范的构成[J].图书情报,2005(6).
　　②　陈学飞.谈学术规范及其必要性[J].中国高等教育,2003(11).

价值,保证"学术研究促进知识增量进而促进社会进步这一根本性目的"。① 学术规范不仅仅约定从事学术活动的技术性标准,更重要的是通过建立学术秩序、明确学术道德、规范学术交流,从而保证学术研究能够促进社会进步。

(七)学术道德

道德是社会意识形态之一,是反映和调整人们现实生活中的利益关系,用善恶标准评价,维系人们内心信念、传统习惯和社会舆论的价值观和行为规范的总和。作为道德组成部分之一的职业道德是所有从业者在职业活动中应遵循的行为准则,包涵了从业者与服务对象、职业与职业之间的关系。随着现代社会分工的发展和专业化程度的增高,市场竞争日趋激烈,整个社会对从业者的职业观、职业态度、职业技能、职业纪律和职业作风的要求越来越高。特别是在"为人师表"的教师行业,职业道德如何更是影响到"国家的未来"。因此,大力倡导教师职业道德建设尤为重要。目前,学术活动主要集中在大学和科研机构,其中大学教师是开展学术活动的主要力量之一,作为大学学术活动主力军的大学教师,其职业道德的组成部分就是坚守学术道德。学术道德是指科研工作者在从事学术研究活动的整个过程及结果中,处理人与人、人与社会、人与自然关系时,所应遵循的行为准则和规范的总和。学术道德是治学的起码要求,是学者的学术良心,其实施和维系主要依靠学者的自觉以及学术共同体内的道德舆论。它具有自律和示范的特性,学术道德的沦陷无疑意味着学术失范现象的产生和蔓延。

学术道德意义广泛,广义上包含以下层面的问题:一是学术诚信问题,主要是指防治学术不端行为,同时重视和治理学术研究中的不当行为;二是学术伦理问题,主要是指研究动机和结果,防止将学术研究引向违背人类伦理要求的方向;三是学术责任问题,主要是指学术研究承担的社会功能,包括研究高深学问的责任、培养人才的责任、引领先进文化的责任、服务社会发展的责任等;四是学术规范问题,主要是指制定科研活动的行为准则规范以及科研伦理相关的规章制度和行为指南;五是学术自律问题,既强调与科研工作者道德品质和伦理责任相关的个人自律,也注重科研机构的自律。②

---

① 田成有,李斌.学术行为的规范化:反思与重构[J].学术探索,2005(2).
② 文丰安.中国大学学术规范化与治理研究[M].北京:中国社会科学出版社,2010:23.

(八)学术不端

学术不端,英文为 academic misconduct 或 research misconduct。与学术不端常混用的概念还有学术失范、学术越轨、学术不当、学术造假、学术欺诈等。从世界范围来看,由于不同价值观及学术观念的差异,学术界没有对"学术不端"的统一界定。美国科研诚信中心(Office of Research Integrity,ORI)定义学术不端为"计划、实施和评议科研项目及报告科研结果时的编造、篡改或抄袭行为"。(Research misconduct means fabrication, falsification, or plagiarism in proposing, performing, or reviewing research or in reporting research results.)中华人民共和国新闻出版行业标准《学术出版规范期刊学术不端行为界定》(CY/T 174—2019)界定了学术期刊论文作者、审稿专家、编辑所可能涉及的学术不端行为,指出了 6 种行为属于学术不端,即剽窃、伪造、篡改、不当署名、一稿多投以及重复发表。教育部 2016 年第 14 次部长办公会议审议通过并实施的《高等学校预防与处理学术不端行为办法》将 7 种行为认定为学术不端行为:剽窃、抄袭、侵占他人学术成果;篡改他人研究成果;伪造科研数据、资料、文献、注释,或者捏造事实、编造虚假研究成果;未参加研究或创作而在研究成果、学术论文上署名,未经他人许可而不当使用他人署名,虚构合作者共同署名,或者多人共同完成研究而在成果中未注明他人工作、贡献;在申报课题、成果、奖励和职务评审评定、申请学位等过程中提供虚假学术信息;买卖论文、由他人代写或者为他人代写论文;其他根据高等学校或者有关学术组织、相关科研管理机构制定的规则认定的学术不端行为。

可见,虽然世界各国对学术不端的定义有一定差异,但其核心构成要素基本是相同的,即剽窃、伪造和篡改等。

(九)述评

1.较科研而言,学术所指范围更广。学术泛指所有与知识传播、揭示等相关的活动。科研是科学领域中的检索和应用,包括对已有知识的整理、统计以及对数据的搜集、编辑和分析研究工作,专指现代科学研究体系下知识的创造、揭示与解释。本书研究的学术活动,是指包括所有高校师生员工从事的一切"学"和"术"的活动,既包含论文、著作、专利等,又包含各级课题和奖项的申请与获得等,还包含学习课程作业、课程小论文、实验等活动。

2.诚信、社会诚信、学术诚信、高校学术诚信等概念,其本质上都属于道德范畴的内容,都指诚实信用的品行,不同点在于内涵与外延的大小不同,即范围由大到小依次为诚信、社会诚信、学术诚信、高校学术诚信,可以用数学领域的集合理论中的包含关系表示为:高校学术诚信⊂学术诚信⊂社会诚信⊂诚信。也就是说,诚信是最广泛的概念,高校学术诚信则是这四个词语中范围最小的概念。

学术诚信侧重学者内在的道德良心和价值认知;科研诚信问题指的是科学研究全过程中的诚信问题,主治科研不端。学术诚信范围更广,泛指与学术相关的所有行为的诚信问题。现实生活中两者常混用。

3.学术规范重在可操作,具体由学术共同体或学者所在单位依据多年以来从事学术活动所遵循的约束来制定的条例展现。学术道德包含面较广,包括学术诚信问题、学术伦理问题、学术责任问题、学术规范问题、学术自律问题等。

学术失范即为违背具体条例。学术不端包含违背学术道德,强调外在行为的规范与约束,部分内容可能涉嫌违法;科研失信指的是科学研究工作中的不诚信行为,现实生活中科研失信与学术不端常混用;学术腐败是指在学术活动中以公权力来谋私利,已经涉嫌违法。

4.对于科研诚信概念的理解,2009年,科技部诚信建设办公室组织编写的《科研诚信知识读本》明确了科研诚信的概念——指科研工作者要实事求是、不欺骗、不弄虚作假,还要恪守科学价值准则、科学精神以及科学活动的行为规范。国外机构,如美国科研诚信办公室(ORI),定义科研诚信:指在科研项目的申报、实施和评价等科研活动过程中应该使用诚实的、能够验证的、科学的研究方法,所呈现的研究成果报告必须遵守相关的法律法规、普遍认可的行为规范和准则。

5.根据对各组概念、国内外相关概念的比较分析可知,学术与科研的概念区分界线相对模糊,科研从字面意思更容易确定范围,即科学研究工作,偏重实验性科学,学术研究则相对泛化,特别是对于人文社科研究而言,更愿意使用"学术研究"。而从《科研诚信知识读本》给出的"科研诚信"概念来看,也只是以"科研工作者"这一泛化的词来涵盖所有科研人员(当然包括人文社会科学的研究者),重在给出什么是"诚信"。现实生活中,高校学生、教师以及管理人员等,也常将科研诚信与学术诚信、科研失信、学术不端等概念混用。

总之,学术诚信是学术道德内涵之内的概念,亦即学术道德是学术诚信的上位概念,学术诚信是学术道德的下位概念。学者在主观上要坚决恪守学术诚信和学术道德,在客观上要自觉遵守学术规范。学术规范是学术道德具体化为可以操作的学术行为规范的总和,是学者保持和坚守学术道德和学术诚信的制度化的外在保障。学者在科学研究中只有恪守学术规范的要求，才能在主观上自觉达成学术道德和学术诚信的研究样态。学术不端是学者在主观上违背学术诚信和学术道德，在客观上违反学术规范的一种学术研究的不当行为。学术不端是学术治理的重要内容。

考虑到研究表述的统一，本书在进行文献综述和借用已有研究成果的表述中，仍然会沿用其原有的表达，而对于本书开展的研究，则将尽量统一相关的用语，即采用学术失信、学术诚信这一对词语。笔者认为：学术失信囊括了学术失范、学术不端甚至学术腐败等词的含义，即学术失信⊃学术失范⊃学术不端⊃学术腐败。学术失信可以被认为是一个范围较广的概念，学术失信行为是指一切违反学术道德的行为；学术不端行为一旦发生，就意味着相关利益方必须被处理；学术腐败被曝光，意味着法律必须要介入。从本研究开展的目的来看，笔者希望将高校学术期刊从业人员引入高校学术诚信的治理体系中，书中多以学术失信一词来表达学术不道德的行为，用学术不端行为特指那些已经违反相关定义且需各利益相关方介入和处理的行为。

第二节　高校学术诚信的研究现状

高校作为学术诚信问题的主要聚集地和发生地之一，逐渐受到研究者的重视。近年来，学界、科研管理机构、期刊编辑等对于高校学术诚信的方方面面展开了大量研究，取得了不少成果。在中国知网分别以"高校学术诚信/科研诚信""高校学术不端行为"在"篇名"和"主题"中检索近十年的相关研究文献，经检索、过滤得到相关论文300余篇。经过整理、分析、归纳，选取部分典型观点，将现有相关研究分为以下四个部分进行简要介绍。

（一）对学术不端行为的概念和表现形式的研究

张宇和李立[①]认为科研诚信是科学工作者开展科学研究的道德基础，也是科研管理工作者和政府监督部门共同遵守的行为准则。科研诚信是指科技人员在科技活动中弘扬以追求真理、实事求是、崇尚创新、开放协作为核心的科学精神，遵守相关法律法规，恪守科学道德准则，遵循科学共同体公认的行为规范。

---

① 张宇，李立.高校科研论文诚信问题及相关防范机制建立[J].中国编辑，2019(2).

学术不端行为系指违反学术规范、学术道德的行为,主要分为捏造数据、篡改数据和剽窃三大类。近年来,一稿多投、抄袭或剽窃他人学术成果、伪造或篡改实验数据等也包括其中。刘一玮①认为学术不端行为是一个集合性概念,包含了表现形式多种多样的学术不规范、不道德的行为,主要体现在以下几个方面:一稿多投、重复发表;剽窃抄袭,侵占他人研究成果;虚假署名、由第三方机构代写代发;不实数据、资料、注释、参考文献等。蒋来等②通过对近十年国内外高校科研不端行为的典型案例的分析,认为科研不端行为可存在于科研项目的全过程,并指出在项目执行过程中科研不端行为主要表现为:伪造、篡改实验数据及研究结果;一稿多投、"搭车"署名,侵占他人知识产权;违反高校科研经费管理办法的经费使用。万慧颖等③将学术不端行为界定为不符合科学共同体所公认的科研行为准则,包含了以下几个方面:并未参加相关科研工作就在其他人学术成果上进行署名;伪造注释;将文献以及数据进行伪造,描述不真实的事情;未经他人允许,不当利用他人署名;在职称、简历和研究方面提供虚假信息;抄袭剽窃他人科研成果;其他学术不端行为。

对于学术诚信相关概念的研究,结合我国科研管理部门、教育管理部门的有关描述可知,一是其定义仍存在各自表述的现象,如科研管理部门多出台"科学"抬头的相关文件和定义,教育管理部门多出台"学术"抬头的相关文件和定义,如科研管理部门多使用"科研诚信",教育管理部门多使用"学术诚信"等;二是其表现形式多样,但几个主要的形式得到了业界和学界的共识,即剽窃、伪造、篡改等,由于新技术的不断发展,学术不端的表现形式也不断更新,关于学术不端行为新的表现形式相关的研究和对策也将随之不断更新。

(二)关于诚信教育相关的研究

范昊雯④对高校科研不诚信行为现状进行了调研与因素分析,认为科研诚信问题产生的内因主要是科技工作者缺乏科研诚信意识,对科研诚信范畴认知不清晰,科技工作者自身素质能力存在问题,是功利主义价值观的表现,学术道德自我约束能力不强。曹蓓等⑤认为科技资源配置和管理相对落后、科研诚信

① 刘一玮.学术期刊对学术不端行为的认定与处理[J].科技与出版,2017(11).
② 蒋来,詹爱岚.高校科研活动中的不端行为及对策研究[J].中国科学基金,2015(1).
③ 万慧颖,华灵燕.高校科研不端行为的信用监督与失信惩戒[J].中国高校科技,2017(7).
④ 范昊雯.高校科研不诚信行为现状调研与因素分析[J].河北能源职业技术学院学报,2020(3).
⑤ 曹蓓,刘辉,张虹,陈金源,赵镇.高校科研诚信建设的现状与对策[J].科技管理研究,2014(15).

基本训练缺失、科研评价监督机制存在缺陷等是高校出现科研诚信与学风建设问题的原因。郑磊[1]研究了高校科研诚信建设主体责任的法治建构,认为在科研诚信建设中高校应负预防责任,即高校应构建包括教育培训、学术不端预警、研究记录保存、学术评价标准等内容的学术治理体系,防止学术不端行为的发生,"坚持预防为主、教育与惩戒相结合原则"。徐巍[2]认为高校科研诚信教育,尤其是针对未来准科研人员在大学阶段所接受的科研诚信教育,目前还相当薄弱。我国相当一部分高校尚未开设科研诚信教育、科研行为规范、科研伦理道德等相关课程;科研诚信和规范通常在"入学教育""入学手册"中提到,或者部分德育、思政教师会在公共基础课上进行专题教育。此外,还有部分高校仅仅通过网络在线课程的形式要求学生完成自学与测试。因没有"抓手",缺乏相关高质量的教材与读本,更多是以基本概念的解读、经典案例分享以及我国现有的关于科研诚信、学风建设、职业道德的相关政策法规为蓝本,作为课程的补充阅读资料。他指出:当前我国高校科研诚信教育呈现出课程少、教材少、师资缺、普及弱的特点。杜宝贵等[3]认为高校之间缺乏统一的科研诚信治理标准,科研诚信教育内容自定,水平各异。各高校科研诚信教育方式、内容自主决定,这一方式过于零散、难成体系。科研诚信教育是一个复杂的体系,具有很强的专业性,短期集中的教育方式往往不能涵盖全部重点内容,只能作为体系教学的辅助方式。苏洋洋[4]等认为我国高校科研诚信教育存在校内规范内容过于抽象、主管机构混乱、教育水平各异、监督失灵等诸多问题,这与我国一直以来不太重视科研诚信教育有关,科研诚信教育投入资金也不能满足科研诚信教育的现实要求。完善我国科研诚信教育制度,需要在政府层面重视科研诚信教育,加大资助,把握科研诚信教育的重心;在高校层面应完善规范、设立专门机构开展科研诚信教育、规范相关课程、实行统一教育、加大对教育实施情况的监督等。王金平等[5]认为高校加强科研诚信教育需要在队伍建设、受教育者的主体意识强化等方面发力。同时,要改进教育内容与教育方式,重点是加强科研诚信的体制机制建设。

国外方面,美国杜克大学学术诚信中心主任唐纳德·麦凯布(Donald

①　郑磊. 高校科研诚信建设主体责任的法治建构[J].高校教育管理,2020(5).
②　徐巍.高校科研诚信教育发展现状及经验借鉴[J].高教学刊,2020(20).
③　杜宝贵,左志远. 高校科研诚信精准治理体系构建[J].中国冶金教育,2020(3).
④　苏洋洋,董兴佩.论我国高校科研诚信教育制度之完善[J].山东科技大学学报(社会科学版),2019(2).
⑤　王金平,闫青. 浅析新时代高校科研诚信教育[J].山西高等学校社会科学学报,2012(8).

MaCabe)教授提出的"学术诚信十原则"是美国众多高校制定学术诚信政策的基础或依据。美国200余所高校、500余名知名学者组建了学术诚信保障联合会——美国学术诚信中心（CAI）。学术诚信的研究主要从学术诚信的现状及后果、影响因素和相应的教育手段三个方面进行。查尔斯·李普森的研究提出高校对学生进行学术规范教育是必不可少的防范措施。[①] 塔梅拉和埃里克·安德曼研究认为高校教师应该引导和调动学生学习的主观能动性，培养"我要学"的思想，同时加大对学术不端行为的处罚力度。[②] 李礼发现多伦多大学讲学术道德课程贯穿于整个大学课程体系中，滑铁卢大学的学术规范课程主要设计为网络课程，侧重于诚信意识的培养和教育。[③] 励业认为加拿大高校主要通过两种方式告知师生知晓学术诚信政策：一是将政策以电子文本形式公布在学校网站，二是培训教师和学生。[④] 可见加强学术规范的认知教育、防范学术不诚信教育、对学术不端行为后果的认知教育是多么重要。付艳研究发现，美国高校的学术诚信教育是分别针对学生和老师进行的。对学生明确了被禁止的行为，包括考试作弊、论文剽窃等不诚信行为，也明确了处理程序、处罚内容规定。新生入学时要签署一份学术诚信承诺书，学校定期举办专题讲座，并纳入必修课中，利用网络监督学生。对老师定期培训，使其了解学校关于学术诚信的要求，或组织教师针对相关问题的讨论，提出解决办法，向教师传达一种共同努力提高诚信水平的信息等方法[⑤]。

在开展诚信教育方面，中外高校做法基本一致。对于学术不端行为的处置，美国、德国等更擅长运用法律的手段，英国、法国等更擅长选择用学术共同体"自律性"的手段，具体细则是根据高等教育现状设计管理模式、程序等。对此，国内仍没有上升到法律层面，教育部、高校处理学术不端多以条例来展开，且具体实施过程中存在较多高举轻放的问题。从研究点来看，多数研究者从科研不诚信/科研不端出发来展开阐述，都认可科研诚信教育的重要性，多数研究者将科研诚

---

① （美）查尔斯·利普森. 诚实做学问：从大一到教授[M]. 郜元宝，李小杰，译. 上海：华东师范大学出版社，2006：4.

② Tamera B. Murdock, Eric M. Andeman. Motivational Perspective on student Cheating: Toward an integrated model of academic dishonesty[J]. *Educational Psychologist*, 2006 (3).

③ 李礼. 加拿大高校学术道德与学术规范教育探析——以多伦多大学和滑铁卢大学为例[J]. 比较教育研究，2012(9).

④ 励业. 高等教育领域研究诚信体系的建设——加拿大的经验[J]. 比较教育研究，2012(9).

⑤ 付艳. 高校学术诚信教育的危机与对策研究——从美国高校学术诚信教育看我国高校学术诚信教育[J]. 云南社会主义学院学报，2013(1).

信教育存在的问题归因于教育的施加方,即高校的管理者和工作人员等,认为科研诚信教育存在的不足在于制度不完善、教育水平缺乏、相关规范抽象等;多数研究将科研诚信教育的问题视为单向的问题,忽视了科研诚信教育这一问题的道德特质,科研诚信教育水平的高低和实施情况的好坏还与科研诚信教育受教育者对该问题的认识水平有关。应两方面结合起来实施,推动高校科研诚信水平的进步。

(三)高校学术不端行为产生原因方面的研究

刘普[①]认为高校学术不端问题易发、多发的原因主要是受社会大环境影响,表现在学术不端具有一定隐蔽性、对学术不端行为容忍度高、少数管理部门和责任人把关不严、缺乏完善的追究惩戒机制、考核评价机制不够科学合理等五方面。何惠予[②]通过矛盾分析法对高校学术不端行为进行内外因分析,认为学术不端者正确的人生观和价值观的缺乏和基本学术素养缺失是造成不端的内因,而高校内部监管机制不健全、外部法律规制不完善、教师学术评价体系不科学、教育经费配比不公平以及社会和高校学术造假产业链的客观存在是造成学术不端的外因。蔡瑞[③]从文化、伦理、制度和法律四个维度探讨学术不端行为产生的原因。他认为:在文化层面,诚信文化建设没有跟上科研领域规范提升的步伐;在伦理层面,大多时候忽视了对科学工作者的学术诚信教育;在制度层面,现有制度的约束力并不是很理想;在法律层面,我国缺少专门的针对学术不端问题的法律法规。陈恺思[④]认为高校学术不端行为会成为一种社会"通病",其成因是多方面的,不仅有行政过分干预学术、限制学术自由的因素,也有高校自身学术评价体系以及学术界流行的"马太效应"导致学术资源分配不公的因素,与国家相关法律法规的缺失、社会舆论监督功能的不足也有重要关系,而学者自身的学术道德失范则是学术不端行为发生的重要内因。霍建菲[⑤]深入剖析了我国学术不端行为产生的原因,包括学术评价机制不恰当、学术道德教育和学术规范意识缺失、审查监督力度不健全、惩罚力度小和高校行政化助长学术不端行为等方

① 刘普.我国学术不端问题的现状与治理路径——基于媒体报道的 64 起学术不端典型案例的分析[J].中国科学基金,2018(6).

② 何惠予.高校学术不端行为的治理对策研究[D].华南理工大学,2012.

③ 蔡瑞.国外学术不端行为治理机制及其启示[D].哈尔滨师范大学,2015.

④ 陈恺思.高校学术不端行为治理研究[D].广西大学,2013.

⑤ 霍建菲.高校学术不端行为治理研究[D].山东大学,2013.

面。江利平等[1]对 H 大学的 350 名全日制在读研究生的学术不端行为的现状和影响因子进行实证调查,通过因子分析得出影响研究生学术不端行为的主因子有:导师因子,如导师在研究生学术研究中的指导和帮助,导师对研究生学术不端行为的态度,导师对研究生学位论文开题、评审、答辩管理的严格;学术行为监督教育因子,如独立的研究生学术不端行为监督部门、学术道德教育、学校对研究生学术不端行为惩戒执行力度;研究生因子,如功利主义的学术价值观、研究生的学习刻苦程度、研究生自身的学术兴趣。周莹[2]利用委托代理理论分析了高校学术不端行为产生的原因,认为有:学术竞争氛围不良如诚信观念降低、科研压力增大,评审制度供给不足如法律制度和学术评价制度供给不足,社会监督不力如学术期刊和新闻媒体的监督力度不够,个人修养缺乏如缺少求真创新科学精神、丧失基本的学术道德等方面原因。梁颖[3]认为对于我国高校学术不端问题的成因需要结合当今社会现实,分析人们的心理,再从外部制度和社会监督以及个人修养等诸多方面进行综合分析,由此分别从环境、制度、社会、个人四个角度加以概括。比如不良的竞争环境导致人们浮躁的社会心理;制度供给不足导致"机会主义"丛生;社会监督的不力降低了人们的"道德风险"意识;个人修养缺乏导致社会责任感丧失。

岳云强[4]认为造成学术不端的原因主要有:价值观扭曲;学术规范教育不到位,部分学术主题缺乏学术道德的系统教育,恪守学术道德和知识产权的意识不强;学术评价机制不完善;对学术不端行为的查证和制裁力度不够;学术不端行为风险成本低,利益收益大;杜绝学术不端的技术和服务跟不上科技发展和学术发展的需要,特别是跟不上网络快速发展的形势。伍新德等[5]认为高校和科研工作者自身存在的急功近利的心态、社会对高校科研的过度评价、科研诚信危机的防范和治理机制不够完善、科学精神的普遍缺失以及我国诚信教育体系不够完善,是高校科研诚信危机形成的重要原因。解本远[6]指出科学规范制度预设了科研诚信,而科学奖励制度则强调科学发现的独创性,由此加剧了科研人员之间的竞争。如果他们遵守科研诚信且付出较大努力却得不到科学奖励,为了满

① 江利平,邓毅,卢勃.高校研究生学术不端行为影响因子调查研究[J].研究生教育研究,2015(1).

② 周莹.高校学术不端行为的成因及治理对策研究[D].沈阳师范大学,2017.

③ 梁颖.我国高校学术不端行为的成因及治理对策研究[D].东北大学,2012.

④ 岳云强.学术诚信、学术不端与学术规范——关于高校学术道德建设若干问题的思考[J].北京化工大学学报(社会科学版),2014(2).

⑤ 伍新德,张人崧.试析高校科研诚信危机及其防范机制的建立[J].黑龙江高教研究,2012(11).

⑥ 解本远.科研不端行为的制度成因分析[J].首都师范大学学报(社会科学版),2013(3).

足个人需求他们有可能铤而走险,做出不诚信行为。科学规范与科学奖励之间的内在张力成为科研不端行为的重要制度成因。李俊龙等①从生物医学领域着手,结合文章撤稿数据,分析了影响生物医学领域频发学术不端行为的可能因素,指出医院在科研诚信建设方面面临着严峻的挑战,认为职称晋升考核机制、临床医生的职业特殊性以及榜单效应是生物医学领域频发学术不端行为的影响因素。王佳佳②结合前人的研究成果,通过综合归纳、问卷调查和访谈等方法收集相关数据,借助统计工具分析得出了目前高校教师学术不端行为严重程度的排序,并归纳出高校教师学术不端行为的主要成因,诸如对相关的学术规范了解不足、学术道德素养不高、学风浮躁、学术制度不完善、社会监督不到位等。

对于高校学术不端行为产生原因方面的研究较多,原因在于:一是从学术不端问题的复杂程度来看,其涉及人的行为、心理、制度、机制等多方面可能,复杂程度之高,虽经多次、反复的论述仍显不足;二是从解决问题的角度来看,只有探究问题产生的原因方能追根溯源,找到问题的解决办法,从源头上解决问题,基于此,大量研究者对学术不端行为的产生原因投入了大量的精力,形成的研究成果也较多;三是从学术不端行为的产生、发展、被发现,到最后被处理的这一过程来看,涉及的环节、部门、人员较多,每个环节都有其各自的立场和观点,只有通过对问题产生原因的归纳和总结,形式统一的认识,方能有助于问题的解决。

(四)高校学术不端行为治理对策方面的研究

1.国内高校学术不端的治理工作

邓履翔等③从高校规章制度的角度,探讨高校学术不端防治的相关问题,并从高校管理者、科研人员以及高校学术期刊等利益相关方角度给出高校防治学术不端问题的建议。高校管理者应努力构建"教育、激励、规范、监督、惩戒"一体化的学术诚信建设体系;科研工作者应加强自律,守住底线,提高自身素质,用科研行为准则自觉规范自己的科研工作,自觉接受同行、同事和社会的监督;高校学术期刊工作者应主动承担更多职责,为高校学术不端的处理做出自己的贡献。

---

　　① 李俊龙,方燕飞,孙怡,韩磊.基于撤稿数据的生物医学领域科研诚信建设挑战及治理对策分析[J].中国科学基金,2020(3).

　　② 王佳佳.高校教师学术不端行为影响因素研究[D].南昌大学,2016.

　　③ 邓履翔,胡英,沈辉戈.42所"双一流"高校学术不端行为处理办法比较研究[J].中国科技期刊研究,2021(2).

陈亮①认为根治大学学术场域这一久治不愈的顽疾需要转换思路,以角色——责任——问责为轴心,培育学术伦理和契约精神。王少②认为合法、高效地追究学术不端行为人的责任是高校学术不端治理权的基本行使机制。何惠予③针对学术不端成因分析的结果,重点从法律体制完善方面提出解决方案,认为可通过完善行政法律规制、加强民事调整力度和发挥刑法辅助功能等多种法律渠道多管齐下,遏制学术不端的蔓延之势。同时,也针对法律对于学术不端行为调整的局限性,提出了高校内部体系调整和引入道德机制约束两方面的设想,对约束我国高校学术不端行为提供了若干可行性建议。盖红肖等④从分析高校学术不端行为的现状和原因入手,从社会制度、学校管理、导师作用、学生道德建设等方面提出了预防研究生学术不端行为的策略和手段,从而为形成良好的高校学风建设和科学的科研习惯提供方向和依据。赵兴华等⑤认为,法律法规的完善、改革评议机制、加强校风建设、提高学术研究者的素养对治理高校学术不端行为起到一定作用。冯知周⑥认为可以从法律法规的完善入手,从改革高校管理制度、加强校风建设、提高学术研究者的素养等方面寻找解决高校学术不端行为的路径。姜学霞⑦认为要从加强宣传教育、学术诚信课程成为高校教育的必修课、建立规章制度并监督实施、学报与高校共同进行师生诚信管理、完善补救和处罚机制等方面,增加对不端行为的补救和处理措施。王启等⑧认为必须通过教育、自律与监督防范科研不端行为,构建以道德约束、社会监督、制度管理、法律规制为一体的科研诚信保障机制,从而守住科学研究的底线。曹蓓等⑨提出充分发挥教育主管部门和各级科协在科研诚信教育作用、发挥各级项目主管部门在高校科研诚信体系建设中的引导作用、发挥科研评价和制度监督在高校科研诚信建设中的

① 陈亮.大学学术不端行为及其治理[J].吉首大学学报(社会科学版),2018 (2).

② 王少.高校学术不端治理权的来源、本质及其行使机制[J].天津师范大学学报(社会科学版),2020(5).

③ 何惠予.高校学术不端行为的治理对策研究[D].华南理工大学,2012.

④ 盖红肖,冯琳,冯彦成,樊平,杨金涛,许淼.从医学研究生学术不端行为谈高校学风建设[J].中国医学教育技术,2018 (2).

⑤ 赵兴华,韩星梅.高校学术不端行为的治理路径探究[J].科教导刊,2013(12).

⑥ 冯知周.高校学术不端行为治理优化研究[D].上海交通大学,2018.

⑦ 姜学霞.高校学报的学术诚信现状及其建设途径[J].惠州学院学报,2017 (5).

⑧ 王启,陆汉栋.新时代我国高校科研诚信规制的保障机制探索[J].南京理工大学学报(社会科学),2019 (5).

⑨ 曹蓓,刘辉,张虹,陈金源,赵镇.高校科研诚信建设的现状与对策[J].科技管理研究,2014 (15).

作用等三点意见加强高校科研诚信建设。何宏莲等[①]认为科研诚信的"自律"与"他律"失灵是高校科研诚信危机产生的根本原因。高校科研不端行为的控制在于"他律"机制和"自律"机制的有机结合,科研诚信体系的建设要以"自律"和"他律"为基点,从"自律"和"他律"两方面建立道德教育和制度约束并举的科研诚信"教—管—监—惩"体系。通过"他律"机制实现对科研诚信的他教和外控,通过"自律"机制实现对科研诚信的自教和内控,由此形成高校科研诚信体系建设的长效机制。司文超[②]的调查显示,大部分高校都非常重视规范科研工作者的学术行为,但高校科研工作者的学术道德失范行为在一定范围内还是较为普遍;高校教师的学术失范行为更具"技巧性""隐蔽性";并提出健全学术监督机构、优化学术评价机制、健全失范惩处机制、加强社会媒体监督、推动学术制度建设可以有效改善当前高校科研工作者的科学道德与学术诚信状况。靳彤等[③]调研了2019年软科中国最好大学排名前50高校的科研诚信管理政策及管理机构概况,对我国高校科研诚信的管理工作展开了全面分析。研究发现,我国高校科研诚信管理工作已经初步搭建起管理政策和工作机制,对科研不端行为基本达成共识,同时也明确了科研诚信管理工作的主要问题,但仍需进一步明确科研不端行为的范围、完善科研诚信政策,优化科研诚信管理工作流程、落实科研诚信管理机构职权,从而进一步完善高校科研诚信管理工作。赵果[④]通过分析目前我国大学生学术诚信建设的现状和问题,认为可通过深化教育理念、转变教育方式、改进学术诚信制度、发挥大学生主体作用和加强监督反馈等途径,优化大学生学术诚信建设,培育大学生学术诚信意识,促进优良学风形成。周莹[⑤]从公共管理学中的治理理论出发,提出治理高校学术不端行为不仅仅需要高校本身完善其科研管理制度,还需要政府、学者、社会乃至期刊四个层面的相互合作,形成完整的服务式治理体系,才能从根本上遏制学术不端行为。

---

①　何宏莲,吕志娟,刘尊梅.高校科研诚信的"他律"与"自律"机制研究[J].东北农业大学学报(社会科学版),2014(6).

②　司文超.高校科研工作者学术诚信状况及其影响因素调查——以湖北8所高校为例[J].北京教育(德育),2016(10).

③　靳彤,赵勇.国内高校科研诚信管理工作进展研究——基于2019年软科中国最好大学排名前50高校的分析[J].情报工程,2021(5).

④　赵果.我国大学生学术诚信的现状调查及对策研究——以上海部分高校为例[J].思想教育研究,2015(4).

⑤　周莹.高校学术不端行为的成因及治理对策研究[D].沈阳师范大学,2017.

2.国外的高校学术不端问题治理

胡科等①通过梳理和分析斯坦福大学、剑桥大学和东京大学三所大学治理学术不端行为的举措后指出:坚守学术诚信、惩治学术不端行为是确保科研质量的基础,我国高校应积极借鉴发达国家经验,加强学术诚信教育,完善学术不端行为治理一体化制度,从而确保学术声誉及社会信任,提升科研竞争力。张银霞②通过梳理美国常春藤联盟高校的学术诚信政策、年度报告及相关研究,比较和分析各校学术诚信治理实践,以期为我国高校学术诚信制度与文化建设提供借鉴。她提出通过反复确认和承诺,增进学生对学术诚信原则的了解;开展教育宣传活动,促进学生掌握学术规范知识与技能;坚持严肃和公正原则,保障学生权益;强化教师引导、预防和处理不诚信行为的职责等促进本科生学术诚信的实践策略。张银霞③还认为美国高校学术诚信治理的学生荣誉制度的有效性有赖于行政人员、教师和学生的共同努力。通过借鉴荣誉制度,我国部分高校试行免监考政策,但仍需着眼制度化,从荣誉制度的程序化处理模式以及内含的参与、自律、信任、责任与尊重等共同体精神出发,推进学术诚信治理的本土实践。邓环④介绍了英国高校遏制学生学术不端行为的制度,认为这些制度具有界定清晰、预防得当、调查规范、效果显著等特征,对我国高校遏制学生学术不端行为制度建设具有重要的借鉴意义。李晓燕⑤认为美国一些高校出台了相关规定,力图从处罚主体、处罚手段以及处罚程序等方面完善治理制度建设,对我国加强学术不端行为管理具有借鉴意义。陈翠荣等⑥认为美国高校学术不端行为处理程序的阶段性分明,保证了处理的规范性;明确规定了负责相应程序的机构与人员的职责范围,形成了彼此分权制约的关系;程序的执行秉持以人为本理念,注重保护举报人与被举报人的相关权利;处罚措施明确具体,处罚力度有章可循。这

---

① 胡科,陈武元.高校学术不端行为治理的国际经验及其启示——以斯坦福大学、剑桥大学、东京大学为例[J].东南学术,2020(6).

② 张银霞.美国常春藤联盟高校本科生学术诚信治理模式研究[J].比较教育研究,2016(9).

③ 张银霞.重新认识美国高校学生荣誉制度促进学术诚信的有效性——兼论我国部分高校的免监考政策[J].比较教育研究,2018(40).

④ 邓环.英国高校遏制学生学术不端行为制度概述[J].学位与研究生教育,2014(4).

⑤ 李晓燕.美国高校治理学术不端行为制度研究[J].陕西师范大学学报(哲学社会科学版),2014(4).

⑥ 陈翠荣,张一诺.美国高校学术不端行为处理程序分析——以四所美国研究型大学为例[J].外国教育研究,2016(8).

对我国高校进一步完善学术不端行为处理程序具有重要的借鉴意义。胡林龙[①]认为我国高校学术规范普遍欠缺阶段性程序规定,应借鉴美国高校学术不端行为处理程序,建立我国学术不端行为处理的举报、受理、质询、调查和处罚阶段性程序。建构学术机构和行政机构、学术权与行政权基本分开的体制机制,详细设计由秘书长、质询委员会、调查委员会进行审查和科研处副处长、科研处处长、副校长和校长做出决定的分离程序等。

3. 从学术期刊角度看学术不端问题治理

从学术期刊的角度来看,学术不端行为也是编辑重点关注的问题。孙丰成等[②]针对目前学术不端行为屡禁不止且表现形式多样,给学术期刊编辑甄别与防治造成了巨大困难,详细分析了学术不端的特征,并在此基础上提出了充分运用学术不端检测系统、改进审稿流程、加强学术文献查阅、提高编辑素养、联合期刊共同防治学术不端等措施,对避免学术不端、加强学术期刊质量有较好成效。肖骏[③]认为期刊编辑的初审工作是阻止学术不端极为重要的环节,培养和加强编辑的防范意识与能力,有利于维护科研诚信和出版秩序。从学术不端行为不会消失、学术不端检测系统不是万能、学术不端行为日益隐蔽和期刊编辑囿于日常工作四个角度,分析培养和加强编辑防范意识与能力的必要性,提出了入职培训、定期宣传、积累传承经验和制订问责机制四条策略。陈志贤[④]认为科技期刊编辑在防范学术不端工作中要发挥主体意识。收稿前对作者加强学术道德教育;初审时通过多种途径查询学术不端;对发表前的稿件再次把关;主动借助社会监督;对有学术不端行为者进行惩治。徐海丽[⑤]通过对学术不端现状研究,结合个人工作经验,从编辑角度分析,提出建立责任心强、专业过硬的期刊人才队伍;建立期刊系统的监督培训机构;建立相应的惩罚和案例处理机制,以有效预防学术不端现象的发生。邓履翔[⑥]以国内两种 SCI 英文期刊遭遇的欺诈引用为例进行详细分析,从责任伦理的角度探讨欺诈引用这一学术不端行为涉及的利益相关方的责任,并针对编辑部和编辑个人分别给出建议。期刊编辑部应始终

---

① 胡林龙. 中美高校学术不端行为处理程序的比较研究——以中美部分高校学术规范为例[J]. 中国高教研究,2014(6).

② 孙丰成,崔护社. 学术不端特征分析及学术期刊编辑防治学术不端的措施[J]. 编辑学报,2013(S1).

③ 肖骏. 期刊编辑防范学术不端能力培养的必要性与策略[J]. 编辑学报,2018(1).

④ 陈志贤. 学术不端防范中科技期刊编辑的主体意识[J]. 编辑学报,2015(2).

⑤ 徐海丽. 学术不端行为及其预防措施[J]. 中国科技期刊研究,2015(6).

⑥ 邓履翔. 科技期刊欺诈引用案例分析及编辑工作建议[J]. 中国科技期刊研究,2020(1).

坚持将科技期刊的社会效益放在首位,强化科技期刊相关从业人员的社会责任;强化科技期刊在科研创新体系的枢纽地位,加强科技期刊在学术不端行为的预防与处理等方面工作的介入;应注重提高编辑部工作的流程规范性,建立完善的学术不端行为防范、治理条例,做到有据可依。期刊编辑应努力加强编辑业务学习,能应对不断出现的新挑战;应注重提高自身科研水平,成为学者型编辑,尽可能地融入学术圈。李媚等①就医学科技论文作者可能涉及的学术不端行为作分析,并从期刊出版单位的角度提出防范对策:加快学术评价体制改革,优化学术导向氛围;加强投稿论文审查,严把学术道德关;加强生物医学领域的科研诚信教育。葛芳君等②总结多年医学编辑的工作经验,并结合相关文献,分析学术不端行为成因及提出相应防范措施。其认为出现学术不端行为的主要原因在于学术道德、科研诚信观念薄弱,职业发展和科研压力,人情关系,经济利益及监管体系不完善,建议从作者、编辑、出版行业及政策等方面多管齐下,建立黑名单系统和举报系统等,全民参与防范学术不端行为。王福军等③通过对编辑日常工作中发现的学术不端现象进行深入剖析,对其产生的原因归纳为利益驱使、学术道德缺失、期刊评价指标体系欠完善、编辑对学术不端审查不严等方面,并提出利用多种学术不端检测系统及网络搜索工具、加强与作者的沟通、完善期刊评价机制、建立完善的网络监督机制等对策及防范措施。汪勤俭等④选择《第三军医大学学报》因存在学术不端行为而退稿的 84 篇稿件,分析其可能产生的原因,建议所有期刊联合起来,主动防范学术不端,重视稿件查重工作,规范学术不端行为的判断标准,提高编辑责任心及对学术不端的鉴别能力,依托学术不端检测系统建立共享问题数据库,加强对作者的宣传教育,建立有效的监督机制。

作为人文社会科学方面的应用研究,如何解决学术不端这一问题一直是研究者重点考虑的问题,正是基于前述的原因分析,不同的研究者也提出了不同的解决途径。从已有文献来看,研究成果主要包括三个方面:一是强调规章制度的建立与执行,希望通过高校及高校主管部门制定并严格执行,做到有法可依、有法必依;二是希望借鉴国外高校的治理办法,借他山之石以攻玉;三是从期刊编辑的角度出发,希望加强期刊发文这一出口,减少学术不端问题的发生。当然,

---

① 李媚,沈昱平,沈叔洪.医学科技论文作者学术不端行为分析与防范对策[J].浙江医学,2021(7).

② 葛芳君,蔡华波.学术不端成因探析及防范对策之拙见[J].科技传播,2017(16).

③ 王福军,谭秀荣,冷怀明.科技期刊中常见学术不端现象分析与思考[J].编辑学报,2014(5).

④ 汪勤俭,郭建秀,栾嘉,等.84 篇因学术不端退稿稿件追踪分析与思考[J].编辑学报,2012(2).

其中不乏相关研究,指出了诚信文化建设,即加强学术道德方面的建设和教育,从主观方面减少该类行为的发生。应该说,研究成果已经较为充分,如何治理学术不端问题,"自律＋他律"已然达成共识,但问题却仍然没有得到解决。

第三节　对高校学术诚信治理问题的错误理解

正如前面所说,学术失信行为频繁发生,学界、业界似乎已见怪不怪了。那么,学术诚信问题到底该如何解决、能不能解决、现有的研究结果或给出的解决办法存在哪些问题? 这是我们一直在思考的问题。基于此,笔者所在的课题组借助前期课题的资助,通过互联网搜集部分高校与学术失信行为有关的信息,借助电话、问卷、走访、研讨会、微信等方式进行数据核实,通过发放调查问卷、编辑行业会议、专业学术会议等与高校教师、编辑等相关人员交流,了解其对各高校学术诚信教育、治理的认识、态度和建议,并以此为基础,对其进行整理、分析、归纳和总结,希望从中能发现问题。此次调研,所得的反馈只讲问题,不讲成绩,反馈得来的结果也许不好听,但胜在良药苦口,有利于研究工作的开展。

1.我国高校学校诚信教育存在的问题

经过调研,我们总结出以下观点:

1)诚信教育已经说烂了,没必要再说,大家都知道。

2)诚信教育内容浅显、枯燥,容易懂,不需要专门开课,自己学就是。

3)科研诚信教育只与研究生有关,跟本科生无关。

4)好的学校学生素质较高,不需要教育。

5)教育力度不够,教育停留在自学和喊口号,处罚停留在不得不罚或高高举起轻轻放下。

6)诚信教育未能在大学生、研究生整个求学生涯展开,属于阶段式、到站式、应付式。

7)所属范围相对特定,现有教育有泛化之嫌,扩大了原来所指的范围。

笔者以为:第一,学术诚信教育问题一直是学术诚信治理问题的前提或先决条件。然而,从已有反馈来看,最应该浓墨重彩、倍受重视的诚信教育问题,却由于其工作的非强制性和见效周期长等原因被忽视了。对于高校主办方和管理方来说,这显然是不应该的。第二,无论是国内还是国外制定的相关文件,都试图对学术不端行为进行统一的界定,然后通过认定和惩戒学术不端行为的方式来营造学术的环境和氛围,并以此开展诚信教育。但若认为以认定和惩治学术不端行为等后置的方式就可以解决诚信问题,显然是对学术失信行为的复杂性认识不足。第三,教育与惩罚相辅相成,教育重在从内在道德准则和责任意识来培育科研工作者的职业信条,而这对于维护科学研究的客观性和提升科研成果公信力起到至关重要的作用。诚信教育应该是无差别的,对于大学生而言,无论以后是否从事与科研相关的工作,都应该强制接受诚信教育,作为高校,无论从何种程度来重视教育问题都是不为过的。

2. 对于我国高校学术诚信的现状和问题的反馈

1)条款太多,执行不到位,出台了很多规定,但还是有很多学生不知道,规定太多,茫然。

2)存在知识盲点,对很多显而易见的学术不端行为,学生甚至老师的认识都是模糊的,不知道怎么做才是对的。

3)处罚条例执行不力,惩罚不严,存在一部分科研从业人员明知故犯,心怀侥幸。

4)存在大量"以会议落实会议、以文件落实文件"的情况,科研诚信问题只与部分特定人群相关,但部分研究成果过分夸大其危害和影响,牵涉其他人群,如普通老百姓、全社会都要重视等。

5)为落实而落实,诚信治理不动脑、不考虑效果,教育形式单一,多采用发手册、笔试的方式。

6)科研管理人员工作惯性使然,丧失业务能力,水平不够,怕管错、惹祸上身,不敢管;长期不在科研一线不与科研人员交流,"老爷"思想,不能管;基层管理人员,多一事不如少一事,少说少做,不愿管。

7)管理难度加大,由于各类学术不端行为层出不穷、操作相对隐蔽,导致调查取证较难,使得对学术不端行为的处理变得难以操作。

笔者以为:第一,从反馈来看,高校不能说不重视,只是该重视的没有得到重视,不该重视的反而大肆宣传,让社会误以为很重视。比如上有政策、下有规定,按照教育主管部门的要求,各高校也尽力出台了相关文件,条款不可谓不多,但是否具有操作性则值得深究。第二,部分工作需要下大力气抓的,往往停留在表面,"高高举起、轻轻放下"。对学术不端行为的处理存在因人而异的现象,如对具有一定的头衔的业界"大牛"、具有一定行政职务的高层管理人员的处理与学生舞弊等违规行为的处理就存在不同;碰到简单问题敢处理,对较为隐蔽的学术不端行为就不处理等。第三,学术诚信问题是需要高校的历届管理者一直重视的问题,要有"前人栽树、后人乘凉"的思想觉悟才能做好。近年来频发的学术失信问题,是多年管理不到位而累积爆发的,高校也长期存在以发展为借口,"捂盖子""家丑不外扬",一方面校方忽视诚信教育这种基础工作,另一方面"缓处理""冷处理"本身很可能会引起舆情。

当然,从整体来看,我国高校的学术诚信治理工作是值得肯定的,从已公开的数据来看,在如此大的体量下,所发生的学术失信行为或被处理的学术不端行为的比例仍然较低,但不可就此放松了对学术诚信问题的治理工作。学术诚信问题其实质是一个道德问题。学术诚信教育是软问题,难以量化考核,诚信教育投入大、效果小;学术不端行为是一个主观性行为,这也反映了学术诚信问题的道德特质。学术诚信建设多以文件、会议等作为考核目标,但相关条例的实施、落实情况则因难以测算,而常被忽略。

第四节　小结

学术诚信等相关概念的厘定是本书研究工作开展的前提。本章首先分析、阐述了学术诚信的相关概念,进而从学术不端行为的概念及表现形式、学术诚信教育相关研究、学术不端行为产生的原因及高校学术不端行为治理等四个方面对当前研究成果进行了综述,并分别进行了述评。最后,笔者团队对学术诚信问题进行了访谈调研,列举了被访谈者的错误观点,指出了当前诚信教育存在的问题。

第三章　高校学术诚信治理体系
各利益相关方伦理责任

　　学术诚信是一个日谈日新的话题。不论是从道德层面还是从法制层面来说,在当前,学术诚信都是一个不容忽视的社会热点问题。尤其是近年来,学术不端行为涉及人员之多,影响之大,后果之严重,令人瞠目结舌。学术诚信所涉及的各利益相关方如何区分其职责、如何承担其工作亟须厘清。本章以责任为主题词,探讨相关概念、相关要素,进而探讨高校学术诚信共同体中各利益相关方的伦理责任。

第一节　责任与责任伦理

(一)责任

　　责任,《现代汉语词典》释义有两层,一是分内应做的事,二是没做好分内事而应承担的过失。可以说,责任是一个社会个体成员不得不做的事或必须承当的事情。责任在英文中译作"Responsibility",从词源上溯源,"Responsibility"源于拉丁语中的"Respondere",原意为"允诺回应"或"回答"。

　　责任是一种职责和任务。身处社会的个体成员(包含机构)必须遵守的规则和条文,带有强制性。它伴随着人类社会的出现而出现,有社会就有责任。

　　责任按照其内在的属性可以分为:角色责任、能力责任、义务责任和原因责任。角色责任指相同角色共性的责任范畴,可以简单理解为"在角色共性规则下应该做、必须做的事情";能力责任指的是超出共性角色责任要求的责任表现,具有明显的评价性,可以理解为"努力并结合能力做的事情";义务责任指的是没有在角色责任限定范围的责任,可以理解为"可做、可不做的事情";原因责任指的是原因直接导致的责任,由于存在各种原因,这些原因可以承担相应的角色责任、能力责任和义务责任。

随着社会的发展,"责任"的内涵也在不断发展,改革开放和现代化建设的伟大实践,赋予"责任"日益丰富的时代内容。"责任"是一个古老而重要的话题,它在伦理学学科中有着较为重要的地位。责任作为伦理学、社会学、人类学、心理学等许多学科共同的研究对象,其内涵解读可从两个方面来看:一是外在规定性,即因人生活在各种关系的规约之中,人的本质就是各种社会关系的总和,而责任就是其中各种规约的一种。人具备社会角色,社会对人也有所期望,这种期望有法律条文形式,也有社会舆论形式,不论是硬性或是软性的约束,个体都要对这种约束认同和践行,要对这个社会角色履行相应的责任,并承担相应的后果。二是内在需求性,即个体在个人能力基础上对社会客观要求的自觉认同和自由选择。① 用学者谢军的话说:"人们之所以要承担责任,并不只是为了社会的存续,归根结底是为了自身利益的实现,从现代的意义看,也就是为了自己的自由和权利的实现。责任从一定意义上可以说是一种交换条件,是人们实现自由和权利必须付出的'代价'。"②

(二)责任伦理

1.责任伦理的概念

"责任伦理"这一概念第一次被明确提出,是在1919年马克思·韦伯《以政治为业》的演讲中。韦伯认为,责任伦理是人们的天职,即要求人们把职业视作一种超越功利的事业,通过尽职奉献来树立自己的人格。

汉斯·忧那思(Hans Jonas),作为在韦伯之后最先对西方责任伦理做出较为系统深入的哲学—伦理学理论建构的西方责任伦理代表人物,分别在1979年德文版的《责任原则:探求一种适合技术文明的伦理学》(*Das Prinzip Verantwortung*:*Versucheiner Ethik für die Technologische Zivilization*)和1984年英文版的《责任的命令——探求一种适合技术时代的伦理学》(*The Imperative of Responsibility*:*In search of an Ethics for the Technological Age*)给出了责任伦理的相关论述③,首次明确地倡导责任伦理思想。忧那思说:"责任伦理既要

① 王茂诗.大学生责任伦理问题研究[D].重庆师范大学,2014:15.
② 谢军.责任论[M].上海:上海世纪出版社,2007:1.
③ 高湘泽.汉斯·忧那思责任伦理最主要代表作之我见[J].广东社会科学,2014(2).

解决责任的理性基础,即约束性的'应该'的要求背后的有效性原则,也要解决它激发意志的心理学基础,即行为者让意志决定自己的活动过程的心理学基础。"①其责任伦理包括三个方面:责任主体、责任对象和责任行为,其责任伦理的核心内容是人不仅要对现在的人和自然负责,还要为未来的人和自然负责。特征可概括为三点:整体性、持续性和未来。整体性是指责任对象是现在的以及未来的整个人类和自然;持续性指履行责任的连续,不是断断续续的,而是一个持续的过程,正是"因为注重责任的连续性,伦理学就连接了过去、现在和未来,使得责任主体不仅对过去和现在所做之事负责,而且要对未来负责";未来是指无论对个体还是对集体来说,责任的着眼点都将超越当下的存在。

汉斯·伦克(Hans Lenk)认为责任伦理有四层含义:为谁负责,对谁负责,怎么负责,负什么责。他实现了对责任伦理的主体、客体、方法和内容的追问,说明了责任伦理的关系实际上是主体与客体的关系,并且若主体与客体发生差异,则相应的方法和内容也会有所差异。② 田秀云等指出:"责任伦理是在对责任主体行为的目的、后果、手段等因素进行全面、系统的伦理考量的基础上,对当代社会的责任关系、责任归因、责任原则及责任目标进行整体伦理研究和分析的理论范畴。"③

2.责任伦理的构成要素④

1)责任认识。责任认识即个体对自身所应承担的责任内容和意义的认识,以及在履行责任过程中形成的领悟、选择、判断等能力。一个人生活在社会中,对应尽的责任首先应有一个正确的认识,因为其涉及是非标准和价值取向。一个有着明晰是非观、高尚的价值取向的人,必定对人对事很负责任,能够在对他人施以援手中获得满足。反之,一个是非不分、凡事只讲索取的人,那将在对待责任上得过且过,对人对事敷衍了事,过分看重名利,可能违背道德地去追名逐利,甚至会成为社会的败类。责任认识关涉两个方面的内容:一方面是责任知识,即个体对人与社会、人与自然的认识,以及了解自己所承担的对自我、对家庭、对集体、对国家等的具体责任。另一方面是责任能力,即个体在充分认识责任所包含的深刻意义和自己所担负的具体责任基础上,形成的履行责任的具体

① (德)Hans Jonas. The Imperative of Responsibility: In search of an Ethics for the Technological Age[M]. Chicago & London: The University of Chicago Press, 1984.

② (德)汉斯·伦克. 人与社会的责任:负责的社会哲学[M]. 杭州:浙江大学出版社,2020.

③ 田秀云,白臣. 当代社会责任伦理[M]. 北京:人民出版社,2008:4.

④ 王茂诗. 大学生责任伦理问题研究[D]. 重庆师范大学,2014.

能力。

2）责任情感。责任情感即责任感，是责任行为产生的原动机制，是个体对自己在承担人类社会和自身责任中做出的行为选择、行为过程以及其后果是否符合内心需要而产生的不同态度的情感体验。作为人的主观情感的体验，责任情感是人在对责任有一定认知的前提下建立起来的，对人的自我价值和社会价值实现与否而形成的一种倾向性反应。一般而言，个体越能认识到社会的要求和自己在满足这些要求中的作用，就越具有责任情感。类似于怜悯心、负罪感、良心、爱心等均是责任情感的表现形式。

3）责任意志。责任意志即个体在理解自身角色和社会要求的基础上做出行为选择，并使之符合社会要求的意愿，是责任当事人为了能够履行一定的责任行为或达到一定责任目标所进行的主观自觉的不懈努力。责任的履行，必定会遇到各种各样的挫折，为克服责任履行者在挫折中产生的消极或否定的不利情感，特别需要有坚定的责任意志来调节，才能使责任行为继续履行下去。反之，如果责任履行者没有坚定的责任意志，往往就很难完成任务，甚至可能中断责任行为。

4）责任行为。责任行为即个体在具备一定的责任认识，形成相对稳定的责任情感和具备顽强的责任意志的基础上，在实践中完成责任的活动和行为。责任行为是责任伦理的最终指向和整个责任履行中的关键环节，它的实施结果成功与否直接依赖于责任意志，责任意志越强，越有利于延长责任行为的履行时间和效果。从某种意义上说，责任行为就是为了履行个人和群体的义务所付出的向积极目标的实践努力，是一个人责任的外化和判断其水平高低的指标。

3. 利益相关者理论视野下的高校学术诚信共同体的责任伦理研究

1963 年，斯坦福大学首次提出了"利益相关者"（Stakeholder）的概念。利益相关者最初被定义为"没有它们的支持，组织就不再存在的团体"，包括股东、雇员、顾客、供应商、债权人和社团。在此基础上，美国学者爱德华·弗里曼（Edward Freeman）在其著作《战略管理：利益相关者管理的分析方法》[①]中将利益相关者定义为"任何能够影响组织目标的实现或者受组织目标的实现影响的团体或个人"。弗里曼认为应该运用战略管理理论对利益相关者进行管理，组织有必要以面向行动的方法管理它与特殊利益相关者团体的关系。该理论认为任何一个组织的存在都有着多个利益相关者。组织的发展也离不开多方利益相关

---

① R. E. Freeman. Strategic management: a stakeholder approach[M]. Boston: Pitman,1984:205.

者的投入或参与，组织要追求的是利益相关者的整体利益，而不仅仅是某些主体的利益，这要求组织管理者要懂得综合平衡各个利益相关者的利益，从而才能开展有效的管理活动。而后，加拿大多伦多大学克拉克森（Max Clarkson）把利益相关者分为主要利益相关者（Primary Stakeholder）和次要利益相关者（Secondary Stakeholder）。主要利益相关者包括股东、投资者、客户、供应商、员工等，次要利益相关者包括媒体、非政府组织等。

北京大学张维迎在《大学的逻辑》中明确指出："大学作为一个非营利性组织，是一个典型的利益相关者组织，教授、校长、院长、行政人员还有学生以及毕业了的校友，当然也包括我们这个社会本身（纳税人），每个人都承担一些责任，但没有任何一部分人对自己的行为负全部责任。"显然，将大学的学术诚信治理工作纳入利益相关者理论视角予以审视是必然的。

此外，高校学术诚信共同体是学术共同体的一部分，其责任伦理关系分为个体与个体的关系、个体与整体的关系以及整体与社会的关系。以往，学界对于科学共同体责任伦理的研究主要集中在科研工作者的个人层次，认为只要科研工作者个人负责任了，学术共同体也能负责任。但随着科学技术快速发展、社会分工越来越细化以及研究规模越来越庞大，科学知识的产生也与之相匹配，科学研究工作不再是只需简单仪器的个体性的研究，已经演变成依靠大量大型复杂设备的团队协作的研究。社会公众也开始对学术共同体的责任和追求真理的"本分"表示怀疑并提出建议，使得学术共同体成员意识到自己必须更多地考虑社会因素和科研成果的社会价值，也就是说，必须关注科学与社会的关系以及科学实践行为的后果。由此，高校学术诚信共同体的责任伦理研究已经逐渐转向个体与整体、整体与社会之间的伦理关系方向。

综上，治理高校学术诚信问题既需要自律，也需要他律。从利益相关者理论以及高校学术诚信共同体的视角，高校管理者、科研工作者、学术期刊、社会各界等高校学术诚信共同体成员（利益相关方）应联合起来，在治理科研诚信问题中发挥各自的作用。

第二节　高校及高校主管部门的伦理责任

高校是开展学术活动最主要、最集中的机构与场地，也是人才培养、知识传播和科技创新的重要基地，肩负着文明传承、人伦教化和科技创新的重要使命，理应是社会文明的标识和人类道德的旗帜。然而21世纪以来,我国大学的学术不端事件频现,昔日被称为"象牙塔"的高校,声誉受到严重质疑。这些学术不端现象严重地损害了学术研究的生态,影响了高校的学术声誉。

学术规范在中国学术界20世纪80年代末被提出,此后学术规范的相关研究进入"萌芽阶段",90年代初进入"少数先觉者率先倡导"的阶段,90年代中后期,愈演愈烈的学术腐败现象、持久的学术讨论和众多媒体的积极关注,使得学术规范讨论从"边缘话题"转向"主流话语",学术界开始日益关注和重视。抵制学术腐败、建立学术规范、加强学风建设、学术规范化等逐渐成为研究热点。21世纪初,研究进入了"系统研究、制度建设"的新阶段。[①] 总的来看,随着我国高校学术失信问题愈演愈烈,国家和相关主管部门高度重视,密集出台相关意见、文件、办法,为推动高校学术诚信建设提供了政策依据。绝大多数高校综合吸纳教职员工、学生等相关群体的意见,相继建立了学风建设相关组织机构,制定了专门的规章制度,形式多样,包括意见稿、决定、建设方案、试行通知、委员会章程、处理办法、管理条例以及规定等。

(一)高校主管部门的伦理责任

从高校主管部门看,政府的角色不可或缺,既需要国家相关部门从宏观治理的角度,布局、引导、推动相关法规的出台,又需要在国家层面设立相关机构,协调、监督、实施高校学术诚信治理。

第一,国家作为学术诚信规则的顶层设计者和制定者,应完善知识产权相关立法。从我国知识产权相关法律条文看,可操作性不强,主要侧重于知识产权中财产权的保护,对于专利申请权、署名权、发表权、保护作品完整权等无直接财产内容的权利保护仍显不够。学术失信行为中侵犯知识产权的行为多属于这一类非财产权。学术界对是否需要完善这方面的立法、是否需要将学术诚信治理工作纳入法制化轨道仍存争议。以我国《著作权法》为例,存在相关条例的可操作性不强、侵犯著作权的民事责任偏轻等问题,著作权法(或相关实施细则)中是否需要明确规定学术研究中怎样使用,多大程度上使用他人成果算是抄袭或构成抄袭,从他人成果中采用多少文字、图标或图片等,也存争议。但无论怎样,我国必须完善知识产权相关立法,加强对学术成果的保护力度,推动实施一套符合中国国情和社会发展的知识产权保护法律和法规。

---

① 沈亚平.学术诚信建设[M].北京:高等教育出版社,2017:192.

第二,国家作为学术诚信治理的监督者和实施者,下属相关管理部门应改进科研评价体系,改善科技奖惩办法,形成科学、完善的监督约束机制;应尝试建立惩治学术不端的专门机构,完善立法工作,加强对学术不端典型案例的查处,通过多方面追责,将学术诚信记录与社会诚信体系衔接等方法,对学术不端行为尝试采取法律制裁。学术诚信问题具有复杂性,有些问题可以由相关基层机构处理的,如研究生诚信教育、学术不端行为等,有些事关国家科技声誉,如院士涉嫌学术不端、机构涉嫌学术不端等,则必须由国家相关部门出面实施。

第三,高校主管部门应统筹协调科研工作主管部门等,形成学术治理的合力。政府作为"掌舵者",应起到引领作用,比如统筹协调高校主管部门、科研主管部门、科研资金资助机构、高校、社会等第三方代表等利益相关方共同参与学术诚信问题治理工作,也可成立相关管理部门并落实部门职责推动管理工作的实施,如科技部等六部门和单位联合建立的科研诚信建设部门联席会议制度,科技部成立科研诚信建设办公室,教育部成立学风建设办公室、学风建设委员会等。以科研诚信建设部门联席会议制度为例,其职责是指导全国科技界科研诚信建设工作,研究制定科研诚信相关重大政策,通报各部门科研不端行为的查处情况,督促和协调有关政策和重点工作的落实;以教育部学风建设委员会为例,应贯彻落实国家和教育部学风建设的有关文件精神,拟订高校加强学风建设、惩处学术不端行为的有关办法、文件。相关部门在切实履行文件出台等自身职责的同时,还应保证相关文件的实施和有力执行。

(二)高校的伦理责任

从高校学术诚信治理的具体实施方来看,高校作为高校学术诚信治理的主体,既是高校学术诚信规则的制定者、学术诚信问题的治理者,也是高校学术道德的倡导者和学术道德底线的守望者,应努力构建"教育、激励、规范、监督、惩戒"一体化的学术诚信建设体系,充分保障实现高校治理学术不端的"有法可依、有法必依、执法必严、违法必究"。

第一,高校应高度重视规则制定工作,加强相关规范的制定。根据国家相关主管部门制定的文件、政策,结合学校自身特点,制定学术诚信相关的规范、办法等。这些规则应符合国家的法律法规,符合本单位的性质和文化,确保本单位总体目标和使命的实现,服务于本单位的中心任务,进而构建校、院、系三级学术诚信治理体系。

第二,高校应全过程、多层次、多形式、多频次地开展学术诚信教育。针对事件频发的高校学术失信行为,必须加强高校学术诚信教育,正本清源,营造一个良好的学术氛围。当前,高校在学术诚信教育缺失方面的表现主要集中在:一是教育理念上,误以为诚信教育频讲已经到位,其实诚信教育远不够、远没有到位;二是教育制度上,误以为学生自学了并通过考试了就算完成,其实背过就忘记了;三是教育环节或时间安排上,误以为一入校门就讲了,学生应该明白了,其实生硬的学习,学生还有很多不明白的地方;四是教育师资上,误以为师资足够了、导师讲了就达到效果了,其实高校缺乏相关的专业教师,很多导师自身仍需被教育。诚信教育关系到高校科研工作的顺利实施,应该形成"全过程、多层次、多形式、多频次"的教育制度,时时刻刻提醒,扎扎实实推进,做到"润物细无声",方能逐渐产生效果,进而影响一代又一代科研工作者。

　　第三,高校应建立学术不端问题处理的常态机制,将学术诚信治理作为学校治学的一项重要工作。高校应不断强化相应考核,将结果存入学术诚信档案,不合格者在职务及职称晋升、岗位聘用、评优奖励等方面实行一票否决,形成严肃的学术风气;只有坚定不移地从严治理学术不端,始终保持对学术不端行为的高压态势,坚持"无禁区、全覆盖、零容忍,重遏制、强高压、长震慑",才能实现对学术不端行为的有效治理。高校开展学术规范和学术诚信的教育、培训,并建立科学公正的学术评价和学术发展制度,完善相应的知识产权查询制度和学术规范监督机制等,以教育引导、制度规范、标本兼治的原则建立和完善弘扬优良学风的长效机制。

第三节　高校教师等科研人员的伦理责任

(一)表现出的问题

　　近年来,随着科研活动的日益普及,高校作为科研活动的主要聚集地和发生地,越来越多的学术不端事件产生。学术不端问题呈现多发频发、表现形式多样、学术活动各个环节均有出现的局面。以国家自然科学基金委员会办公室近期公布的有关通报为例,该办公室于 2021 年 3 月—2021 年 11 月公布了四个批次的集中查处的学术不端行为案件的处理结果,公布的学术不端行为也是五花八门,如存在编造实验研究过程、伪造实验研究结论、未经同意使用他人署名等问题(国科金监处〔2021〕134 号),以审稿人身份剽窃被评审的论文并稍加修改投稿发表的问题（国科金监处〔2021〕140号），存在图片复制、旋转等问题（国科金监处〔2021〕78号），以及雇请第三方公司代做实验、代写代投论文，论文存在数据造假问题（国科金监处〔2021〕47号）等。国家卫生健康委科技教育司2021年6月在其网站上开设医学科研诚信专栏，2021年6—12月先后公布12批275起医学科研诚信案件调查处理结果，很大一部分来自高校附属医院，涉及存在代写、代写代投、篡改数据、论文数据和图片造假、不规范署名等多种学术不端行为。

（二）产生的原因

第一，评价体系导向的原因。教师工作的量化评价遭遇到了众多批评，一直以来被认为是学术不端问题产生的一个重要诱因。很多学术不端的典型案例都与追求学术成果的绝对数量有关。而提出这些量化指标的高校，大抵也有学校排名、能否进入重点建设名单、能否得到经费支持等一大堆苦衷。科研成果、科研经费在教师评价中权重很大，教师的奖励、升职、待遇、地位都与此息息相关。不仅如此，它们还维系着学校的排名和声誉，事关学校的前途命运。而这两方面的量化指标将直接产生于、作用于教师的学术行为。显然，对学术评价中过度量化，特别是重量轻质才是问题的根源。现有评价的导向问题是量化使用的片面和极端导致的，量的度没有把握好，质的标准没有掌握好。评价的质和量要统筹兼顾。高校作为主要责任方不应只简单、粗暴地以量为指标，希望通过量的积累实现质的突破，而应更多地考虑如何质量兼顾，通过引入同行评价、落实相互监督机制、定性加定量考核等方法，将教职员工的科研工作向着国家需要、社会需要、个人发展需要的方向导引。

第二，个人价值取向的原因。现实生活中，教师也有着现实的利益需求和价值取向。当学术道德的力量无法遏制其内心对经济利益和社会名利的过度追求，而通过学术不端行为获取的利益远远大于所可能付出的成本时，其个人价值取向出现扭曲，学术失信行为发生的概率就会不断上升。教师的自身道德水平和价值观念是学术失信行为产生的主要内在因素。急功近利和追求名利是其主要表现。20世纪以来，科研工作已经逐渐成为一种社会认可的职业，社会对科研工作投入了极大的人力、物力和财力，科研活动已经不再是精英阶层的兴趣爱好，而是一种谋生手段、一种生活方式。随着科研人员的不断增多，为了争取科研经费、获得科研奖励甚至延续科研生命，部分科研人员丧失了基本的学术道德，不惜通过各种学术不端行为，投机取巧获得经费、资源。

(三)高校教师等科研人员的伦理责任

1.自身的责任

1)高校教师有自觉维护学术共同体形象的职责。每个教师都身处一个学术共同体中,并受这个学术共同体的人际、舆论和行为规范的约束。从广义上讲,所有教师、科研人员、科研管理人员、科研资金资助者等利益相关者构成了最大范围的学术共同体。学术共同体的任务或职责就是帮助建立或发展学者之间良好的、可靠的知识获取或交流的关系。学术共同体担负着学术交流、成果发表与奖励、公平科研竞争与协作的维护、科学规范的塑造与维护、科学伦理的监督与惩治、准科研人员的培育以及科学知识的传播等职责。这一职责的实现是以学术共同体每个成员坚守学术诚信精神,严格遵守各类学术规范,积极开展科学研究工作为前提的。高校教师等科研人员作为学术共同体的主要成员之一,有责任也有义务在做好本职工作的同时,推动上述学术共同体职责的实现。

2)高校教师有自觉承担推动社会进步的职责。随着科学技术突飞猛进,科技进步和科技成果的应用极大地改善了人类生产方式和生活方式。"科学技术是第一生产力",当前,人们已经普遍认可,如若想要推动社会持续进步,促进人类文明不断发展,就要重视科学研究工作。科学研究是促进知识更新、丰富教学内容的重要手段,也是培养人才、提高人才质量的重要途径之一。教师教学与科研工作,既优化了自身的知识结构、提高了学术水平、丰富了教学内容,使得知识、能力、素质全面发展的一体化教学思想得以深入贯彻,又是教育人、培养人的重要抓手,更是以自身工作推动社会进步与发展的一个重要表征。显然,以学术诚信为前提的科学研究成果是教师等科研人员为推动社会进步所做贡献的重要组成部分,这也是当前国家和社会对教师等科研人员的期望和要求。

2.对于研究生和团队的责任

作为学术界未来的中坚力量,准科研人员群体在我国包含硕士和博士研究生、刚博士毕业开始教职(含实验室)的年轻教师等,准科研人员能否坚守学术诚信将直接影响教育事业发展和社会风气的养成。当前,研究生培养实行导师负责制,各大高校普遍存在科研攻关团队,因此,准科研人员的学术诚信很大程度上有赖于导师(或团队负责人)作用的发挥。导师(或团队负责人)不仅是学术上的引导者,更是品德上的榜样。应恪守职责,切实履行对准科研人员的导向、监督和教育责任。

1)导向责任。导向责任是指在准科研人员开展科研工作期间,导师(或团队负责人)对其进行的学术和生活的指引。这种导向责任的含义是多方面的。对于研究生而言,导师不仅要帮助其打下过硬的专业基础,还要培养研究生健全的道德人格。对于年轻的科研团队成员而言,团队负责人要帮助其尽快设定研究方向、提供科研启动资金,指导其防范科研工作中可能出现的学术失信问题。总体来看,导向责任可概括为思想导向责任、学术导向责任和心理导向责任。导师(或团队负责人)应当从思想上给准科研人员以正确的导向,引领其树立正确的学术思想和观点,强化其社会责任感,培养其高尚的道德情操;应当在学术方向上给准科研人员以指导,基于问题导向、面向国家和社会的需求,指导其开展科研工作,包含学术规范、学术道德和创新意识等方面,进而培养其独立思考的能力、求真务实的学术态度以及自觉奉献的精神;应当在心理上给准科研人员以帮助,帮助其直面巨大的学术和工作压力,疏导心理问题。

2)监督责任。监督责任是指导师(或团队负责人)在对准科研人员实现预定培养目标的过程中所担负的督促和管理职责。"监督"一词的解释包括"监管"和"督促",因此,监管是首要的、第一层面的要求,更深层次的是"督促"的职责,即学术创新精神和学术道德的培养,同时防范学术不端行为的发生。导师(或团队负责人)良好的学术作风和学术形象是监督职责得以有效发挥的前提。

总的来说,高校教师等科研人员应加强自律,守住底线,提高自身诚信品行、责任意识、严谨作风、科学方法、人文素养等五方面素质,用科研行为准则自觉规范自己的科研工作,自觉接受同行、同事和社会的监督。

第四节　高校研究生等准科研人员的伦理责任

高校是我国科学研究的主要力量之一,高校科研的特点之一是科研与教学相结合,学术思想活跃,研究后备力量充足。硕士、博士研究生等准科研人员群体经过高水平的科研训练,使科研队伍始终保持朝气和创新,是科学研究的重要新生力量。研究生教育是为社会输送科技人才的重要途径,研究生的学术诚信直接影响未来科研工作者的诚信水平。学术活动是高校存在的基础和核心。然而在现实中,研究生在学习科研中学术失信行为突出,主要表现在:剽窃、抄袭他人成果、弄虚作假、代写论文等,如2021年11月,湖南大学软件工程专业连续被曝光三起硕士学位论文涉嫌抄袭的学术不端事件。如此制造出来的"科研成果"

能有多大价值，能否保证科研质量和创新，是不难预见的。因此，高校研究生等准科研人员群体如何加强自身建设、自觉承担相应职责，值得关注。高校研究生的责任主要表现为以下两个方面。

第一，高校研究生等准科研人员群体应自觉遵守国家和学校学术诚信相关法律、法规、规定。21世纪以来，我国高度重视学术诚信问题。有关部门和科研管理机构针对各自管辖领域科研诚信/学术诚信的教育与学术不端行为的治理等方面出台了诸多政策法规，教育部于2002年颁布并实施了《关于加强学术道德建设的若干意见》，标志着我国迈入了科学研究有制可循阶段。2016年教育部颁布并实施了《高等学校预防与处理学术不端行为办法》（以下简称教育部〔2016〕40号令）。我国各高校也相继出台了科研诚信/道德规范/学术不端相关文件。这些文件的陆续出台，表明我国学术研究行为已经有了制度性约束，对学术不端行为的治理也逐渐走上了规范化道路。高校研究生等准科研人员群体在了解国家相关法律法规的基础上，应仔细阅读各自高校的相关文件，接受所在学校、院系的学术诚信教育，做到对学术不端问题的知己知彼，切实防范学术不端行为的发生。

第二，高校研究生等准科研人员群体应自觉提高个人道德素养，不给未来人生留下学术污点。高校研究生等准科研人员作为有机会接受高等教育的青年群体，属于国家未来的高级人才，是未来社会的精英、建设者。这一群体的学术诚信问题不仅关系到其自身的知识掌握和能力形成，也关系到国家未来的文化、科技实力以及整个社会的精神面貌。因此，高校研究生等准科研人员要有长远的眼光，坚持治学与做人的统一，从自身做起，守护学术良知。在学习和开展科学研究的过程中应秉持一颗对科学真理求真务实的心、对学术规范和学术道德的敬畏之心，主动学习学术诚信相关文件、法律、法规，主动了解有关学术不端行为的概念、内涵、表现形式以及边界，坚决抵制急功近利、浑水摸鱼、投机取巧、弄虚作假、抄袭剽窃等希望通过"用时短、速度快、花钱买、效果好"的方法获得研究成果，不为眼前利益而牺牲诚信。扎扎实实、认认真真做学问、做科研，真求知、求真知，坚持实事求是、诚信至上、不忘初心的科研精神，坚决抵制学术不端行为，学术道德、学术规范从我做起，为自己的人生打好基础！

第五节　高校学术期刊及从业人员的伦理责任

科技期刊是科技成果传播与分享的责任伦理主体。据统计,科研人员完成科研相关工作的 70% 的信息来源于科技期刊,而同时 90% 的科研成果通过各种科技期刊发表出来。[①] 科技期刊对科学研究起着重要的作用,一是对科研活动起支撑作用,以阅读、传播、分享科技期刊论文为主的学术交流活动在科研工作者的学习和生活中占有十分重要的地位;二是对科研成果有一定的判别作用,科研论文需要通过科技期刊发表,在学术期刊上发表论文是科研工作者的科研成果的主要表现形式之一,单位或个人的科研成果也在一定程度上以此来判定;三是对科研工作者有一定的挖掘和培养作用,科研工作者与科技期刊是相互依存、互相促进的关系,科研成果需要科技期刊发表,科研工作一定程度上依赖科技期刊来评价。可以说,越是年轻的科研工作者对科技期刊越依赖。科技期刊需要大量的科研论文的投稿以供选择,顶级科技期刊对文章的处理、对作者的选择某种程度上影响了作者的学术生涯。由此可见,科技期刊在科技成果的传播、评判等领域有着理所当然的责任,同时还有着引导研究方向、规范科研流程、保证研究质量以及服务社会需求等方面的职责。

近年来,各种学术不端案例经过微信、微博、短视频、在线新闻等新媒体传播平台的推送,屡屡曝光。这些学术不端案例大多与学术期刊联系在一起,新闻标题也多带有"SCI 期刊"、"国际权威期刊"、"国内某权威社科期刊"等字样。学术期刊作为研究成果的主要发布地、宣传推广平台,学术论文的学术不端行为也较为容易界定。因此,当学术不端行为发生之后,公众会习惯性地将之与学术期刊联系在一起。时至今日,科技发展带动社会发展和进步的理念已得到普及,公众对于承载科研成果的学术期刊的要求和期待越来越高,也给学术期刊从业人员提出了更高的要求。高校学术期刊数量约占据我国学术期刊的三分之一,如何拓展其工作职责范围,努力介入、承担高校学术诚信治理工作成为亟须解决的问题。

---

① 汪再非,杨国祥.学术期刊对科研的评价作用[J].科技管理研究,2006(11).

（一）表现出的问题

学术不端行为不是中国独有的现象，学术诚信问题是一个世界性的问题。近年来发生了大量学术不端事件，如2005年，韩国首尔大学黄禹锡编造数据的论文在美国《Science》发表。2014年，日本小保方晴子捏造、篡改图片，破坏原始数据的可信度，其论文在英国《Nature》发表，因其论文具有突破性的干细胞研究，知名度显著提升，其个人甚至被追捧为有望冲击诺贝尔奖的"日本居里夫人"。2018年10月，美国哈佛大学医学院"撤稿门"事件，撤销Piero Anversa的31篇论文，因为其包含篡改的、伪造的数据，美国《Science》称其为21世纪最臭名昭著的科学欺诈案件之一。2018年12月，南京大学通报梁莹学术不端等违规违纪行为的处分等。这些各时间段发生的学术不端典型案例均与学术期刊有着紧密的联系，学术期刊似乎成为学术不端行为的高发地。

与此同时，新闻报道：2020年《湖南社会科学》杂志原主编利用职务便利，帮发文中介发表文章120余篇，《求索》杂志原主编利用审稿、定稿的权力违规发表论文336篇，根据作者身份、论文质量、是否加急发表等具体情况，每篇论文向发文中介确定数额不等的"版面费"，以"版面费"的名义从发文中介收取贿赂，《湖南社会科学》《求索》因此被踢出南大核心期刊目录（CSSCI）。据悉，《湖南社会科学》是由湖南省社会科学界联合会主管主办，面向社会公开发行，全面反映社科研究成果的大型综合性社会科学学术理论双月刊；《求索》杂志系湖南省社会科学院主管、主办的学术期刊，2003年被评为南大核心（CSSCI）期刊。从影响力来讲，目前南大核心期刊目录是同类中国内最权威的一种，在现行论文评价体系中，在CSSCI期刊发表的论文数量成为职称评审等硬性指标。部分学术期刊编辑正是基于此发生了多起学术不端行为。有需求就有市场，通过百度搜索可以轻易查询到大量中介公司、代写与代投各种科技期刊的广告，相关网页、网上购物平台信息介绍中也给出了大量"成功"案例，从已曝光的《湖南社会科学》《求索》以及国家公布的学术不端案例看，论文中介也的确在其中运作。

上述这些违背学术规范的学术不端行为，造成了较大的社会负面影响，不仅影响了科学研究工作和学术期刊出版工作的健康发展，也影响了公众对科学研究、学术期刊的信任。

（二）产生的原因

长期以来，与学术期刊相关的科研成果的发表工作一直以来是基于作者与期刊及期刊编辑的互信开展的。一方面,期刊及相关从业人员以信任作者和作者的科研成果为前提开展工作,另一方面,作者以高度的学术道德要求自己,同时信任学术期刊的公平、公正的选稿用稿机制。早期很多时候,作者、编辑、读者是重叠的,很多人可能同时在担任这三个不同的角色,道德约束是这个行业可以持续前进的动力。正是这种互信才使得学术期刊发展至今。但随着科技的发展和需求、科学研究的"去贵族化""去精英化",科研变成为社会的一种普通工作,各种以追求个人目的为借口的违反规则的行为因此不断发生。

学术期刊是小众的,相关人群是相对固化的,绝大多数人并不了解学术期刊的运作规律。对于学术期刊而言,"文责自负"一直是学术期刊及期刊从业人员工作的一项基本原则。所谓"文责自负"是指论文一经发表,署名者即应对论文负法律、政治、科学和道义上的责任。如果论文中存在剽窃、抄袭的内容或者在政治、科学和技术上存在错误,那么署名者就应完全负责。基于此,学术期刊编辑的常规编校工作也多在作者文章的基础上,对审稿后决定采用的文章,按照出版的要求进行检查、修改、润饰、标注、整理提高。文章经过编辑加工后,须消灭差错、弥补疏漏、规范文字,提高总体质量水平和可读性。从"文责自负"和编辑的主要工作来看,期刊与编辑似乎不应该对学术期刊因为发表的学术论文涉嫌学术不端行为而负责。但在实际工作中,上述发生的多起学术不端典型案例促使公众第一时间将学术不端行为与学术期刊联系在一起。是公众的判断存在错误,还是编辑在推卸责任? 其实,学术期刊和编辑的工作对于防范学术不端行为的责任一直蕴含在其工作过程之中。自 1665 年第一本学术期刊《学者杂志》(*Journal des Sçavans*)(1665 年 1 月)开始,学术期刊四大功能,即成果注册(Registration)、质量控制(Certification)、内容传播(Dissemination)、长期保存(Preservation)基本没有变化。四大功能无一不与论文的质量直接挂钩。学术期刊的三审三校、同行评议等正是帮助期刊所发论文防止出现学术不端问题的重要制度保证。从编辑的工作和态度来看,编辑编校加工工作的到位与否,编辑自身能力是否能识别学术不端问题,编辑是否愿意主动去从事学术不端行为防范与治理工作,以及学术期刊论文发表相关制度是否得到切实执行等,都会影响到编辑能否第一时间识别学术期刊论文存在学术不端问题。

(三)高校学术期刊从业人员的伦理责任

1.认真扎实完成本职工作,切实履行期刊"把关人"职责

有报道显示,2008—2018 年中国医学英文期刊撤销的论文数量位居全球第

二,仅次于美国,撤稿的主要原因可归纳为数据伪造、数据剽窃、数据篡改 3 种类型。① 这些学术不端问题是可以通过编辑工作、同行评议工作识别出来的,这也是编辑把关工作的重要体现之一。一般来说,学术期刊论文的出版流程包括编辑部初审、小同行专家外审、编辑部或主编终审,论文接收后,须经三次编辑校对方能符合出版要求,编辑的"把关人"职责即从中体现。

1)政治把关职责。期刊及编辑应切实履行好维护意识形态安全职责,学术期刊出版是意识形态工作的主阵地和前沿阵地,要强化政治意识,增强把关能力,坚持需求导向和问题导向,服务国家发展需要,把社会效益放在首位,坚持社会效益和经济效益相统一。

2)履行论文质量保障制度的职责。以"三审三校"制度为例,编辑应严格执行《出版管理条例》等明确规定的"三审三校"制度,防止以审代编、以编代校、外审流于形式。编辑应针对当前同行专家评审环节存在的种种问题,即编辑人员工作被动、盲目轻信和过度依赖专家、泄露关键信息等,专家疏忽大意、怠于履行职责、拖延审稿周期、草率评判等,切实改进"三审"中的问题,增加主动性、完善规章制度、严肃工作纪律、优化和评估外审专家等。在编辑初审过程中,编辑可根据拟选取论文的主要内容,运用搜索引擎进行排查;以引用文献作为线索,查找有可能存在重复的内容予以鉴别确定。在"三校"过程中,编辑如对文章内容、作者相关信息等存疑时,应通过搜索引擎、投稿平台进行信息追溯比对,还可通过电话、微信、QQ 等工具向作者核实。以论文定稿制度为例,在主编定稿或编辑部定稿会过程中应严格执行议事规则和保密制度,增强决策的科学性、合理性和可行性。以论文出版流程相关制度为例,期刊应建立健全学术论文发表前的诚信承诺制度、论文发表后的撤稿制度,通过签署《著作权授权声明》,明确规定"论文作者保证该论文为原创作品,没有抄袭、剽窃、造假等学术不端行为"等事项。论文发表后,期刊可通过读者反馈、社交媒体曝光等途径发现存在学术不端问题的论文,根据相关的论文追溯、撤销制度实现对这些论文的撤稿、电子稿打码标识等。

2.加快提升编辑自身素质,增强为学术共同体服务的能力

编辑素质的高低直接影响着文章的质量。编辑的专业敏感性及知识辨识能力对防范学术不端现象的发生起着重要作用。这就要求编辑具备广博的专业知识,了解相关内容的报道情况,掌握学科发展动态,敏锐识别稿件可能存在的学

---

① 易耀森.被撤销医学论文数据学术不端行为与防范对策研究[J].中国科技期刊研究,2020(3).

术不端问题。因此,编辑应抓住各种机会培养自己的综合能力,除了平时编辑、校对、排版稿件外,编辑的综合能力、素质培养也很重要,编辑可通过工作的开展锻炼自己的能力。如在论文策划组织活动中,编辑会接到很多不同作者的电话,其诉求多种多样,编辑可从多个角度思考,应变能力随之提升。如在应对"互联网+"时代冲击的过程中,针对时代的更高要求,编辑要熟悉传统期刊编辑业务知识,还应成为懂得运用新媒体技术和知识开展传统期刊经营之路的现代新兴综合型的编辑人才。再如,面对学术不端行为日益隐蔽的现状,编辑应加强对新技术的认识和使用的能力。出版物数字化和网络化以及学术不端检测系统使用之后,原文复制粘贴的学术不端文章基本上能被期刊拒之门外,但技术的更新使得造假伎俩越来越多样化,越来越难以识别。论文学术不端问题表现形式多样,如代写代投机构和作者利用期刊网络采编系统漏洞操纵期刊同行评审,通过虚假邮箱顶替专家为自己的论文审稿,提供有利于论文发表的评审意见;利用翻译平台(Google 翻译、Baidu 翻译等)将复制的中文翻译成英文,再将英文翻译成中文,略做修改以规避学术不端检测系统的检测;利用释义工具查找一个词的解释或同义词对原词进行替换,造成不重复但重义的抄袭;将他人论文中的文字描述绘制成图片和表格瞒天过海等。识别这些学术不端行为不仅需要期刊编辑警觉的防范意识,还需要期刊编辑过硬的识别能力。编辑应树立防范意识,掌握识别技巧,以应对日益艰巨的防范工作。

3.积极主动拓宽服务边界,主动服务高校学术诚信治理[①]

高校学术期刊工作者应主动承担更多职责,拓宽其原有的服务边界。随着新技术的不断发展,期刊传播模式在发生变化,国家管理部门和社会对学术期刊提出了更高的要求,学术期刊逐渐从单纯的论文发表机构,向出版服务提供机构转变,学术期刊相关工作者的工作范围也随之明显扩大。高校学术期刊长期作为学校边缘部门,得不到重视,这固然有期刊工作本身不能与传统意义上的学校主流工作并驾齐驱的原因,也与期刊编辑长期不主动作为、不积极融入学校主流工作体系有关。因此,高校学术期刊更应借助学术不端防治工作这一抓手,主动作为,承担更多职责,通过增加服务学校的工作内容强化服务学校发展的能力,积极融入学校发展进程,提升自身地位,为学校发展做出自己的贡献。高校学术期刊工作者可以利用编辑工作对学术不端问题的敏感性、前沿性等特点,充分发挥期刊在学校和学术出版等方面连接节点的作用,围绕高校学术不端防治工作

的各利益相关方,开展学术诚信教育的普及与教材编写、学术不端相关文件的拟
定与修订、学术不端行为的调查与认定、学术不端检测软件的使用与推广等工
作。同时,高校学术期刊工作者应通过人员往来、邮件、网站、投审稿平台、微信
等多种方式加强沟通与联系,构建期刊与相关利益方的联动机制,即期刊与高
校管理方学术不端信息上传与通报机制,期刊与外审专家、期刊与读者的学术
不端行为监督与防控机制,期刊与作者(投稿作者、潜在作者)的学术不端规避
机制和学术诚信教育机制,融入学术共同体的学术诚信建设体系中,从而与社
会各界一起,建立公众监督和反馈的合理渠道,使社会各界能有效了解科研信
息,发现和质疑学术不端问题,起到舆论监督的作用,进而帮助学术共同体在内
部形成学者自律、社会他律的良好氛围,有效推动高校学术不端行为的预防与治
理工作。

第六节　小结

全面推进学术诚信体系建设不是一朝一夕就能实现的,而是一项长期的系
统的工程,要将教育、制度、监督和查处等各种要素有效结合起来。学术共同体
诚信建设既要自律,更要他律;既要重视科研诚信教育、自我道德养成和行业自
律,又要重视制度建设、监管和惩治;既要解决好当前的突出问题,又要构建长远
的体制机制。只有明晰了各利益相关方的责任、把准了学术诚信问题的"脉",才
能对症下药,真正做到"标本兼治、药到病除"。

第四章　高校学术期刊编辑的自身建设

　　"打铁还需自身硬"。我国学术期刊大多采取全职编辑办刊的模式,编辑水平的高低决定了期刊的水平。面对日益隐蔽的学术不端行为、民众日益增长的惩治学术不端问题的诉求,学术期刊及从业人员作为学术不端问题的"把关人"的作用越来越凸显,如何尽快提升自身素质,从容应对各类学术不端问题带来的挑战,这成为期刊编辑亟须解决的问题。本章从编辑培养的核心问题开始探讨,分析新时代出版工作的衍变与编辑的素质及能力要求,为编辑更好地开展学术诚信治理工作做好自身建设。

第一节　编辑培养的核心问题

　　高素质的编辑队伍是学术期刊可持续发展的关键,我国学术期刊编辑,特别是高校学术期刊编辑的培养面临着巨大的机遇和挑战。例如,学术期刊编辑队伍老龄化较为严重;随着数字化技术的逐步推进,学术期刊在办刊理念、编辑出版手段及出版方式等方面已产生巨大的转变,编辑的知识结构出现一定的断层;学术期刊响应国家号召,抢占学术国际话语权,对办刊人员提出了更高要求等。出版工作主要是人的工作,学术期刊的竞争实质就是编辑出版人才的竞争。如何吸收、培养高素质的编辑人才,建立良性、高效的培养机制,形成一支人员稳定、知识结构合理、实践和创新能力突出的编辑队伍,是我国学术期刊面临的重要课题。未来,无论学术期刊出版形式如何变化,"编辑"工作的设定如何调整,只要学术期刊或学术论文还存在,那么防范学术不端问题的发生,必将仍然是学术期刊应尽的职责,也必然是学术期刊编辑"把关人"的角色与作用的表现之一。显然,只有把编辑队伍建设好了才能更好地实现这一目标。那么,什么是"编辑培养的核心问题"呢?

一直以来，学术期刊出版工作的核心都是围绕论文来展开的。现代学术期刊办刊的核心在于如何发表"高质量"的论文。论文质量的高低可从两个方面或两条路径来把握，即严格审稿和防范学术不端，这两者是相辅相成、不可分离的。现有编辑出版学的相关研究在讨论如何提高论文质量、防范学术不端行为时，主要依据三审制展开讨论，从两个方面指出如何提高论文质量。一是在责任编辑初审方面，强调编辑初审应从规范化、学术化和精品化等方面评判论文质量[①]，编辑如何使用国内（如知网查重软件 AMLC[②]）、国外（Crosscheck[③]，Turnitin）查重软件、投稿作者邮箱识别等方法判别论文是否可能涉嫌学术不端[④]；二是在专家审稿方面，认为应主要依靠外审专家帮助就论文质量和是否存在学术不端问题进行把关，研究者从单盲审还是双盲审[⑤]、审稿专家搭配[⑥]、小同行专家审稿[⑦]、制订科技期刊专家审稿规则[⑧]等方面对从外审专家选择、专家意见评判方面进行了研究。这些研究从编辑基本工作的各个环节，如录稿、选稿、送稿和校稿等方面提出了很好的建议，很多技术手段确实是编辑实际工作需要的，但对编辑在文章刊发过程中的主导作用、编辑自身素养和能力对把握稿件质量、防范学术不端问题的重要作用的研究较少，这与长期以来对编辑工作的定位有密切关系。在传统的办刊思路和工作职责划分中，多数办刊者以及编辑人员将编辑的"编"和"审"两项工作割离开来看待。现实情况中，"审"稿子要求编辑具有较高的科学素养，大多数编辑是不具备这种能力的，以致很多编辑都认为学术期刊刊发文章的质量应主要取决于专家的审稿意见，期刊编辑只能起到辅助作用。很多编辑甚至认为学术期刊出版的主要工作在于通过获取好的稿源抓好论文质量、通

①　李宗红.科技学术期刊编辑初审稿件的"三审"[J].编辑学报,2008 (4).
②　蒋晓,杨锐,张凌之,等.基于 AMLC 的科技期刊论文学术不端特征分析及对策研究[J].编辑学报,2021 (6).石鹤,夏黎明,汪晓,等.《放射学实践》应用 AMLC 检测已发表论文结果分析及应对策略[J].中国科技期刊研究,2016 (7).陈芳.应用 AMLC 对动物医学论文的查重结果分析[J].编辑学报,2011 (5).刘清海.学术不端医学论文中重复文字的分布[J].编辑学报,2010 (5).刘清海,王晓鹰,孙慧兰,等.AMLC 检测医学论文的特点及期刊的应用对策[J].编辑学报,2009 (6).
③　徐诺,程利冬,苗秀芝,等.科技期刊使用 CrossCheck 查重软件对提高稿件质量的作用——以《国际智能和纳米材料》为例[J].编辑学报,2017 (S1).黄睿春,张玉平.基于 CrossCheck 论文防剽窃系统的稿件处理策略分析——以《数学物理学报》(英文版)为例[J].中国科技期刊研究,2019 (10).
④　罗云梅,蒲素清,李缨来,等.华西期刊社 1748 篇疑似学术不端稿件的分析[J].编辑学报,2018 (3).
⑤　朱大明.关于实名审稿制与双盲审稿制的讨论[J].编辑学报,2010 (5).
⑥　杨波,赵丽莹,张荣丽.审稿专家的搭配法[J].编辑学报,2009 (1).
⑦　赵丽莹,冯树民,刘彤,等.如何选择"小同行"审稿专家[J].编辑学报,2007 (1).
⑧　朱大明.关于制订"科技期刊专家审稿规则"的建议[J].编辑学报,2007 (1).

过外审专家和相关软件即可保证不出现学术不端行为,很多编辑认为编辑的主要工作就是把握论文内容的格式和规范、处理日常事务等。这些观点既是当前大多数编辑自我认知水平的一种体现,也是当前大多数学术期刊从业人员对编辑工作的特性和要求的认识,都忽视了编辑的评审作用,即对论文质量做出评价和对论文是否可能存在学术不端问题进行判断的重要作用,从而看低了编辑工作的价值。

随着社会的发展,普通大众对于科学知识的传播有了更深刻的认识,编辑工作也得到了越来越多人的重视,但对"编辑"这一职业的定位的传统认识仍未能改变。越来越多拥有博士学历的、独立科研经验的新人加入编辑队伍,编辑工作的相关研究仍限于如何做好论文初审、如何选择对口的审稿专家、如何做好编辑和审校工作,虽在工作方法上有了发展,但还是难以逾越老的条条框框。这无形中弱化了编辑人员在科技期刊办刊全过程中的主导作用,也易于让编辑人员自身在思考如何进一步提高论文质量方面陷入了思维定式。这些高学历的、对前沿科学知识有着一定认知的编辑普遍具有良好的教育背景、较高的知识层次、扎实的专业领域知识、较强的可塑性等特点,而且,他们年纪轻、工作热情高、精力充沛,对工作充满抱负,在编辑业务培养方面有很大的潜力;当然,同时也面临着编辑业务知识缺乏、实践经验少、责任意识不够等不足。"如何不再将其桎梏于传统的、狭窄的编辑工作认知,充分拓展其工作范围"是培养编辑、传承和发展编辑行业所必须思考的问题。这要求我们必须将如何清晰认识编辑工作的特殊性作为当前编辑培养的核心问题之一。

第一,要对我国编辑职业的起源与发展有着清晰的认识。"编辑"这一工作在我国历史中很早就已出现,可追溯到殷商时代,那时就有搜集材料、整理最早的书籍——简册的编辑工作。① 在我国编辑史上,司马迁的《史记》在中国史学史、文学史及编辑学史上树起了一座丰碑②。《史记》在中国古代编辑史上取得的成就是划时代的,它使史书的编辑体裁、编辑体例、编辑内容都焕然一新,为后世历史著作的编纂树立了光辉的典范。③

近代编辑职业始于清末戊戌维新运动,之后编辑活跃于学术文化界,成为一种自由职业,著名人物有梁启超、谭嗣同等。一批先进知识分子通过著书立说、

---

① 邓国英.我国编辑的起源及其在历史上的贡献[J].出版科学,1994(3).
② 王义纲.著书立说与编辑工作——记我国古代几位著名的编辑活动家[J].山东医科大学学报(社会科学版),1990(3).
③ 赵志坚.试论司马迁对编辑学的贡献[J].编辑之友,1998(1).

创办期刊、编译丛书等方式,引进西方国家的科学技术,探求振兴中华之路,我国编辑事业开始步入一个新阶段。魏源1842年编辑的《海国图志》,开创了我国近代编辑事业之先河。

中国现代出版史上出现了不少编辑学家、出版家,如现代报刊编辑大师梁启超、陈独秀等,现代图书出版大师张元济、陆费逵等,以编创期刊带动书报出版业的大师邹韬奋、胡愈之等。[①] 在走向现代出版文化事业的道路上,邹韬奋有其独特的编辑素养,以推动人民大众进步、实现民族解放为己任,站在时代的前沿,为民族解放而大声呼号,自始至终将开拓创新作为自己所从事的编辑出版事业追求的信念之一。[②] 他通过《生活》周刊的编辑、出版与发行、广告等文化经营管理活动,科学地总结了一系列的编辑出版与发行经营经验,写了100多篇论述书报刊的编辑、出版、发行、管理与经营方面的理论文章,至今仍是我们研究编辑出版学的精警策论。[③] 毛泽东亲自创办和编辑出版了一些书、报刊,对编辑出版工作作过许多重要的精辟论述,指导党和国家出版事业的健康发展。[④] 他早期创办的《湘江评论》(现改名《新湘评论》),作为中共湖南省委机关刊物,一直以来秉承着"宣传党的主张,传播先进文化,塑造美好心灵,弘扬社会正气,通达社情民意,倡导科学精神"的办刊宗旨,尤其重视发扬革命传统,用好红色资源,传承红色基因。[⑤]

第二,要对学术期刊编辑职业的"学术性"有清晰的认识。编辑这一职业较为特殊,既要懂理论知识,又要将理论应用到实际中。学术期刊编辑伴随着学术期刊而出现,在我国存在时间较短。传统的学术期刊编辑主要集中在语言文字的编辑加工、校对等环节。如今,随着科学技术活动和文化的发展,学术期刊编辑不再只从事文字工作,其工作职责、方法、内容、表现形式随之改变,学术期刊编辑应提高"学术"二字的权重,了解、把握和筛选行业学术前沿信息,实现快速发布,不断推动学术交流和进步。

第三,要对学术期刊编辑职业的发展有长远考虑。编辑工作的性质、特点及社会责任,决定了学术期刊编辑要"为他人作嫁衣",勇于做"幕后英雄"。缺乏对学术期刊编辑职业发展的正确认识,编辑会滋生浮躁心理,不安于工作。从期刊

①　王振铎.邹韬奋:现代编辑出版大师的优秀代表[J].山东理工大学学报(社会科学版),2004(6).
②　戴显红.邹韬奋书刊"编辑力"考述[J].青年记者,2017(29).
③　王振铎.邹韬奋:现代编辑出版大师的优秀代表[J].山东理工大学学报(社会科学版),2004(6).
④　王德春.毛泽东与编辑出版工作[J].智慧中国,2018(9).
⑤　任晓山,吴金.《新湘评论》:发扬优良传统续写新的荣光[J].传媒,2021(12).

运营看,论文从接收到发表、再到广为传播这一过程,实际上是由编辑来主导完成的,虽然编辑不能代替作者、读者和审稿专家,但编辑是连接专家、作者、编辑部、期刊出版公司/平台等学术出版共同体的纽带,是学术出版工作的核心节点。因此,编辑要有效地整合各方资源,满足期刊自身发展和社会需求,提供高品质的信息服务,并以此作为职业生涯规划的切入点。[①]

第四,要对自身从事学术期刊编辑的职业有准确判断。一是我国学术期刊编辑来源较为丰富,包括高校、事业单位、企业单位的各类人员,如行政人员、教师、学生等,很难明确什么样的人才适合编辑职业;二是传统的编辑出版学历教育出来的本硕博难以胜任非人文社科类期刊编辑,与期刊相关学科的本硕博刚参加工作时对期刊工作也难以有足够的认知;三是科技信息日新月异、学科领域衍变繁多,期刊编辑的职业边界逐渐模糊,现代期刊编辑手段已覆盖到数字、声像等领域,对编辑提出了更高的要求,编辑不再像以前那样"只管低头拉车、无需抬头看路",而是不仅要出好刊,还要懂经营管理。由此,对编辑职业的认知更要及时通过工作和学习来判断,既要判断自身是否适合从事编辑职业,又要合理规划自身的职业生涯。

第二节　新时代出版工作的衍变与编辑的素质及能力要求

(一)新时代背景下的出版业态

出版业的发展与国家的发展紧密相关,在一定程度上体现着国家社会、经济、文化的发展进程。党的十九大以来,中国特色社会主义进入新时代,我国的社会、经济、文化进程进入新阶段,开启了从出版大国向出版强国迈进的新征程,出版业所处的环境发生深度变革,出版业将面临诸多新挑战和新变化。要做好新时代出版业的编辑工作,首先对当前新的出版环境要有一个清晰的认识。

1. 出版政策影响出版业态

我国的出版业一直肩负着传播马列主义思想、宣传党的方针政策、坚持为人民服务、坚持社会主义出版方向等政治责任。《关于加强和改进出版工作的意

① 邓履翔,彭超群.执行编辑如何把握科技期刊的论文质量[J].中国科技期刊研究,2012(6).

见》《关于推动学术期刊繁荣发展的意见》等多个文件指出,新时代出版事业的发展要"坚持以习近平新时代中国特色社会主义思想为指导,坚持为人民服务,为社会主义服务","不断完善把社会效益放在首位、社会效益和经济效益相统一的体制机制",出版业进入了高质量发展的新时代,需要生产大规模高质量、高水平的内容产品。

2. 出版市场影响出版业态

一方面,国外大型出版商大规模进入中国,国外出版商成熟的出版市场体系、出版模式以及大量优质资源蜂拥而至,对当前仍未完全放开的图书和期刊出版市场已经产生巨大冲击,在科技领域由于大多数读者、作者对英语这一语种较为熟悉,相应产品的冲击更加激烈,为了应对这一冲击,我国"经典中国国际出版工程""丝路书香出版工程"、国家社科基金"中华学术外译项目"、国家版权输出奖励书目、"中国图书对外推广计划"等多个项目陆续实施,鼓励我国出版产品走出去,我国出版业态的改变正在发生。另一方面,伴随着移动互联网的快速发展,用户的阅读行为正在经历前所未有的变革,快速灵活的数字化阅读方式逐渐普及,出版市场发生了巨大变化。人们日益倾向于在新媒体平台满足自己的阅读需要,用户的消费行为普遍通过网络进行,传统出版的传播模式遭受冲击,出版业必须紧跟市场变化,探索新的传播方式。尽管期刊编辑不具体负责期刊的营销工作,但是应当在源头做好选题策划和内容把关。面对市场变化,编辑应转变思路,做好整体布局的战略规划,紧抓优质作者资源和用户心理,顺应媒体融合发展趋势,探索网络优先出版、数据出版、全媒体出版等新型出版模式。

3. 出版技术影响出版业态

随着计算机、互联网、大数据、人工智能等技术的不断更迭,现代信息技术带动出版技术不断创新升级,出版业经历了从传统出版到数字出版、从数字出版到互联网出版的多次变迁[1]。信息技术的飞速发展,引发了各种产业形态和商业模式的创新,使得出版的生产方式发生变化,出版的产品形态更加丰富多样,催生了大量新出版业态。如5G技术,高速度、低时延、万物互联等特点已给出版业带来深远影响,正在加速出版业的转型升级。[2] 编辑作为出版业的核心,面对新业态的发展趋势,应及时掌握出版技术的变化,利用互联网思维,转变工作模式、角色定位以及思维方式,变挑战为机遇和优势。

---

① 张立科.新时代做好总编辑工作的思考与实践[J].出版发行研究,2021(1).
② 吴双英.5G时代童书出版的新业态和新发展[J].出版广角,2020(9).

(二)新出版业态的编辑工作特点

1.导向性

这种导向性主要体现在出版物的政治思想内容方面。出版产业是社会思想文化活动的重要组成部分,与社会的政治、经济、文化息息相关。编辑不仅是思想文化的建设者,更是政治传播的引导者,应在具体的编辑业务中致力于为人民服务、为社会主义服务,坚持中国共产党领导,遵守国家法律法规,认真贯彻执行,务必把好政治关。

2.创造性

编辑的工作内容,选题、组稿、约稿、审稿、校稿、定稿等每一个环节都离不开编辑的创造性劳动,这些辅助式的创造性劳动最终都会凝结到学术产品中,成为作者的作品、读者的读物。这些看似依附性的劳动,其实质是精神产品的再生产,编辑在发现、培养作者及创造作品价值,在有效传播精神产品方面的作用无可替代。[①] 从某种程度上说,编辑的工作是将探索发现与组织协调融为一体的再创造过程。

3.敏感性

我们既处在分众时代,又面向融合发展新生态,诸多因素合力引发出版生态格局不断变化。作为学术知识传播的主力军,要想打造一批世界一流、代表国家学术水平的知名期刊,编辑应时刻保持对国家政策、出版市场、信息技术等方面的敏感性。将对新技术的渴望当作一种职业认知,警惕市场的需求变化,第一时间了解把握用户的想法,积极拥抱变革,不断锤炼新时代下的编辑力,在更广阔的平台空间不断推动学术交流和进步,肩负起更大的使命担当。

(三)新出版业态下编辑存在的不足

随着科学技术的不断发展,在新的历史时期,编辑出版工作出现了一些新特点和新变化,出版形式日趋多元化,编辑手段日益现代化。学术期刊的发展日益与国际接轨,建设世界"一流期刊"的呼声越来越高,出版业在国内外的影响越来越大。这些都对编辑人员的整体素质提出了更高的要求,编辑人才的培养和队

---

① 朱剑.如影随形:四十年来学术期刊编辑的身份焦虑:1978—2017年学术期刊史的一个侧面[J].清华大学学报(哲学社会科学版),2018(2).

伍的建设也日益凸显出其重要性和紧迫性。但面对新任务、新要求时,当前编辑队伍还存在一些不合理因素,面临着诸多发展困境和一系列亟待解决的现实问题,从编辑自身修养和能力要求来看,一是新老媒体融合、线上线下出版融合、不同媒体边界逐渐消融,学术期刊的知识传播作用受冲击严重,市场萎缩,编辑人才流失,编辑队伍活力日益减弱;二是数字化、网络化、智能化技术的飞速发展带来了大量新传播方式、新内容表现形式,已经适应了长期以来的边缘性角色定位的编辑,无论是思想还是能力都已跟不上内容和技术带来的快速迭代;三是学术期刊管理体制改革仍在探索中,学术期刊公益性属性与市场化运作之间如何平衡仍未在业界得以厘清或达成共识,编辑对学术期刊市场化仍缺乏充分认知,编辑的观念和态度不适应面向市场化运作的改革;四是高等教育的蓬勃发展为编辑人才队伍源源不断地提供了优质后备军,应聘编辑的人才在学历层次、知识结构、专业水平等方面得到了明显提升,新编辑高学历与学术期刊要求的职业素养之间仍需较长时间的磨合和适应;五是新知识、新技术、新领域不断涌现,知识更迭速度越来越快,编辑的工作职责、方法、内容和表现形式随之改变,当前出版行业编辑从业人员"一岗多职、一人多责"等"全功能型"要求与市场要求的岗位分工、编辑专业化要求之间的转变仍需较长时间才能实现。

(四)新出版业态下对编辑素质与能力要求

编辑活动是出版工作的中心,编辑人员的素质与能力直接决定着出版物的质量。编辑自身的素质和能力需不断培养和提高以适应新出版业态。在不同历史时期,编辑人员的素质和能力将体现不同时代特点的标准和要求。迈入新时代,建设社会主义文化强国是建设中国特色社会主义的必然选择,是实现中华民族伟大复兴中国梦的迫切需要。而建设社会主义文化强国,推动社会主义出版事业繁荣兴盛,必须培养、建设一支高素质专业化创新型的编辑队伍,这不仅是新时代的要求,也是编辑核心素养的本质体现。

邓履翔等[①]认为编辑的素养应包括政治素养、道德修养、科学素养、文化素养、心理素养等五个方面,同时编辑应具备编辑能力、专业能力和人际关系能力等。范晨芳等[②]认为新时代期刊编辑的素质应包含学术素质、科学素质、信息技

① 邓履翔,彭超群.执行编辑如何把握科技期刊的论文质量[J].中国科技期刊研究,2012(6).
② 范晨芳,沈宁.新时期科技期刊编辑胜任力素质新要求及其培养[J].中国科技期刊研究,2018(9).

术素质等。此外,还需要重点培养编辑的再学习能力、价值创新能力和全方位整合能力。作为新业态下的新型编辑,除了具备一些基本的职业技能如专业知识、文字功底、道德水平、政治素养之外,还需要根据自身情况从学者们提出的策略中汲取养分,培养和提升多方面的素质能力,确保自己在出版环节中的优势和地位,在适应当前环境变化及市场需求的条件下,不断超越自我、提升自我、敢于创新。将从事编辑职业所必备的基本能力和素养,当作编辑最基本的从业"门槛",不断提升自身的"核心竞争力"。这样才能在期刊出版中发挥自身优势,进而为我国出版事业和文化强国的崛起做出应有贡献。

第三节　编辑的素养要求

核心素养是指最关键、最必要的共同素养,是综合个人知识、能力、情感、态度、价值观等多种因素而形成的,包括发现、分析、解决问题的能力等认知性素养,还包括自我管理、组织、协调、沟通能力等非认知性素养。[①]

笔者认为,在确定编辑的核心素养时,需明确编辑在期刊出版中的作用,进而正确认知编辑学理论,全面、系统和准确地理解科技期刊的发展规律。编辑学是研究作品策划、审编和规范,使之适合流传的再创造活动形态一般规律及作品基本结构的学说。编辑工作是整个出版工作的中心环节,是政治性、思想性、科学性、专业性很强的工作,又是艰苦、细致的创造性劳动。编辑人员的政治思想水平、知识水平和业务能力的高低,直接影响着出版物的质量。编辑工作的任务是筛选确定文稿内容、研究组织审核加工、编辑文稿和版面等。它的特定规律性、研究对象、内容和方法,决定了在学术期刊的审编活动中,编辑工作主要从论文的科学意义和结果的可信性方面加以考察,对论文的质量做出评价并决定论文的取舍。诚然,把握论文质量的关键的确在于作者和审稿专家,但论文从投稿到发表这一过程却是由编辑来主导完成的,编辑每一步工作执行得好坏直接影响到刊发论文质量。可以说,编辑人员的基本工作就是把握刊发论文的质量,编辑的工作是论文质量的重要保证。当然,编辑人员不可能也不应该代替审稿专家和作者在提高论文质量方面的作用。在实际工作中,编辑人员可通过选择何

① 陆祎.综合性医学科技期刊编辑培养核心素养的思考//学报编辑论丛[M].上海:上海大学出版社,2021:368.

种专家审阅稿件、录取何种稿件来控制论文质量,通过科技期刊的办刊(如办刊方式、专栏设置、选文导向等)影响作者的论文撰写工作,通过办刊水平的高低和刊物社会反馈的好坏影响后续投稿和稿件质量。没有编辑人员的工作,作者、审稿专家、媒体等就是分散的个体。如何有效整合各方资源,满足期刊自身发展和社会需求,为社会提供高品质的信息服务,才是编辑人员应该从事的主要工作,而不仅仅是简单从事收稿、发稿以及论文格式修改、编排等编辑基本事务性工作。由此来看,为了能够选出高质量的论文,编辑人员应该从提高自身素养、培养自身能力和严格论文质量控制工作机制等方面来把握论文质量。

在明确了编辑的地位和应该如何从事工作、该从事哪些工作后,编辑的自身素质与努力方向就成了最需要关注的方面。高水平的科技期刊需要高水平编辑人才。时代进步和科技发展的要求,迫切要求编辑人员重视自身素养的培养和提高。编辑提高自身素养,既有利于自身发展,也有利于期刊发展。通常来说,编辑的自身素养应包括政治素养、道德修养、科学素养、文化素养、心理素养,随着信息时代的到来再加上信息素养。

1.政治素养

编辑的政治素养是稿件质量控制的基础。期刊承担着知识传播的社会责任,编辑的思想要跟上时代前进的步伐,必须增强社会责任感,主动进行时政阅读与理论学习,坚持以科教兴国为己任、以创新为民为宗旨的科技价值观,弘扬科学精神,恪守科技伦理,认真学习编辑出版过程中涉及知识产权、著作权、版权的相关法律法规,促进自身政治素质不断提高。[①]

2.道德素养

编辑的道德素养是论文质量的道德约束。在科技文化产品创造和传播过程中,作者是创造的主体,编辑是传播的主体。[②] 编辑需认真学习、牢固掌握、严格遵守《中国出版工作者职业道德准则》《科技工作者科学道德规范(试行)》《出版专业技术人员专业资格管理规定》《全国性学会科技期刊道德公约》等职业道德准则。树立强烈的责任意识,本着对国家、对社会、对普通大众负责任的态度,加强自律,杜绝人情稿、关系稿,遏制学术不端行为的发生。

---

① 谢燕,钱俊龙,潘小伦,等.从防范学术不端论文中提升编辑职业素养[J].中国科技期刊研究,2011(4).

② 吴成福.论科技期刊编辑的文化价值实现[J].中国科技期刊研究,2011(3).

3.科学素养

编辑的科学素养是稿件质量控制的关键。科学素养的提高有助于编辑宏观把握某一学科的研究动态,并进行该学科的信息分析和问题研究;有助于编辑对每一篇稿件的学术价值进行正确地鉴别和判断,主动把握稿件质量;有助于密切编辑与作者的关系,帮助编辑与作者平等对话,甚至为课题研究提供指导意见;有助于从根本上推动期刊发展。此外,推动编辑提高科学素养的客观原因在于编辑部编制限制,各编辑通常要负责多个板块或栏目的稿件,学科的交叉、专业知识领域的不断更新等都促使编辑人员不得不提高自身科学素养。通常,编辑应具备综合的科学知识,除了编辑自身的专业知识外,还包括编辑学及相关科学,如信息(情报)学、逻辑学、传媒学以及管理学等方面的知识。

4.文化素养

编辑的文化素养决定科技期刊的品位。科技期刊的品位包括学术品位、文化品位和艺术品位。① 编辑的文化素养有助于期刊提高学术水准、丰富思想内涵和提升审美情趣。文化素养含义广泛,对科技期刊编辑来说,至少应该重视文字素养与科技文化素养两个方面的内容。作为编辑,文字修养是入门的关键之一。语言文字是一切编辑工作的基础,期刊编辑的文字规范化水平应高于作者平均水平。从事编辑工作,没有对语言文字规范的职业敏感性,没有深厚的语言修养和良好的表达能力,是不可能做好的。② 而且,科技期刊编辑作为科技文化元素的优选者、科技文化知识的传播者等,提高其自身的文化修养显得尤为重要。

5.心理素养

编辑的心理素养是长期从事编辑工作的保证。编辑工作量大、烦琐、单调,经常面临着时间紧、压力大等问题,而且长时间面对文字或电脑,休息时间少,极易疲劳,身体损害大,还必须保证出版质量,做到不出错,这些都需要编辑有着良好的心理状态和情绪控制能力。

6.信息素养

信息技术的发展已使得世界转向信息化时代,世界科技、经济等正加速向信息化迈进,人类已然进入信息时代。21 世纪是高科技时代、航天时代、基因生物

---

① 刘淑华.科技期刊的品位[J].中国科技期刊研究,2007 (5).
② 熊国祯.语文修养是编辑的入门功夫[J].科技与出版,2007(6).

工程时代、纳米时代、经济全球化时代等等,但不管怎么称呼,21世纪的一切事业、工程都离不开信息,从这个意义来说,称21世纪是信息时代更为确切。作为最新知识的载体,学术期刊早已主动迎接信息时代的变革,各种新技术在学术期刊出版里得到了充足应用,信息素养显然是新时代的期刊编辑必须要具备的。

第四节　编辑的能力要求

编辑能力是其自身素养的直接反映,为了准确把握稿件质量这一问题,编辑应具备三个方面的能力,即编辑能力、专业能力和人际关系能力。

1.编辑能力

编辑能力是编辑文化素养的体现。编辑能力实质上就是对科技期刊出版标准的把握能力,是编辑的基本能力。关于语言文字的规范化,国家颁布了许多规范化文件,中国标准出版社出版的《作者编辑常用标准及规范》中,就有《出版物汉字使用管理规定》《出版物上数字用法的规定》《中文书刊名称汉语拼音拼写法》《标点符号用法》《汉语拼音正词法基本规则》《新旧字形对照表》《简化字总表》《现代汉语通用字表》《关于地名用字的若干规定》《汉语拼音方案》《国际单位制及其应用》《有关量、单位和符号的一般原则》,等等。科技期刊出版常用标准包括《科学技术期刊编排格式》《文献叙词标引规则》《中国标准连续出版物号》《出版物上数字用法规定》《中国标准刊号(ISSN)部分条码》等。只有正确了解、牢固掌握上述标准才能很好地完成编辑工作。

2.专业能力

编辑的专业能力是编辑科学素养的直接反映。编辑的专业知识水平直接关系到论文的选择、论文质量的评判。一般来说,在做好编辑工作的同时,提高专业能力的途径包括以下几个方面:

1)通过阅读本刊(或与编辑个人专业知识相关的栏目)的论文来提升。审阅、编辑加工稿件本身就是很好的专业学习过程,特别是处理本专业但不是特别熟悉的方向的研究论文,能很好地拓宽专业知识面。

2)与其他相同大方向的国际知名专业期刊的编辑交流、合作,参加知名期刊组织的各种学术、编辑专业的培训。

3）兼职从事少量科研工作。如与原导师或单位其他老师合作，或加入某一导师科研课题团队，参加本学科国际学术会议，定期阅读本专业（或相关专业）的综述论文等，可以帮助编辑了解学科研究动态。

3.人际关系能力

编辑的人际关系能力是编辑的政治、道德和心理素养的综合体现。现代编辑工作具有技术和管理两个方面的要求。

1）编辑是作者、读者和专家交流的纽带，编辑要起到作者与审稿专家的桥梁作用，做好期刊宣传人、办刊代言人。编辑的人际沟通能力决定期刊在相关人群中的整体形象，间接影响论文的学术质量。

2）编辑的人际关系能力能帮助编辑与各大科研院所、行业协会等单位建立良好的人际关系、保持密切联系，通过与期刊发生联系的组织和个人来了解行业的重要信息，完善自身期刊发展策略，辅助期刊在竞争中胜出。

3）编辑的人际交往能力也有助于编辑在拒绝"人情稿""专家推荐稿"的同时而不造成其他不良影响。

第五节　编辑自我修养提升的途径

新时代期刊编辑应该认真学习贯彻习近平总书记给《文史哲》编辑部全体编辑人员回信和中共中央宣传部、教育部、科技部印发的《关于推动学术期刊繁荣发展的意见》的精神，高度重视自我修养的提升以适应新需要，致力于建设世界一流学术期刊，支撑服务我国学术期刊高质量发展，为加速建设世界科技强国和社会主义文化强国做出更大的贡献。

（一）时时警醒，做形势政策的广播台

中国特色社会主义进入新时代，对各行各业从业人员提出了更高要求。学术期刊作为传播思想文化的重要阵地，具有很强的政治属性和意识形态属性。编辑工作，从本质上讲是意识形态传播工作。这就要求编辑具有更高的政治站位、更强的政治意识、更敏锐的政治鉴别力和政治洞察力。[1]

---

[1]　查朱和.新时代编辑素质"六要"新要求[J].中国出版,2020(7).

首先,坚持正确的政治导向,提高政治站位。出版工作者要把宣传阐释好习近平新时代中国特色社会主义思想作为出版工作首要的政治任务,确保编辑出版研究深入、阐释到位、特色鲜明的优秀作品。编辑必须在思想上牢固树立"四个意识"、坚定"四个自信"、做到"两个维护",自觉从历史和现实、理论和实践相结合的角度做好研究、阐释工作,将阐释如何更好地坚持中国道路、弘扬中国精神、凝聚中国力量作为编辑工作的重中之重。加强学术引领,更要以实际行动坚持正确的政治方向、出版导向、价值取向,坚持质量优先,积极策划出版一批品牌、头部期刊,形成各具特色、各展所长的学术出版矩阵,唱响时代主旋律,把社会效益放在首位,充分发挥学术期刊的独特作用,提高学术期刊围绕中心、服务大局的能力,为社会主义现代化建设提供强大精神动力和智力支持。

其次,守住意识形态阵地。编辑应将意识形态工作充分体现在日常编辑工作中,对文章的选题和内容严格把好政治观,在源头上进一步守好意识形态阵地。学术期刊已处在意识形态领域的最前沿,必须充分认识把握正确的政治方向,坚持正确导向的极端重要性,切实守好阵地。编辑须时时警醒,对方向性、导向性的问题始终保持高度警觉,时刻保持高度的政治敏锐性和判断力,旗帜鲜明地坚持马克思主义,以清醒的理论自觉、坚定的政治信念、科学的思想方法来指导办刊实践,做好形势政策的广播台,始终围绕着国家大局来谋划选题,做好党和人民之间的"传声筒"。

最后,严格遵守新闻出版相关的政策法律法规,严守学术道德规范。学术期刊有严格规范的学术和制度,期刊编辑必须要坚持为党和人民做大学问、真学问的宗旨,在学术质量、学术规范、学术伦理和科研诚信建设方面发挥重要作用。

(二)好好学习,做开拓创新的风向标

习近平总书记在给《文史哲》编辑部全体编辑人员的回信中四次提到了创新,如"几代编辑人员的守正创新""推动中华优秀传统文化创造性转化、创新性发展""高品质的学术期刊就是要坚守初心、引领创新"。[①]习近平总书记高屋建瓴,为出版事业指明了方向,也为办好学术期刊提供了理论依据。

首先,坚持内容第一,将实现高质量发展作为新时代出版业改革发展的主

---

① 习近平给《文史哲》编辑部全体编辑人员回信[N].人民日报,2021-05-11.

题,展示高水平研究成果。出版业要紧扣高质量发展主题,坚定不移贯彻新发展理念,坚持质量第一、效益优先,牢固树立精品意识,推出更多优秀出版产品。编辑部必须发挥自己在选题策划、稿件组织、内容把关等方面的重要作用;进一步加强同行评审机制,注重为作者提供高水准、专业的评审意见;严格执行三审三校等内容把关制度,切实提高编校质量。同时,编辑也要不断提高自我素质和能力。媒体融合背景下编辑工作者的角色发生转变,编辑必须改变原有的思维模式,树立起终身学习的理念,积极学习各种新事物,不断更新和完善知识与技能结构。在掌握所负责领域的专业知识的基础上,不断丰富自身的知识储备和文化底蕴;不断适应出版技术的变化,加强计算机及网络技术基本能力的训练,争取做学者型编辑,主动适应不同层次的阅读需求,进行分众化学术出版,推出一批高质量期刊读物,踏实、认真地为出版行业和期刊发展作出自己应有的贡献。

其次,学习互联网思维,加快推进期刊融合发展。学术期刊要坚持一体化发展,通过流程优化、平台再造,实现各种资源要素有效整合,在内容、技术、平台等方面做出特色和优势。新时代编辑必须培养自身的创新力,打破学科壁垒,将知识融会贯通,跳出思维定式,[①]及时掌握出版技术的变化,转变工作模式、角色定位以及创新思维方式,变挑战为机遇和优势。在遵循新闻出版规范与相关制度的基础上,编辑要利用互联网思维,在出版形式、出版内容上推陈出新,做开拓创新的风向标,加强新媒体内容的专门策划制作,借助多渠道、多表现形式进行内容推广,推动学术成果的大众普及和应用转化。培养对信息的敏感性和洞察力,懂得挖掘新技术空间,为内容服务。

最后,提高创新意识,推动学术走出去。坚定文化自信,推动中华优秀传统文化创造性转化、创新性发展。以讲好中国故事为着力点,创新推进国际传播,着力打造国际知名企业品牌,用好国内外知名展览、展示传播平台,适应线上线下融合趋势。新时代编辑必须深入理解中华文明,在选题策划、编辑加工过程中,应更自觉、更主动、更积极地掌握本行业发展的趋势和热点,传播中国学者优秀作品,源源不断推出优质的精神文化产品,通过高质量的出版物阐释中国思想、讲好中国故事、传播中国声音,构建社会主义核心价值体系,弘扬新时代主旋律,加快提升学术期刊内容质量和传播力影响力,努力打造"大外宣"格局中的主力军,加强国际传播能力建设,为建设世界科技强国和社会主义文化强国做出更

① 陶汝昌.浅谈新时代背景下编辑的自我修养[J].传播力研究,2019(10).

大贡献,加快我国一流学术期刊品牌和自有核心传播渠道建设,把中国学术的国际传播话语权掌握在自己手中。

(三)面面俱到,做知识传播的彩虹桥

编辑工作具有"媒人"性质,在期刊的学术传播与交流中,编辑以出版物为依托和媒介,承担起一手托举两家的重要作用,构建起作者与读者沟通的桥梁与纽带。正确看待和处理编辑和作者、读者之间的关系,有效保证编辑工作的成果和质量。在新时代的出版事业中,为了促进学术期刊的繁荣与发展,编辑不仅要更好地服务作者,还要更好地服务读者,必须尽己所能,做好作者和读者之间的"润滑剂",做好知识传播的彩虹桥。

第一,为用户提供出色的服务。一方面,针对作者,提高投审稿和出版的时效性,为有重大创新观点的高质量论文设立快速审稿、发表通道,注重为作者提供高水准的专业审稿意见。尽管编辑任务繁重,但始终要保证与作者的紧密联系,及时与作者沟通,在稿件的处理过程中,帮助作者打消疑虑,鼓励其安心、专心创作,并且需要站在对方立场上以更宽容的态度与作者交流。另一方面,针对读者,编辑要学会倾听读者的心声和意见,及时将市场的变化、读者的意见反馈给作者,由此形成良性循环,为广大用户提供良好的知识服务体验,充分发挥学术期刊在学术交流中的桥梁纽带作用。

第二,甘于奉献。大力弘扬科学家精神和工匠精神,在办刊中秉持心有"定盘针"的精神,有甘为他人作嫁衣的奉献,慢工出细活的严谨,板凳要坐十年冷的坚韧。一直以来,编辑工作因其隐匿性,属于出版活动的幕后角色。现如今基于技术进步、用户需求变化等多种动因,编辑的工作内容变得更为复杂,对编辑职业的要求日益严格,编辑队伍出现了一大批"复合型"人才、"全能型"人才。他们通常具备良好的编辑素质和能力,熟悉采编业务,拥有深厚的人文社科知识功底,掌握新媒体等网络传播技能,能够为完善期刊传播服务体系打好底子。同时,编辑工作离不开出版活动的各个环节,繁杂的工作任务易让其产生巨大的压力,在新时代为了向用户传播高质量、高水平的内容,这就要求编辑必须有自觉的奉献精神。

第六节 小结

学术期刊作为学术产出的重要表现方式之一,必然会面对层出不穷的学术不端问题,无论新老编辑,都可能会不知如何应对,唯有努力提高自身素质与能力,花时间、投入精力了解最新的学术成果表达方式,以及学术出版的最新技术与动态,方能沉着应对。

第五章　高校学术期刊如何防范和治理学术失信问题

要防范学术论文中可能出现的学术不端行为,需要作者的自律,也需要学术期刊充分发挥主体意识,当好把关人和守门员,严把期刊学术质量关,为维护学术诚信做出应有的贡献。本章从学术期刊出版流程着手,探讨学术期刊针对学术不端行为的防范可设置的相关机制,给出了学术期刊应对各种常见学术不端问题的解决办法,介绍了常用的发现学术不端问题的网站和软件。

第一节　学术期刊防范学术不端行为的机制

学术期刊的出版需要经过相对固定的流程,从作者投稿到正式出版,期间至少包含编辑部初审、专家外审、主编终审、作者修改、编辑加工以及正式出版等环节。从已披露的有关处理学术不端问题的通告来看,学术不端行为可能存在于出版各环节中,其表现形式多样,而且随着技术的进步和现实的压力,近些年来变得更加隐蔽且难以被察觉。因此,在期刊出版流程中需要每一位编辑负好责、把好关,编辑部在流程管控上设置相关的工作机制,进行多环节控制、多节点检查,及时发现学术不端行为,威慑心存侥幸的潜在学术失信者,避免学术不端现象的发生。总的来说,前期通过教育预防,以宣传告知为主;中期通过细节排除,以审查评议为主;后期通过惩戒弥补,以惩罚处理为主。

(一)预先告知机制

在论文出版前期,期刊编辑部的防范措施主要以宣传告知为主,履行编辑部的告知义务。这一机制主要包括以下几方面工作:第一,在期刊自有平台上进行宣传和告知,如在网站或者微信公众号等平台上宣传国家和有关部门的文件规定;在"投稿说明"中明确对各种学术不端及其边缘行为的态度和处理方式,对常见的可能会引起疑似学术不端的行为进行风险提示;在"投稿系统"的登录界面要求作者遵守学术规范,要求作者在投稿过程中承诺所投稿件没有学术不端问题并签署诚信协议;在"版权转让"声明中要求作者给出明确的学术诚信承诺条款等。第二,通过各种会议、培训等主动宣讲,如可通过"编读往来"等栏目或形式探讨学术失信带来的危害;可针对审稿专家、作者举办定期或不定期的培训班,充分讲解学术失信问题的方方面面,并告知本刊编辑部抵制学术失信行为的坚决态度,从而使审稿专家、作者提高认识,并帮助期刊编辑部对可能存在学术不端的文献予以监督与举报;可通过定期举办的编委专家会,通告编辑部最新最近获得的学术失信相关的文件信息、会议内容、案例等,帮助编委会专家获悉相关信息。

这一机制主要起到提醒作用,表明编辑部立场,要求作者遵守学术道德,警示可能存在的学术失信行为。

(二)查重机制

当稿件进入投稿系统之后,即进入初审阶段,这也是国家要求的各编辑部通行的三审制度的第一步。通常,这一步包括几个方面的内容,即论文政治审查、形式审查、重复性审查、创新性审查等。重复性审查即通常所说的论文文字复制比查询。考虑到部分数据库存在独家授权,各检测工具的检测结果存在差异的情况,建议编辑部利用多种学术不端检测系统及网络搜索工具(如中国知网、万方、维普等开发的中文学术不端检测系统,以及 CrossCheck、Turnitin 等英文查重软件)对论文进行多次查重,并对查重结果进行认真分析并给出结论。应特别注意存在重复部分分布在论文的何章何节,不能简单地只看复制比,对涉及方法、结果、结论的重复尤其要慎重。若不符合要求则退给作者并要求作者给出合理的解释;若文字高复制比原因可以接受,则指导作者进一步修改,如应标未标的引用、应列未列的参考文献等;若是专业性问题,编辑对作者给出的原因把握不准,则在提交外审时提请评审专家把关。

这机制是编辑部最有效的预防学术不端问题的方法之一,其作用和警示性不言而喻,对每篇初审论文进行查重,既是编辑部严格执行编辑部初审工作的一种表现,也是对作者的一种保护。

(三)外审机制

外审机制即同行评议机制。同行评议在现代学术期刊出版过程中起着至关重要的作用,是学术期刊普遍采用的评价论文水平、保证论文质量的最主要的手段之一。公平、公正的同行评议对保证学术期刊的学术质量、规范学者的学术行为发挥着重要的作用。① 同行评议已经广泛应用于各类科研项目、学术论文、评奖评优中,但也存在学术不端行为,如在审稿、科研项目立项等评审过程中评审人直接吸纳和使用送审人的学术观点以谋取个人的不当利益;评审人剽窃被评审人的科研思想内容,自己抢先发表,或将其思想、技术路线透露给其他利益相关者从而获得利益;评审人在评审过程中夹带私货,要求被审人引用评审人的论文等相关成果等行为;还存在评审人或因为某些个人因素,如狭隘偏见的派系之争,不认可年轻学者挑战权威,故意贬低论文创新性等,引导终审人员拒绝该稿件的发表。以上均属于学术不端行为。

同行评议对期刊的声誉和投稿体验都起着重要的作用。对学术期刊而言,同行评议过程可以充分发挥审稿专家的作用,从而避免和减少因信息数据不全或不精确而产生的片面性和局限性,特别适用于一些难以量化成果的评议。② 但是,同行评议作为一种主观评价方法,在评价过程中不可避免地受到评审人、被评审人在经济利益、竞争关系、信念理念差异、知识范围局限及其他偶然因素的影响。③ 在分析学术期刊选取同行评议专家产生学术不端行为的原因时,余三定④、韩丽等⑤指出在同行评议过程中,专家可能会受人情关系、学术影响等方面的影响,而使同行评议偏离客观;陆雁等⑥、赵艳静等⑦发现编辑在同行评议过

①　郑辛甜,张斯龙.学术期刊公开同行评议的发展现状及发展趋势[J].中国科技期刊研究,2015(2).

②　颜永松,王维朗,薛婧媛,等.学术期刊同行评议中不端行为的应对策略[J].编辑学报,2021(4).

③　高美艳.结构功能视角下同行评议中的利益冲突[D].山西大学,2015. S. T. Haines, W. L. Baker, J. Didomenicor, et al. Improving peer review: what journals can do[J]. *American Journal of Health-System Pharmacy*,2017(24). 付伟棠.我国学术期刊同行评议研究综述[J].中国科技期刊研究,2019(8).

④　余三定.关于整治学术腐败讨论的评述[J].云梦学刊,2008(2).

⑤　韩丽,王敏,武文.编委送审制在国内学术期刊中的应用[J].编辑学报,2012(4).

⑥　陆雁,米慧芝,李智娟,等.学术期刊如何防范编辑的学术不端行为[J].编辑学报,2020(1).

⑦　赵艳静,王新英,何静菁.防止同行评议造假的可行性措施[J].编辑学报,2017(2).

程中由于社会关系或者经济利益等因素,有可能出现不规范的送审;万志超等[①]指出了国际同行评议中的造假行为。如何让同行评议回归到科学性的评价体系中,尽量减少同行评议过程中不端审稿给论文造成的非客观评价成为学术期刊一直追求的目标。完善投审稿系统、加强对审稿人的培训、明确对审稿人的要求、建立申诉机制、采用双盲评审或公开评审制度以及实施相应的惩罚机制等都是完善同行评议的可选方法。

这一机制是编辑部控制学术质量以及防止学术不端的最关键的环节,也是编辑部最难以把握的环节,外审专家多为期刊的义务工作者,外审专家的水平和学术道德编辑部也无从完全了解。

(四)撤稿机制

论文撤稿机制是一个成熟的学术期刊所应有的机制。现有研究中,蒋颖[②]利用撤稿观察数据库(Retraction Watch)对国际人文社科领域的撤稿情况进行了统计及分析,发现2009年以来,国际人文社科撤稿数量迅速增长,学术不端是撤稿的主要原因,建议重视人文社科领域撤稿现象,加强撤稿研究,推动科研诚信建设;关注重点问题和领域,推进撤稿信息的规范、公开、共享;规范撤稿流程,保护期刊撤稿积极性。徐玲英[③]认为我国期刊还没有真正发挥撤稿机制的威力。在我国还没有专业的反学术不端网站也没有高端的反学术不端检测软件的情况下,我国期刊应在学术不端检测的基础上,构建一个已发表论文跟踪评价系统,充分发挥读者的监督作用,并像其他国际期刊一样利用撤稿利器打击和防范学术不端;对存在严重学术不端现象的论文作撤稿处理;对虚挂作者与基金的论文作半撤稿处理;对学术水平有争议的论文须作具体分析。张秀峰[④]探讨了撤稿事件中涉及的出版伦理问题和学术期刊在对其进行质量控制中的责任和应对措施,并进一步分析事件中的各方责任,总结出学术期刊从中可以吸取的教训:尽快梳理和制订学术期刊的出版伦理政策,落实责任和可操作的流程;公开、透明地将这些政策公之于众,促进监督;建立长效的档案管理机制,妥善保存各种原始数据、资料、声明和授权协议,以利于后期追溯;制订纠偏和撤稿机制,包括

① 万志超,蔡静雯,姜海,等.国际同行评议中审稿意见造假现象及相关的学术不端防范[J].中国科技期刊研究,2021(5).

② 蒋颖.科研诚信视角下的人文社科国际学术论文撤稿特征研究[J].情报资料工作,2020(6).

③ 徐玲英.国际期刊大规模撤稿对我国期刊的启示[J].编辑之友,2017(6).

④ 张秀峰.从撤稿事件论学术期刊对出版伦理把关的责任[J].编辑学报,2017(6).

举报、核查、撤销及公布细则。胡金富等①针对中国学者百余篇国际论文因同行评审造假 BMC、Springer、Elsevier 撤稿事件进行调研，就国内学术期刊同行评审问题提出：学术期刊发现同行评审造假以后，要及时采取撤稿措施来纠正有问题的文献，提高学术期刊同行评审的质量，维护学术成果的严肃性。楼亚儿②举例阐述了近来媒体曝光的几起严重撤稿事件，分析了学术不端带来的危害性。通过撤稿事件反思和探讨期刊防范学术不端的措施，包括充分发挥学术共同体的作用，采用同行评议与编辑审稿制相结合，严格对稿件学术质量的评审，同时加强对论文学术诚信的审查；要求投稿作者申明论文所涉及的个人学术行为的规范性和科研诚信，著作权人应对文稿学术诚信作出保证；防止产生虚假同行评议；建立类似"撤稿观察（Retraction Watch）"的网站平台和数据库，对学术不端论文和作者进行曝光。张维等③从期刊撤稿规范和流程、对作者惩戒措施、研究报告透明度政策等方面深入揭示了国内外生物医学期刊伦理建设现状，提出从制定撤稿规范、流程、措施三方面完善撤稿规范和流程，是防范学术不端行为的重要制度保证。叶青④通过对中国 SCI 期刊刊发的撤稿声明进行调查，记录并分析了相关撤稿声明的信息，调查结果显示，我国 SCI 期刊的撤稿声明发文规范整体良好，但还有许多不足，期刊编辑部需要进一步提高撤稿意识、完善撤稿机制、规范撤稿要求，接轨国际标准，从而保证刊发论文的科学性和准确性，维护期刊的学术声誉，为建设世界一流科技期刊提供保障。李亚辉等⑤认为撤稿原因表述、撤稿判定标准、重复发表的处理、重复发表且学术不端的处理方面存在不妥，容易导致撤稿的出版伦理问题。为了有效地解决撤稿的出版伦理问题，应规范撤稿流程，合理表述撤稿原因，完善撤稿判定标准，做好重复发表的谨慎处理，为营造健康、有序的期刊出版环境做出应有贡献。张和等⑥认为撤稿是为了纠正错误，净化学术环境。其论文通过解读国内外撤稿指南，分析国内学会和编辑

①　胡金富，史玉民．国外学术期刊同行评审造假的分析及启示——基于 2015 年三次大撤稿事件的分析[J]．中国科学基金，2016（6）．

②　楼亚儿．从近来几起严重撤稿事件反思期刊防范学术不端的措施[J]．北京印刷学院学报，2019（2）．

③　张维，吴培红，汪勤俭，冷怀明．国内外生物医学期刊撤稿规范分析及应对学术不端行为的防范策略[J]．编辑学报，2020（3）．

④　叶青．中国 SCI 期刊撤稿声明调查及建议[J]．编辑学报，2021（1）．

⑤　李亚辉，徐书令，房威，王维朗．学术期刊撤稿引出的出版伦理问题与对策[J]．编辑学报，2021（2）．

⑥　张和，张海燕，鲁翠涛，毛文明．关于科技学术期刊撤稿流程规范化建设的建议[J]．编辑学报，2021（4）．

部具体撤稿措施,梳理国内知名文献数据库的撤稿流程,从撤稿流程调查取证、发布撤稿声明和关注撤稿后稿件被引情况三阶段,提出关于完善学术期刊撤稿流程规范化建设的措施。汪全伟等[①]通过分析科技期刊论文录用后作者申请撤稿的类型,总结其主要原因,提出加强科研诚信引导教育、完善出版全过程科研诚信建设;增强主动服务意识、避免信息不对称;提高撤稿成本、加大录用后作者恶意申请撤稿的惩处力度以及呼吁构建复合型学术评价体系对策建议,以期为同行提供借鉴,降低论文录用后的撤稿率,维护学术研究的严肃性。孙岳等[②]调查发现国内期刊撤稿特征表现为学术不端撤稿占比最大,学术不端撤稿隐性集中爆发风险大,作者驱动撤稿最多,数据库撤稿处理不规范。由此为期刊、数据库的相关建设提出对策及建议:期刊的撤稿声明要明确撤稿原因,对作者自行撤稿行为应高度关注并加强监管,还需规范撤稿调查处理流程且做到科学有据;国内数据库要加强撤稿的规范化建设。林琳等[③]就近年来国内外撤稿事件频发现象,提出了撤稿等的判别标准;对在撤稿过程中如何处理所出现的学术不端行为与相关注意事项进行了详细阐述,并对如何撰写、发布和引用撤稿声明给出了建议。金琦等[④]对万方数据库收录的相关文献进行检索,分析我国学术期刊撤稿声明的写作和发布情况,指出我国学术期刊撤稿声明的撰写尚不规范,撤稿声明的发布各期刊之间也不统一,尤其是网络版和数据库中的后续处理多未完善;提出我国学术期刊撤稿声明的写作和发布需要规范,这将有利于维护编辑部、编委会、作者、读者等各方的权益,有助于净化学术环境。蔡明科等[⑤]从撤稿事件入手,探讨高校学术期刊编辑部在防范学术不端行为方面的新责任、新担当,提出编辑部应该从高校学术期刊的编辑流程设计入手,分别在《读者须知》、责任编辑初审、审稿专家复审、待用稿件网上公示、刊发后追责等环节层层设防,从学术不端行为的源头防堵、在编辑审稿过程中识别、文章刊发后追责,形成长效、完整的学术不端行为防范体系。杨珠[⑥]以新闻报道中董鹏发表的论文为样本,在相关

① 汪全伟,高静,黄东杰.科技期刊论文录用后作者申请撤稿的思考[J].编辑学报,2021(5).

② 孙岳,张红伟.我国中文期刊撤稿因素交叉分析及对策研究[J].编辑学报,2021,33(5).

③ 林琳,苗晨霞,李英华,庞静,徐明霞.科技期刊编辑如何正确认识撤稿和规范撤稿流程[J].编辑学报,2017(4).

④ 金琦,王书亚,石朝云.学术期刊撤稿声明的规范化写作与发布[J].中国科技期刊研究,2016(4).

⑤ 蔡明科,王小艳,宋妍娟.防范学术不端行为,高校学术期刊编辑部的新作为——从集中撤稿事件想到的[J].传播与版权,2017(9).

⑥ 杨珠.学术段论文违背撤销现象及其智力——基于董鹏学术不端时间的个案分析[J].中国科技期刊研究,2018(7).

期刊撤销其学术不端论文后，对中国知网中还剩下的论文及相应的撤销声明进行检索，分析相关期刊撤销论文的行为。董鹏学术不端事件于2016年被报道，截至2018年1月2日，其66.02%的论文仍原样保留在中国知网中，0.12%的论文被相关期刊从数据库中撤销并刊登了撤销声明，33.86%的论文被相关期刊从数据库直接撤销。认为受我国目前暂无完善的撤销论文制度及撤销论文意识不强等因素影响，学术不端论文未撤销和撤销论文未刊登撤销声明的现象较为严重。

另外，对于"撤稿"这一问题，《中国科学报》2021年3月报道了对杨卫院士的一则采访。杨卫认为：撤稿有主动撤稿和被动撤稿之分。主动撤稿是作者发现论文出现问题后向期刊申请，也可能是"诚实的错误"（Honest Mistake）。被动撤稿，是期刊在刊出该文后，由于被举报等，发现有学术不端或结论不能成立而采取的措施。有统计表明，撤稿的文章中，约50%—60%可能是学术不端行为引起的。对于科学研究来说，文献中的每一句话都被认为是可重复的、具有记录性意义的科学表述，后人是基于这个结果进一步研究的。这就好像砌墙一样，墙的每一块砖都要比较牢靠，后人才能不断地砌上新的砖，一旦中间出现了不牢靠的地方，就要把这块砖拿掉。撤稿的性质要看期刊对该撤稿事件的具体说明。

从上述研究结果的陈述中不难发现，对于"撤稿"这一问题，当前编辑界和学界仍存在不清晰的地方。第一，当前我国绝大多数的学术期刊未能建立论文的撤稿机制，对论文撤稿的印象仍停留在"论文可能出了问题才会提出撤稿"这一简单认识上。第二，撤稿是科学研究工作的一个重要组成部分，毕竟科研工作是人类在未知领域的探索，既然是尝试，就不可避免可能出现错误，只要是"诚实的错误"就应该得到认可，这样的行为更应该得到学术共同体的认可。当然，无论是何种撤稿，成熟的学术期刊编辑部都应该给出完善的学术期刊撤稿流程和规范化建设的措施，建立各刊的撤稿机制，对撤稿要求的提出，开展撤稿流程调查取证、发布撤稿声明和关注撤稿后稿件的反馈等工作，以推动科研工作的进步。若存在学术不端问题，编辑部更应该根据撤稿机制，严格执行撤稿流程，通过撤稿来惩罚学术不端行为。可从实际情况来看，无论是期刊还是数据库均未能作好准备。

这一机制是编辑部对自身工作可能出错的一个补救措施。当前很多编辑部未能意识到其重要性，或持有"家丑不可外扬"的观点"低调"处理，其实质是对自身工作的不自信，也是对读者和学术的不负责任。

(五)申诉机制

与撤稿机制类似,申诉机制也是一个成熟的学术期刊应有的机制。丁佐奇[1]在《中国天然药物》编辑部近年来处理退稿作者申诉意见的实践心得基础上,结合国内外学术期刊退稿申诉中的常见类型分析,提出学术期刊应建立明确的申诉机制及妥善处理申诉意见的公开程序与措施,包括:编辑初审退稿应具有明确的依据;针对申诉意见避免格式化回复;及时按规定程序处理申诉意见,提高和作者的沟通效率;重视复审,加强对申诉稿件修改稿的比对工作;制定公开、透明、具体的退稿申诉机制,以期推动退稿申诉工作规范化,最终降低申诉率。代小秋等[2]采用麦客表单制作"作者申诉意愿调查"问卷,分析作者既往的申诉情况及结果,探讨申诉策略以保证优秀稿件被录用。研究发现作者的申诉意愿强烈,但最终进行申诉的作者却很少,由此提出:期刊出版部门需健全作者的申诉渠道,鼓励作者进行申诉;编辑也要总结作者申诉原因,总结经验,不断提高业务能力。许倩等[3]收集《中华神经科杂志》被退稿后作者提起申诉的稿件,分析其审稿意见特点、作者的申诉理由以及对应的申诉处理结果,发现客观详尽的退稿意见可以有效减少申诉事件的发生。编辑应根据申诉稿件的特点采取相应的处理策略,帮助作者接受稿件的最终处理意见,这也是提升作者投稿体验和维护期刊形象的关键。

从已有研究来看,申诉机制业界讨论得较少。结合笔者多年来的工作经验和向其他编辑部了解到的相关信息来看,各编辑部对此都不愿意谈,不能说没有申诉机制,但确实没有明文规定。遇到此类问题的时候,编辑部多与作者沟通,希望作者能够了解编辑部的苦衷,告知作者若不愿意接受审稿意见可改投他刊。其实,申诉机制与撤稿机制一样,都是一个成熟的学术期刊应该明文给出的。作者申诉的实质是对外审专家的不专业或不科学提出异议,撤稿(指主动撤稿)是作者对自身工作不够完善地方的一种补救。申诉的提出能很好地帮助编辑部完善现有的外审机制,提高外审专家库的审稿水平,并进一步帮助期刊提高学术水平,理应得到编辑部的重视。

---

① 丁佐奇.学术期刊建立申诉机制的实践研究及启示[J].编辑学报,2018(3).
② 代小秋,殷宝侠,贺欢,吕延伟.作者对同行评议意见异议申诉的必要性及期刊编辑对策[J].中国科技期刊研究,2021(3).
③ 许倩,汪谋岳,倪婧.医学科技期刊退稿申诉稿件的特点分析[J].中国科技期刊研究,2019(7).

这一机制是编辑部建立完善外审机制的一个补充,是维护外审专家库的一个抓手。当前,绝大多数编辑部持有"编辑部既然根据外审专家意见给出了终审意见,作者不接受可以另投他刊,无需提出申诉,申诉机制其实是多余的"观点,这实质上是编辑未能认清科研工作的实质,是"店大欺客"的一种表现,值得引起重视。

(六)编辑加工机制

编辑加工是指编辑对审稿后决定采用的书稿或对作者修改后宜于采用的书稿,按照出版的要求进行检查、修改、润饰、标注、整理提高的过程的总称。稿件经过编辑加工,要消灭差错,弥补疏漏,规范文字,提高总体质量水平和可读性,主要包括消灭错别字、核对引文、图表处理、查对资料、校订译文、统一体例、确定标题、名词规范化等工作内容。虽然这一定义多与图书出版相关,但现有管理体制下期刊的编辑加工工作也据其制定。学术期刊的编辑加工与图书的编辑加工类似,除了前述内容外,还包括对文字内容的把关,学术期刊多为专精艰深的内容,受众面小、可读性弱,期刊编辑可以通过编辑加工发现或质疑论文中可能存在的学术不端问题。

这一机制是各编辑部均进行设置的,编辑加工且是当前很多编辑部最主要的工作之一。绝大多数的编辑加工工作只是将文字理顺并符合出版要求(或可认为是通过期刊质量年检),通过编辑加工发现可能的学术不端问题则是对编辑提出了更高的要求,这要求编辑非常熟悉相关专业领域的科研团队、科研项目以及近一段时间的科研产出,对论文涉及的专业领域保持足够的敏感性。这也要求编辑在日常生活中除了了解编辑出版的相关要求外,还要积极了解、学习专业领域内的知识。

(七)网络监督机制

读者评论、读者来信、读者评刊等栏目设置可以被认为是学术期刊主动接受网络监督的方法。对应的,国外期刊如《Nature》《Science》等期刊均设有Comments、Communication、Letters等栏目。传统刊物建设中,这样的栏目设置可以一定程度上帮助刊物编辑部了解读者的想法,既可达到刊读互动又可加深读者对刊物的感情和黏度,还可帮助期刊发现学术不端问题。当前,很多期刊未能开设相关栏目,除了担心增加编辑工作量、增加了刊出文章的不确定性(编辑有时候无法评判来信的相关内容)等原因外,可能还说明了学术研究领域的一个现状,即发表后就不关心了,很多作者将论文发表视为工作的结束,对学术交流不够重视。

这一机制是期刊主动与读者进行互动的重要环节,无论是电子版还是纸质版,均需要对此类栏目的设置引起重视。

(八)学术诚信控制机制

期刊面临的学术诚信问题早已引起期刊编辑的重视,对于如何解决这一问题,有部分编辑从整体观的角度提出建立学术诚信控制机制说法,即通过一套完整的机制帮助期刊发现、预防、处理学术不端行为。孟美任[①]通过对我国中文学术期刊学术诚信控制机制应用现状调查,发现我国中文学术期刊很少采用国际通用的学术诚信控制机制;建议学术期刊应全面采用学术诚信控制机制,提高对学术诚信进行细化、可操作、可检验、可比较以及可问责的检验能力。孔晔晗等[②]以“中国科技期刊卓越行动计划”入选期刊为样本,采用文献调研法和网站调研法筛选得到科技期刊学术诚信的控制措施,对入选期刊的学术诚信政策和控制措施进行调研和分析。研究发现,我国科技期刊在学术诚信控制机制上整体表现虽比 2015 年有进步,但与国际期刊相比仍有差距;建议期刊完善对学术诚信建设的内控管理,引入人工智能技术和大数据系统工具辅助监管,发挥期刊从业人员的主观能动性,以提高科技期刊学术诚信建设水平。杜焱等[③]通过网络问卷开展调研,调研高校学术期刊编辑在高校科研诚信体系建设中的角色定位与功能。研究认为:我国高校科研诚信现状整体有所改善;编辑自身的科研诚信意识也在不断增强;编辑可以在高校科研诚信体系建设中承担更多的职责,如对科研失信问题的产生起到监督作用(69.30%)、在出版和同行评议过程中对科研失信行为进行审核把关(66.80%),由此认为高校应将期刊编辑纳入科研诚信体系建设工作之中。陆雁等[④]从分析稿件处理过程中学术期刊编辑可能出现的

---

① 孟美任,彭希珺,华宁,张晓林.中文学术期刊学术诚信控制机制应用现状调查[J].中国科技期刊研究,2015(12).

② 孔晔晗,许怡然,于艺浩,王元杰,刘茜.科技期刊学术诚信控制机制调研——以“中国科技期刊卓越行动计划”入选期刊为例[J].中国科技期刊研究,2021(8).

③ 杜焱,邓履翔,张光,涂鹏,徐佳忆,陈勇.高校学术期刊编辑在高校科研诚信体系建设中的角色与功能[J].中国科技期刊研究,2021(8).

④ 陆雁,米慧芝,李智娟,符支宏,黎贞崇.学术期刊如何防范编辑的学术不端行为[J].编辑学报,2020(1).

学术不端行为入手，提出加强编辑道德教育、签订诚信责任书、规范审稿流程、加强对学术不端的抽查和审查、建立编辑成长的良好机制等净化学术期刊编辑行为的措施，系统地防范可能出现的编辑学术不端行为，使得学术期刊编辑成为真正的科学"守门人"。王育花等[①]基于文献调研和专家咨询确定调查内容和指标，利用问卷星网站分别对编辑和审稿专家进行问卷调查。研究发现编辑和审稿专家都认为我国科技论文学术不端现象严重。文章提出编辑和审稿专家应深入学习学术不端相关规章制度，严查稿件的学术不端，从而减少甚至杜绝学术不端稿件的发表。张辉玲等[②]根据《中国学术期刊影响因子年报》各刊影响力统计分析数据库，调查《广东农业科学》2007—2013年发表疑似学术不端文献的数量、类型、年际变化和疑似源文献类型，深入分析2012—2013年不端文献的重合度、重合内容、产生历程以及作者特征等。研究发现学术不端行为已不是简单地表现为复制和拼凑，而是已经演化为隐式的深层次学术不端，并提出编辑部应严格规范审稿流程，强化责任编辑的学术把关职责，执行收稿时查重、发表前二次检测以及双系统检测，建立学术不端问题共享数据库，注重刊后学术不端文献的撤销处理。

这一机制的实质是前述所有机制的总结，意在从整体层面完善机制、统合机制，进而帮助学术期刊防范学术不端。

第二节　学术期刊应对各种学术不端行为的方法

2019年5月29日，国家发布了《学术出版规范　期刊学术不端行文界定》行业标准（CY/T 174—2019）（以下简称学术不端行文界定标准），要求于2019年7月1日开始正式实施。该标准对论文作者的剽窃、伪造、篡改、不当署名、一稿多投、重复发表、违背研究伦理等学术不端行为进行了明确分类和界定，对审稿专家和编辑者的违背学术道德、干扰评审程序、违反利益冲突规定、违反保密规定、盗用稿件内容、谋取不正当利益等学术不端行为进行了分类和界定。

---

① 王育花，童成立.科技期刊编辑和审稿专家对学术不端的认知及其防范对策[J].中国科技期刊研究，2018（11）.

② 张辉玲，白雪娜，崔建勋，黄修杰.学术不端文献的发表追溯及防范对策——基于185篇疑似学术不端文献的实证分析[J].中国科技期刊研究，2016（7）.

（一）剽窃

剽窃,英文 Plagiarism,指的是"采用不当手段,窃取他人的观点、数据、图像、研究(实验)方法、文字表述等并以自己名义发表的行为"。对于"剽窃",学术不端行文界定标准给出了七种明确的剽窃行为,包括观点剽窃、数据剽窃、图片和音频剽窃、研究(实验)方法剽窃、文字表述剽窃、整体剽窃,以及他人未发表成果剽窃。该标准对这七种剽窃行为的特征进行了明确界定,对编辑工作的施行有一定的指导意义,对"剽窃"这一学术不端行为的判定给出了决策标准。

已有研究中,李静等[①]给出了一种判别抄袭的方法:"从形式到内容"的判别方法。即先考察"文字形式",如果"文字形式"相似,则进一步考察内容。运用该方法一般有以下一些结果:其一,仅仅"文字形式"相似,但"内容"不同,这种情况不仅与抄袭无关,还可能蕴涵着创新,因为用同样的形式概括更多的内容是科学家追求的目标之一;其二,文字表达形式仅为简单变换,如同义词的代换、语序的调整、外文翻成中文等情况,其内容完全相同,且未注明出处,这种情况可立即判定为抄袭;其三,属于第二种情况,但注明了出处,且在全文中所占比重较小,则不构成抄袭。韩磊等[②]的研究结果表明抄袭论文中题名及作者信息缺项、符号形式反常、图片表现形式反常的发生率均高于正常论文,且均与抄袭论文有较强的统计学关联性,说明这些反常写作表现可作为抄袭论文的特征性表现,编辑在审稿过程中应高度警惕这些反常写作表现特征,从而对抄袭的论文进行识别。王子君等[③]通过对某学报编辑部 2006—2018 年发现的 24 篇疑似学术不端文章的特征进行分析,发现可通过论文语言习惯特点和与作者交流时的特点对学术不端的论文进行识别,疑似学术不端的论文在修改过程中普遍存在语句倒装、用词不规范等现象,而在修改中可以很快地调整语句、词汇,使文字流畅,文章规范。从论文语言习惯角度来考虑,一般情况下作者在投稿时,都会选择最佳的语句和用词,而不会在修改时,突然发现语句和用词的问题。这种语言上的不规范现象,间接说明这些文章可能并非原创。而与抄袭论文的作者交流时,可通过对是否回避与编辑就文章实质内容进行探讨等表现来识别。另外,文章也指出可

---

① 李静,许淳熙.科技编辑方法论与学术不端之判别[J].江汉大学学报(自然科学版),2012(6).
② 韩磊,邱源.低文字复制比抄袭论文反常写作特征分析[J].中华医学图书情报杂志,2020(12).
③ 王子君,赵丽琴.修稿过程中甄别学术不端的问题研究[J].科技传播,2019(13).

通过投稿时间和投稿作者特点的因素来审核与判断论文。祁丽娟等[①]对跨语种典型案例的发现和甄别过程进行描述,跨语种抄袭稿件通常具有以下特征:(1)文辞句法符合译文特征或有机器翻译的痕迹;(2)英文参考文献居多,且通常较陈旧,有时也会出现标引不规范的问题,参考文献通常较陈旧,这是原文发表年代较早所致;(3)变量符号定义前后不一致,这种现象多出现在多篇论文拼凑而成的稿件中;(4)插图或表格中有突兀的英文,而在正文中无对应说明。期刊编辑检查稿件是否符合跨语种抄袭稿件的特征,以此来识别学术不端行为。吴艳妮等[②]指出:对于抄袭中文论文者,可通过多个学术不端文献检测软件,结合Baidu、Google等网络平台进行多重检测,对抄袭外文论文者,可通过论文的语言表达、与作者交流等途径识别。

近年来出现了"洗稿"这一新兴名词,《现代汉语词典》尚未收录该词。洗稿多发现在学位论文中,指的是高校学生为完成学位论文,采用同义词替换、语序转换、拼凑删减等方法,对已有文献进行加工但不改变原文观点,避开知网等学术不端检测的行为。论文洗稿现象的实质也是一种剽窃。

编辑部在实际操作过程中,由于现存文献量过大、个人知识存量有限等因素,相关专业内容的抄袭靠人力仍难以发现。七种剽窃行为中,文字抄袭可借助查重软件等帮助判别,对于中英文翻译之后的剽窃则更加难以发觉;整体剽窃情况较少出现且较多出现在普通期刊上;其余剽窃行为则较为隐蔽,编辑部通常会借助外审专家或编委专家帮助判别,但更多只能寄希望于作者的自律。根据笔者经验,论文中前言或综述部分文字剽窃的情况多有出现,常表现为未正确引用他人观点,结论或其他文字论述部分也有出现,这些通过查重软件比对原文,即可判别;对于工程技术类论文,同一或经典公式的使用非常普遍,公式中变量表达方式的变化,其中个别参数的修改、优化等常出现,这种现象不能界定为方法剽窃,而应认定为方法的优化或适用性修改。

(二)伪造与篡改

伪造,英文Fabrication,指的是"编造或虚构数据、事实的行为"。篡改,英文

---

① 祁丽娟,戢静漪,方梅.跨语种抄袭和代写代投类学术不端行为的甄别和防范[J].中国科技期刊研究,2021 (11).

② 吴艳妮,周春兰.科技期刊编辑对学术不端论文的识别——以《护理学报》为例[J].编辑学报,2015 (4).

Falsification,指的是"故意修改数据和事实使其失去真实性的行为"。实际操作过程中其实是难以区分这两种学术不端行为的。特别是图片造假,已经成为学术造假的重灾区。2018 年 10 月,Elisabeth Bik 等在《分子和细胞生物学》(*Molecular and Cellular Biology*)发表的一项研究发现,2009—2016 年间发表在该期刊的 960 篇论文中,有 59 篇(6.1%)存在不当图片重复使用(Inappropriate image duplication),其中,41 篇更正,5 篇撤稿,13 篇没有采取行动。他们推测,同期在 PubMed 数据库发表的论文大约有 3.5 万篇论文因学术不端图片重复使用而需要撤稿。2012 年美国科学编辑委员会(Council of Science Editors,CSE)在《推动科技期刊出版诚信的白皮书》中建议科研图片处理应该遵循四项原则:第一,不要对一张图片的局部区域进行增强、模糊、移动、移除或插入新内容等操作;第二,可对整张图片的亮度、对比度或色彩平衡进行调整,不能隐藏、消除或歪曲原图的信息;第三,允许从同一凝胶上不同部位,或从不同的凝胶、区域、曝光区取得图像并进行图片拼合,但须使用明确的分割线表示它们来自不同的原图,并在图注中予以说明;第四,如作者不能提供原始数据,文章将被拒稿或撤稿。

已有研究中,吴艳妮等[①]认为:对于篡改或伪造数据论文,可通过仔细审查文章数据,分析数据与所得统计结果之间是否存在漏洞或矛盾之处,若有质疑则要求作者提供数据输入统计软件的原始表格及统计软件所导出的原始分析结果。余菁等[②]提出应运用统计学方法和原始数据核查,从数据一致性检测、t 检验、F 检验、卡方检验和生存分析等案例,分析和判断论文数据造假。与此同时,期刊编辑应形成防范学术不端论文审核要点,建立初审工作流程,规范统计学审核步骤,综合判断论文数据真实性。科技期刊应建立健全稿件审核流程,强化编辑审稿过程中的责任意识,避免学术不端论文见刊。刘清海等[③]提出可利用统计方法与规律发现论文数据造假。一方面,t 检验和卡方检验等可通过 Excel 来验证文章的统计检验结果,但有些较为复杂的统计学方法,可要求作者提供原始资料后在 SPSS 等专门的统计软件中进行验证。另一方面,可根据统计检验量分布值与 P 值对应规律、区间值与 P 值对应情况发现统计结果造假。

---

① 吴艳妮,周春兰.科技期刊编辑对学术不端论文的识别——以《护理学报》为例[J].编辑学报,2015(4).

② 余菁,邬加佳,孙慧兰等.科技论文数据造假的核查策略和统计学方法验证[J].中国科技期刊研究,2021(6).

③ 刘清海.利用统计方法与规律发现论文数据造假[J].编辑学报,2018(6).

张维等[①]对五种典型学术造假图片进行辨析,分别是通过变换拍摄角度的一图多用、通过剪切拼贴代表不同处理结果、伪造电泳图片、过度改变图片的亮度或对比度使图片失真、对照组不同时相点结果用同一张图片。他提出防范图片学术不端的措施包括制定生物医学期刊图片处理规范;加强对论文图片的审查把关,防范学术不端行为;鼓励作者共享原始图片,提高数据透明度;制定针对作者学术不端行为的惩戒措施。余菁等[②]提出使用 Photoshop 软件对图片进行形态比对、用吸管工具观察 RGB 值、印刷四色模式和使用 Magic EXIF 软件查看图片 EXIF 信息等图片真实性检测方法,并提出为应对新媒体环境下医学论文图片篡改,应从以下几点作出相应防范:一是加强学术规范教育,二是建立个人信用档案,三是建立技术防范机制。潘华[③]提出三种鉴定图片篡改的方法,一是通过图片的属性分析,图片属性分析首先要求投稿作者在稿件中提供原始图片,右击原图,然后点击属性,在详细信息那一项可以看到图片所使用照相机的详细信息,然后使用 Photoshop 调整原图的亮度/对比度,使得原图变得更加明亮,然后保存到桌面,得到修改图。此时右键点击修改图属性,查看详细信息,发现图片的相机信息已经没有了,通过修改图与原图的这种区别我们可以粗略鉴定图片是否被加工过。二是通过图片的源码分析,图片的源码分析是在通过分析原图源代码的基础上查看图片是否被篡改,此分析方法可以有效鉴别科技期刊中基因电泳图片、组培图片等。右击图片通过记事本打开,然后按住 Ctrl+F 进行全文查找 Photoshop 关键字,在原图中不存在 Photoshop 字样,而在修改图中则存在修改图片所使用的 Photoshop 版本号以及修改时间。三是使用 JPEGsnoop 鉴定图片篡改,使用 JPEGsnoop 鉴定图片时,点击选单"File"→"Open image"打开需要检查的图片,或者直接拖放图片到软件上,它就会自动读取图片的信息。搜索 SW 字样的文字,譬如 SW:[Adobe Photoshop]或者 SW:[Xn View]等,那么就说明这张图片很有可能被 Photoshop 或 Xn View 修改过。在 JPEGsnoop 的输出结果中还会有一个分析结果,它以 ASSESSMENT 开头。

"伪造"和"篡改"这一学术不端行为多发生于数据、图表等部分,特别是那些可以用以支撑论文结论的部分;少部分发生于参考资料、文献信息、资助来源等,由于这部分内容一般不足以影响论文结论,所以较少得到关注。近些年来,虚构

---

① 张维,邹仲敏,汪勤俭,冷怀明.生物医学论文典型学术造假图片辨析及防范措施探讨[J].编辑学报,2021(3).
② 余菁,邬加佳,刘清海,徐杰.医学论文图片篡改实例分析及对策[J].传播与版权,2019(5).
③ 潘华.科技期刊论文图片的鉴定[J].编辑学报,2016(4).

同行评议专家、伪造外审结果的案例多有发生，值得引起重视。根据笔者经验，从 Retraction Watch 等网站上的撤稿案例或学术不端案例来看，生命科学类、医学类论文的图片伪造、篡改等问题较为严重。图片作假过程中常用的软件是 Photoshop，作者为了达到"预期结果"会用 Photoshop 软件对图片多种处理，如移位、旋转、拼接、清除等。而且通过搜索引擎和网购平台可以轻松找到"论文工厂"以及大量游走于非法边缘的培训班、讲座信息，有所谓的专家告知作者用 Photoshop 进行批量作假。另外，以工程技术类论文为例，图表中特别顺滑的曲线、完美支撑结论的数据其实都是值得审慎对待的；通常需要 5 个及以上数据点支撑的，图表中只给出了 3 个或 4 个的，则可能是实验不够完整、部分数据不符合结论要求而被人为去除了。

(三)不当署名

不当署名，英文 Inappropriate authorship，指的是与对论文实际贡献不符的署名或作者排序行为。署名权是指作品的著作权人有选择是否公开其与作品的关系以及以何种方式公开的权利。由此可以认为，署名权包括作者有权选择公开或不公开作者身份，即署名或不署名；有权选择署名方式，即署本名、笔名、假名或艺名的权利；有权拒绝其他任何未参与作品创作的人署名的要求。

2022 年中科院道德委员会专门发文规范院内科研人员的署名行为，共列出 7 条，其中包含冒用作者署名、虚构作者署名、馈赠署名、多个一作或通讯作者等多种署名权相关的行为。已有研究中，邓履翔[1]根据现有文献和工作经验总结学术论文从投稿至发表过程中可能产生的学术论文署名问题；从作者和期刊两个方面分析由学术论文署名可能产生的相关法律问题产生原因；并从期刊角度，提出对策，以期能指导期刊"尽到合理注意义务"，应对可能的署名权纠纷及其著作权纠纷中处于有利位置。乔鹏飞[2]提出通过观察作者数量与研究难度、工作量的对应关系，考察每位作者的执业范围、专业、研究方向、所在地等与研究内容的对应关系，核实各位作者之间的关系等，即可在一定程度上识别不当署名行为。颜巧元[3]认为面对署名滥用现象应加强作者自身修养，树立良好的学术风气；完善相关法律法规，加大惩治不端行为力度；科技期刊编辑部应成为杜绝通

---

① 邓履翔.学术期刊如何防范学术论文署名权纠纷[J].科技与出版,2017(8).
② 乔鹏飞.医学论文中常见学术不端行为的识别及防范对策[J].内蒙古医科大学学报,2018 (6).
③ 颜巧元.科技期刊论文通信作者署名滥用现象分析与对策[J].编辑学报,2013 (5).

信作者署名滥用的最后堡垒,杜绝随意添加、更改、变换通信作者的行为,当发现有疑问时应与作者单位及其相关主管部门及时联系。丛敏等[①]对署名中的作者身份操纵和同等贡献作者滥用问题,分析其表现形式、成因及危害,并提出学术期刊遏制不端署名的应对策略:首先,参照国内外标准,制定署名指南,明确署名规则;其次,利用期刊网络和新媒体平台,宣传署名规范,提高科研人员正确署名的自觉性;最后,根据作者身份信息和贡献声明,定性审查作者署名资格、同等贡献署名是否合理等。邬加佳等[②]得出辨别和预防不当署名学术不端行为常用的方法,包括要求作者按署名顺序签署论文著作权专有使用许可和独家代理授权书,要求作者提供作者贡献声明,要求作者提供单位证明和基金证明材料,不允许投稿后随意更改作者署名或排序,认真核实行政文件、文献、网络资料等。对于可疑的不当署名的论文,编辑应积极核实相关资料,为不当署名学术不端行为的认定和处理提供充分有效的可回溯信息,以加强科技期刊的署名规范。刘红[③]在分析高职学院学报来稿中论文署名不端现象的基础上,提出建立学术道德委员会;强化部门审核、推荐功能;运用学术不端检测系统;广泛应用论文授权书、强化编辑部职能。艾勇琦[④]提出署名不实的概念,从社会文化层面探讨学术论文署名不实的原因及相应对策,其防范对策主要包括:开展学术规范与诚信教育、改革科研评价和奖励制度、完善学术期刊建设、加大惩处力度以及加强学术不端惩治监督,以此达到治理论文署名问题的目的。赵蔚[⑤]认为合作署名学术不端行为是由科学共同体内部的投机行为逐渐衍生发展的现象,主要包括虚署名、师生合作署名纠纷、合作署名排序争议等。为此提出了加强学术成果的署名管理、管理部门和行业协会规制监督、健全相关法律法规等措施。林佳瑜[⑥]提出防范论文署名学术不端,首先需要整合行业规范,制定相关标准,规范署名。其次,为了有效地防止不端署名,做到公平合理,建议采取更科学、合理的文献计量方法和学术论文评价方法。再次,明确描述各位作者贡献度和责任,并随文刊登。最后,在学术界加强宣扬科研伦理道德,让学者们清楚认识到违背规范的论

① 丛敏,王景周.2类典型学术论文署名不端行为及其防范策略[J].编辑学报,2021(2).

② 邬加佳,余菁,吴秋玲,徐杰.科技期刊论文不当署名的特征分析及风险防范[J].编辑学报,2021(3).

③ 刘红.高职学报论文署名不端现象及治理[J].中国高校科技,2017(4).

④ 艾勇琦,严金海.医学论文署名不实现象的伦理审思与对策[J].医学与哲学,2020(20).

⑤ 赵蔚.科研成果合作署名的学术不端行为研究[J].宁波大学学报(教育科学版),2015(2).

⑥ 林佳瑜,罗浩林.论文署名学术不端问题探析[J].内蒙古师范大学学报(教育科学版),2016(11).

文署名现象,是学术不端署名行为。林振梅①阐述了高校学报论文存在的作者不当署名问题的种类与危害,剖析了作者不当署名产生的原因,认为防范高校学报论文不当署名,需要加大处罚力度、加强宣传教育、完善科研体制、严格论文审查。

近年来,由学术论文署名问题引起的相关法律问题,值得编辑部的重视。从期刊的角度来看,署名权是作品著作权人的权利之一,期刊主办方只需严格要求、监督期刊编辑部、编辑不侵犯著作权人的署名权,尽到了合理注意的义务即可。总的来看,不当署名主要表现为随意完成论文署名、随意更换作者次序、随意更换作者附属信息、随意更换第一作者和通信作者并进行作品署名权转让等。从署名权的法律性质来看,署名权是作者享有的私权,如何行使与处分,法律不能也不应过分干预。作者可以积极地也可以消极地行使署名权。换言之,只要不因署名问题违反法律或法规的强制性规定,作者在学术论文的署名问题上有着很大的自主权。

不当署名产生的原因,从作者角度来看,主要在于作者法律意识淡薄,不知法、不懂法、不按照法律条文规定办事,在许多不知情的情况下,造成对自己或他人的损害;另外,个别期刊编辑在出版过程中,曾经出现过违法、违规操作,使得部分作者心存侥幸、主动犯错,在论文署名问题上刻意修改、隐瞒、冒名、挂名等。从期刊角度来看,主要在于我国社会快速发展期,相关法律法规工作滞后,缺乏法律法规来监督、规范、运行编辑工作。目前多数编辑部不是以法律条文为基础来开展工作,美其名曰是以学术规范和基本的学术道德来办刊,有些编辑本身未曾有过科研工作经历,对于学术论文署名问题认识模糊,编辑部或编辑自身也存在不懂法、不知法、不关心相关法律条文规定等问题,由此,编辑工作随意性较大,处于无法律监管的灰色地带。另外,问题的关键——编辑本身也处于无(或少)监管状态,编辑部有时作为利益共同体,对署名权这一问题"睁一只眼闭一只眼",默认此类事件的发生。可以说,很多情况下署名权问题的产生是编辑和相关作者有意识违反学术道德的行为,只是由于取证难、带来的负面影响较小未引起足够重视。

根据笔者经验,实际操作中,编辑部需要特别注意并核实的是某些业内权威专家的署名、投稿,或论文录用之后再提出修改署名变更等情况,通常碰到此类情况,编辑部可要求涉及变更的所有作者书面签字授权,并将授权书的电子版或

① 林振梅.高校学报论文作者不当署名问题及其防范[J].新余学院学报,2018(1).

纸质版在编辑部备案。

(四)一稿多投和重复发表

一稿多投,英文 Duplicate submission 或 Multiple submissions,指的是将同一篇论文或只有微小差别的多篇论文投给两个及以上期刊,或者在约定期限内再转投其他期刊的行为。重复发表,英文 Overlapping publications,在未说明的情况下重复发表自己(或自己作为作者之一)已经发表文献中内容的行为,即为平时所说的一稿多发。

"一稿多投"是一篇文章重复投稿至多个期刊,"拆分发表"是通过增加前言、理论介绍、文献综述等内容,拆分实验细节等方法,将原文拆成多篇论文的一种学术不当行为。业内,"一稿多投"常与"拆分发表"相混同,已有研究中,有学者给出了如何识别"拆分发表"的方法,其识别方法也可应用到一稿多投。如张梅①提出可通过四种方式识别拆分发表行为:一是充分挖掘学术不端检测信息,对发文单位、作者相同的文献逐一比较,了解投稿文章的研究基础及背景,通过检测重复结果中实验时间、材料及方法等细节的重复,判断来稿是否存在论文拆分嫌疑;二是全面检索网络数据资源,通过科研主体的相关信息来识别拆分发表行为;三是认真把握专家外审意见,要认真思考专家对稿件完整性作出的判断;四是着重文章细节内容审查,研读文章中的参考文献,认真比对相关性较紧密的参考文献,特别是同一课题组发表的论文,确定其与投稿文章的关系,审查文章中的试验材料、试验时间、试验地点以及数据呈现方式等细节,分析其中逻辑关系是否合理。因此,文章提出四种解决措施,分别是强化同行评议作用,加强拆分发表把关与防范;提升编辑专业水平,提高拆分发表行为鉴别能力;完善出版制度,减少拆分发表行为发生;建立追溯机制,识别拆分发表行为主体。

有学者研究了一稿多投的编辑部防范措施和应对策略。如侯风华等②在分析一稿多投的主客观原因的基础上提出一稿多投现象的防范措施:一是掌握规律,重点防范,由于研究生毕业和职称评审等原因一稿多投的现象大多集中在上半年,针对这个时期的来稿编辑要特别留意,加快初审速度,提高处理稿件的效率;二是增强责任意识,提高审稿效率,尽可能地缩短审稿周期;三是实行数字优

① 张梅.学术论文拆分发表行为分析与防范措施[J].科技与出版,2020(8).
② 侯风华,黄莉,颜峻,赵莹.科技期刊一稿多投现象的分析及防范措施[J].编辑学报,2013(S1).

先出版,提高科技成果的时效性。王露等[①]提出防止一稿多投的策略包括改进学术评价体系;完善编辑部工作;加强作者自律,一方面国家出台相关制度督促学者提高学术道德水平,另一方面是加大对一稿多投的惩罚力度,如联合其他期刊同时退稿等。于笑天[②]提出对于"一稿多投"的防范和处理,其一是在收稿时利用学术不端检测系统进行查重,若检测文章出现红色的三角形惊叹号,提示该文已提前被检索,就需要格外注意。其二是缩短审稿周期。其三是论文刊用前再次进行审核查重。同时,科技期刊编辑部在面对和处理"一稿多投"现象时也应该承担相应的职责,包括宣传、约定、回复、发现、教育、处罚等。孙惠昕等[③]分析近期《实用肿瘤学杂志》疑似一稿多投稿件在稿件追踪模块中的相关参数,总结一稿多投的检测规律,首先是怀疑疑似稿件,可以通过两两对比参数查看相同稿件投稿到本刊和其他刊物的对比,但两两对比参数只能怀疑某个稿件一稿多投,不能确定为一稿多投稿件,需要配合其他参数来确定。其次是确认疑似稿件,两两对比后发现的疑似稿件可以参考检测时间和已投编辑部次数来确定是否为一稿多投。但文中指出稿件追踪模块存在着参数信息不完整、数据库单一、平台信息不完善等局限。徐林艳[④]提出一稿多投现象的应对策略,即完善期刊出版机制;完善期刊社的管理机制,利用办公软件,高效识别一稿多投,提高期刊社的工作效率,组建高效的审稿专家队伍,缩短出刊时滞;完善相关评价制度。吴凌霄[⑤]从提高工作效率,缩短审稿周期,加强与作者的联系,利用好"征稿启事""学术不端文献检测系统"和"优先数字出版平台"等方面提出了防范、杜绝"一稿多投"的措施。张萍等[⑥]通过调查研究,提出及几种防范措施,一方面是从作者投稿角度:(1)杂志社可在投稿须知中明确告知作者"一稿多投"是不允许的;(2)对经常一稿多投的作者,通过多种渠道告知作者这一行为导致的后果,对于一些屡教不改的作者可建立黑名单或做出一定的处罚。另一方面从杂志社角度:(1)杂志社应尽可能地加快审稿程序,及早告知审稿情况,减短论文发表时间;(2)杂志社可利用网络资源(如查重软件等)及早发现并撤除一稿多投的文章;(3)通过信息化手段,充分利用投稿系统,既可以方便稿件的登记、审稿等工

① 王露,李青.一稿多投现象分析及规制策略[J].宜宾学院学报,2012 (4).
② 于笑天.关于学术论文"一稿多投"的分析和思考[J].科技传播,2015 (12).
③ 孙惠昕,宋冰冰,张茂祥.利用"稿件追踪"防止一稿多投的探索[J].新闻研究导刊,2019 (11).
④ 徐林艳.关于科技期刊一稿多投现象的思考[J].新闻研究导刊,2018 (9).
⑤ 吴凌霄.高校学报中"一稿多投"现象再探[J].昌吉学院学报,2013(1).
⑥ 张萍,沈岚.期刊论文"一稿多投"现象的原因与对策[J].传播力研究,2019,3(5).

作的进行,也可以及时发现"一稿多投"现象;(4)稿件录用后,与作者签订承诺书,承诺投稿文章没有一稿多投。于荣利等[1]针对一稿多投和重复发表的学术不端情况,提出防范措施:(1)重视学术不端行为的宣传工作,提高作者对不端行为的认知,从源头减少学术不端稿件的流入;(2)严把投稿关,在接收稿件时,期刊编辑通过做到先检后判再"连坐",力争从源头减少学术不端稿件的流入;(3)透明稿件处理流程,及时告知作者稿件处理进程,并规范开具录用证明,尽早敲定刊期,同时便于同行监督;(4)积极健全学术不端排查体系,执行多次查重制度,建立与学术不端检测系统并行的"督导组",识别不端行为。同时,文章指出要谨慎严肃处理学术不端稿件,根据作者学术不端的严重性及态度按照不同的方式处理。朱玲瑞等[2]通过《半导体光电》编辑部多年实践得出,以下几种基于互联网手段进行学术不端行为防范的方法是行之有效且易于开展的:一是充分利用学术不端文献检测系统;二是全面开通网络首发;三是利用各种搜索引擎;四是充分利用在线投稿系统与同行评议;此外,各期刊之间可以通过编辑类学会、协会等加强沟通,互通信息,共享专家库,同一篇稿件同时发给多名专家审读评议,专家在对不同刊物的稿件进行审议时也能发现一稿多投稿件;还可以考虑针对屡次出现一稿多投、重复发表等不端行为的作者建立联动黑名单制。金伟[3]尝试从另一角度建立防止一稿多投、重复发表的新方法、新模式,一是宣传和氛围的营造,宣传是预防的起点,期刊编辑部应积极宣传一稿多投的不良影响,阐明它给期刊出版秩序、学术道德和氛围带来的危害;二是在征稿简则中嵌入惩治措施,借鉴国内外相关的实践和探索经验;三是刊发前进行文献检测;四是严格处罚,以儆效尤。

当然,业界也有不同的声音,詹启智[4]以著作权法为依据,在上海市高院判决认定一稿多投并不被我国法律所禁止的基础上,进一步认为一稿多投是著作权人的合法权利,符合著作权法;出版者只有依法通过受让取得著作权,依法取得专有出版权或专有使用权来对抗一稿多投产生的一稿多发后果,以合同法规

①　于荣利,朱丽娜,张劲松,王瑞霞,马丹丹,费理文.科技期刊编辑针对一稿多投和重复发表行为的防范与应对作为[J].编辑学报,2019(S2).

②　朱玲瑞,李福果."互联网＋"环境下科技期刊对一稿多投和重复发表行为的防范方法——以《半导体光电》为例[J].编辑学报,2020(4).

③　金伟.学术期刊一稿多投、重复发表的防范与思考[J].辽宁师范大学学报(自然科学版),2012(3).

④　詹启智.一稿多投是著作权人依法享有的合法权利——兼论一稿多发后果的规制[J].出版发行研究,2010(2).

制侵犯专有使用权行为。建议出版单位理性对待一稿多投行为,"既不明确鼓励,也不明确反对"应是理性对待一稿多投与一稿多发的基本社会规范和价值判断。马建平①认为一稿多投已成为许多作者一种常态化的投稿方式,从经济学和法律角度作理性分析,一稿多投既具合理性,又具合法性,是作者的基本权利。但作者私权的滥用有可能损害他人甚至公众的利益,违反诚实信用、公平对等交易的市场竞争原则,因此需要对其进行有效规制。这些不同的声音认为"那些将一稿多投认定为学术不端行为"的原因在于这些观点纯粹是站在出版方的利益角度,是出版方嫌麻烦,认为一稿多投占用匿名评审的时间和精力,出版问题当然出版方的声音大,有些期刊一审稿就是好几个月,根本未考虑学者的时间、精力和权益;有的甚至以此质疑学术期刊等出版方,到底是为学者服务的,还是侵害压榨学者的;有的以高考还有平行志愿一说,提出为何不能一稿多投,只要不一稿多发即可。但高考的平行志愿其实也是有先后次序的。上述对一稿多投是否属于学术不端行为的质疑,其实是作者对其自身权益能否得到保障的关切。现实生活中,一方面,确有部分期刊自以为只要在网站上公布声明即可,无视作者权益,制定霸王条款,文章自投稿后就如石沉大海,杳无音讯;另一方面,有研究者认为学术期刊"一稿多投"现象不仅是一个学术问题,更是一个社会问题。②他认为解决"一稿多投"问题应从微观主体及其社会环境和制度入手,探讨解决当前学术期刊"一稿多投"的应对之策是:第一,加强学术道德建设教育,树立严谨治学、诚实研究之风;第二,规范和约束期刊社行为,健全期刊社审稿、用稿制度,构建期刊社与作者之间的和谐关系;第三,加强制度建设,健全期刊出版"惩防"体系。

实际情况中大多数期刊是不认可一稿多投的,但编辑部是很难发现一稿多投的。编辑部能碰到的一稿多投或者一稿多发情况主要包括以下几种情况:一是同一内容的中英文论文在不同期刊上先后发表,二是通过查重软件、外审专家以及编辑的认知等发现论文重复投稿或一稿多发,三是同一语种同一内容或相似内容(核心观点、图表等一致)在不同期刊上发表。当然这三种情况只要出示前者出版单位的授权都是可以的。实际操作中,一稿多投的情况较难发现,业内也在呼吁使用同一审稿系统的不同编辑部能够打通相关后台数据库,但是其中牵涉到的各利益相关方的权益问题难以厘清,只能依靠小同行的外审专家帮助

① 马建平.一稿多投正当性的法理分析及其权利规制[J].现代出版,2012(3).
② 唐兵.学术期刊"一稿多投"防范的困境及路径选择[J].中共四川省委党校学报,2013(1).

发现,但这其实很难起到好的效果。

(五)不当引用

不当引用在学术不端行文界定标准中被分类到其他学术不端行为中,标准只列出了实际操作中容易界定的两种类型,即"在参考文献中加入实际未参考过的文献""将转引自其他文献的引文标注为直引,包括将引自译著的引文标注为引自原著"。但实际情况是,这两类问题远不能代表参考文献的学术不端问题。长期以来,参考文献的学术不端行为一直被忽略。参考文献是学术论文的重要组成部分,正确施引参考文献既能体现科研工作者工作的严谨性和科学性,又能体现其对前辈学者研究成果的尊重,还能帮助读者更好地理解文章内容、追踪学术信息。可见,参考文献的正确引用在学术传播和发展的过程中有着重要的作用。近年来,我国逐渐将科学指标数据库(ESI)指标引入评判高校的学科建设,教育部"双一流"建设也已将 ESI 指标作为评价的重要衡量指标。学科的 ESI 排名已经成为我国高校学科建设的重要目标。ESI 由引文排位、高被引论文、引文分析和评论报道等四部分构成[1]。ESI 排名的实质就是对某一单位/机构所发论文被引情况的考核。为实现学校的学科建设目标,提升学科 ESI 排名的策略也随之提出,有高校管理部门将原来业已存在争议的"唯论文数量"的科研成果考核评价方法改为"论文与被引并重"的"新方法"。另外,各级科研评奖也引入了文章的"他引情况"一栏。激励政策的刺激和评奖的诱惑,让原本被冷落、忽略的论文引用问题,成为高校教师探讨的重要"学术话题"。分析论文被引的奖励政策、探讨如何提高自身论文的被引次数等话题与参考文献的引用紧密相关。因而才有了学界和业界对参考文献引用问题的关注。

关于参考文献不当引用的问题,已有学者进行了阐述,如常思敏归纳了参考文献引用中 6 种不当引用行为(即诱引、匿引、转引、滥引、崇引和曲引)[2],吕亚平给出了参考文献的不良引用行为(如乱引、漏引、多引、自引等)和防范措施[3],闻浩等分析了参考文献不当引用中"引用矮化"的问题[4],朱久法等指出参考文

---

　① 王颖鑫. ESI 指标原理及计算[J]. 图书情报工作,2006 (9).

　② 常思敏. 参考文献引用中的学术不端行为分析[J]. 出版科学,2007 (5).

　③ 吕亚平. 学术论文参考文献不良引用行为分析及防范措施浅议[J]. 图书馆工作与研究,2012 (11).

　④ 闻浩,鲁立. 引用矮化——论参考文献的不当引用[J]. 中国科技期刊研究,2013 (6).

献的引用错误是科技论文的严重缺陷①。邓履翔等②提出欺诈引用这一新出现的参考文献不当引用现象,从外部客观环境、编辑、作者和读者等方面给出了防治欺诈引用的建议;以国内两种 SCI 英文期刊遭遇的欺诈引用为例,进行案例分析。他还对编辑工作提出建议:学术期刊编辑部应始终坚持将科技期刊的社会效益放在首位,强化科技期刊相关从业人员的社会责任;应强化科技期刊在科研创新体系的枢纽地位,加强科技期刊在学术不端行为的预防与处理等方面工作的介入,注重提高编辑部工作的流程规范性;期刊编辑应努力加强编辑业务学习,注重提升科研水平;学术期刊主办方、编辑部与编辑工作需要协同,相互督促、监督,协同改进,才能帮助学术期刊尽量避免可能涉及的欺诈引用等学术不端行为。③

对于如何杜绝参考文献引用的学术不端行为,王明华④提出编辑应在思想上重视参考文献的校对;加大对学术不端的打击力度;运用技术手段进行识别;参考文献有编造问题的论文一律退稿。舒安琴等⑤指出首先依靠学术不端检测系统是检查文章是否过度引用和匿引较为有效的方法,进而提出两种怀疑或者识别自引行为的方法:一是通过在万方数据库查看期刊的年度他引变化情况识别期刊自引行为,在没有干预的情况下,他引应该呈一个平缓变化的趋势,但如果有人为介入,期刊的总引用频次或者影响因子在某年会有突然的提高或波动,但如果期刊的他引没有呈比例增长,即可以认定或怀疑有严重的自引行为;二是通过"互引指数"识别期刊自引行为,当期刊互引指数越低,说明对该刊的引文频次做出主要贡献的期刊范围越窄,当这个指数的比例缩小甚至超过一定的客观限度,便提示有人为操控的可能。他认为可通过期刊的互引网络模式和"开放因子"来识别集团互引行为,通过不同的学科分类互引网络示意图,如果发现几个期刊之间互引关系和强度的突变(激增),或发现研究领域不同的期刊在互引网络中表现出很强的相似度,以及其他不合理的关系和布局,则有可能提示"人为集团互引"行为。与此同时,若被引用频次和影响因子较高而开放因子较低的期刊,则有可能存在通过互引操纵指标的情况。乔鹏飞⑥提出针对可疑的参考文

① 朱久法,郑均正. 参考文献引用错误是科技论文的严重缺陷[J]. 编辑之友,2014(6).
② 邓履翔,王维朗,陈灿华. 欺诈引用——一种新的不当引用行为[J]. 中国科技期刊研究,2018(3).
③ 邓履翔. 科技期刊欺诈引用案例分析及编辑工作建议[J]. 中国科技期刊研究,2020(1).
④ 王明华. 不正常引用参考文献现象的动因与对策[J]. 天津科技,2020(12).
⑤ 舒安琴,廖微微. 不正当学术引用行为识别方法及实例分析[J]. 出版发行研究,2017(12).
⑥ 乔鹏飞. 医学论文中常见学术不端行为的识别及防范对策[J]. 内蒙古医科大学学报,2018(6).

献进行简要阅读，通过对参考文献的阅读可帮助识别文献的不规范引用。周芳[1]提出防范引文失范现象的方法主要有：针对作者方面，首先要求作者在投稿时必须注明通信作者和联系电话，通信作者必须为论文署名作者，以有效避免第三方或中介代投代写等情况发生，其次，要求所有作者必须在《论文专有使用权授权书》上签字，最后项目成果论文必须提交项目成果合同书首页和盖章页；针对作者单位，要求作者提供《学术诚信声明承诺书》，并要求作者所在单位的科研部门对论文进行审核；针对学术期刊编辑部，首先期刊网站对引用的参考文献给出具体要求，其次编辑应提高对核查参考文献的责任心，再次充分利用审稿专家和编辑部集体审读，最后使用参考文献不端行为软件等进行检测。

总结前述已有文献归纳得出的结果，参考文献不当引用，有作者的主动行为，也有被动行为，关注点在于对论文本身的粉饰（如希望通过引用提高论文水平）或遮掩（如漏引的文献极有可能就是被抄袭的文献），产生的后果停留在帮助论文发表，整体仍在学术传播层面，未对社会和所属机构等利益相关方带来直接或间接的利益或损失。欺诈引用可能给作者带来经济效益、给主办方带来经济损失，是一种涉嫌触犯法律的欺诈行为。

众所周知，参考文献的引用常被忽视，且存在一定程度的随意性。通常，如何引用参考文献全在于作者，参考文献是否存在不当引用全凭作者本人自律。有研究指出，只有不到1/3的参考文献是必引的[2]。这也从侧面印证了参考文献的引用在文章撰写过程中的随意性。显然，这一随意性也给参考引用学术不端行为的产生带来了可乘之机。根据笔者经验，对于不当引用这一学术不端行为，编辑部除了应严格编辑审校外，还应尽到提醒义务，帮助作者正确引用文献。在约稿通知、投稿须知、期刊网页学术伦理道德宣传栏等明确给出编辑部要求。在与作者交流时，也可适当提醒作者在文献引用方面可能忽视的问题。另外，在编辑加工过程中，若发现此类问题，应有理有据地与作者沟通，争取其理解并改正不当引用情况。当然，若面对作者的"救急"要求，也应从维护学术共同体、不为作者学术生涯留隐患等角度说服作者。对出现"欺诈引用"问题的稿件，编辑部也应采取及时措施，如在初审阶段，可增加对参考引用问题的检查环节；在编辑加工阶段，要求作者修改不当引用；在文章发表后，可借助各种新媒体平台接受公众监督，若发现，则可要求作者修改，并替换相应数据库中的源文件，或在之

①　周芳.学术期刊编辑对引文失范现象的防范[J].科技传播,2021 (13).

②　Chandra G Prabha. Some aspects of citation behavior：A pilot study in business administration [J]. *Journal of the American Society for Information Science and Technology*,1983 (3).

后给出勘误等。

(六)其他学术不端行为

学术不端行文界定标准中还包含了一些其他学术不端行为,如 a)在参考文献中加入实际未参考过的文献;b)将转引自其他文献的引文标注为直引,包括将引自译著的引文标注为引自原著;c)未以恰当的方式,对他人提供的研究经费、实验设备、材料、数据、思路、未公开的资料等,给予说明和承认(有特殊要求的除外);d)不按约定向他人或社会泄露论文关键信息,侵犯投稿期刊的首发权;e)未经许可,使用需要获得许可的版权文献;f)使用多人共有版权文献时,未经所有版权者同意;g)经许可使用他人版权文献,却不加引注,或引用文献信息不完整;h)经许可使用他人版权文献,却超过了允许使用的范围或目的;i)在非匿名评审程序中干扰期刊编辑、审稿专家;j)向编辑推荐与自己有利益关系的审稿专家;k)委托第三方机构或者与论文内容无关的他人代写、代投、代修;l)违反保密规定发表论文。其中:a)、b)、g)与不当引用有关,已经在前一节进行了有关阐述;c)、d)、e)、f)、h)涉及的学术不端行为若非当事人主动告知,编辑部实难发现并进行操作;i)、j)与同行评议有关,也已在外审机制一节中阐述;l)违反保密论文发表规定,只需编辑部要求作者提供文章不涉密的相关文件即可,实际操作中这一条并未列入学术不端行为的考察中。剩余 k)选项关于代写代发,在此节专门阐述如下。

对于论文中介、论文代写代发等问题,已有研究中,刘婷婷[①]通过工作实践总结出中介稿件的特点,即隐蔽性强、等待周期短、论文格式较为规范、向作者收取不正当费用等。为避免此类学术不端行为,可通过以下措施予以预防:适当收取审稿费,加强版面费管理;更新审稿流程,缩短发表周期;加强学术道德宣传,合理惩罚学术不端作者;同类期刊建立联盟,共同规避中介投稿;积极查重,加强检索。关珠珠等[②]认为仅依靠学术不端文献检测系统已经不能识别"枪手"论文,并根据实际工作经验提出三种识别"枪手"论文的方法,其一是发现"枪手"论文投稿账户邮箱及密码的规律,一些新来稿件的作者、作者单位、地域相差甚远,但账号邮箱具有一定的规律性,均为"作者姓名全拼+定字母后缀",登录系统信

① 刘婷婷.识别中介来稿避免一稿多投[J].编辑学报,2013(6).
② 关珠珠,李雅楠,郭锦秋.医学期刊编辑初审过程中对"枪手"论文的识别[J].编辑学报,2018(1).

息查阅其编辑部与这些邮箱地址的来往邮件发现,这些有规律的账号的登录密码全部相同,其二是查验手机号码所属地区与作者登录 IP 地址是否一致,其三是对文章内容的审核,代写的论文多会出现前后数据不一致,实验图片不清晰等问题,写作过程较为粗糙。邹强[①]认为医学类期刊编辑可以通过作者署名,稿件内容,稿件类型,字体、格式这四个方面寻找"枪手"论文的线索并加以识别。从作者署名来进行"枪手"论文的辨识,包括可疑的单一作者署名和要求更改作者署名,前者是因为大多数现代科学的研究,特别是原创性研究越来越复杂,通常需要由多位作者合作完成,甚至需要多个学科、多个中心的团队共同参与,因此面对论文中任务较大但仅有单一作者署名时就需要认真审查,后者是根据国际出版伦理委员会指南的规定,在论文正式发表之前,通信作者可以向期刊申请更改署名作者(包括添加/删除某一名作者),因此有人会钻此处的漏洞,更换文章署名作者,面对这种情况编辑需要谨慎处理文章作者的更名。从稿件内容来看,包括不符合机构医疗水平的可疑病例、完美的基线和随访资料、完美的统计分析。从稿件类型来看,Meta 分析类论文和药物经济学评价类论文是医学类"枪手"论文较多的两大类。从字体和格式来看,论文中作者姓名、作者单位及在文中出现的计量单位用了其他特殊字体表示,或者收集的病例数是修改后的特殊字体,都有可能是更换过作者或修改过病例数的"枪手"论文。吴艳妮等[②]提出可从与作者电话沟通中识别"枪手"论文,分别是从审稿费汇款信息识别,从网站投稿注册信息识别,以及从作者所在科室与论文研究方向吻合度识别。祁丽娟等[③]提出在初审阶段查验投稿 IP 归属地与作者单位所在地是否一致,通过设置 IP 灰名单和黑名单甄别中介稿,也可借助 AMLC 的"稿件追踪"功能对可疑稿件进行追踪分析,还可通过对投稿账户名与文章作者名称的比对、对稿件内容细节的关注进行判别,最后可通过电话沟通交流,针对细节问题进行详细询问,完成对中介稿进行判定。郑小虎等[④]提出中介稿件的识别与防范策略,即:根据稿件信息特征识别中介稿件,信息特征主要包括投稿账户用户名、密码、手机号、电子邮箱、作者及单位数、基金项目六方面的内容;根据注册信息与稿件对应信息

① 邹强.医学"枪手"论文的特征及识别分析[J].中国科技期刊研究,2020(12).

② 吴艳妮,周春兰.科技期刊编辑对学术不端论文的识别——以《护理学报》为例[J].编辑学报,2015(4).

③ 祁丽娟,戢静漪,方梅.跨语种抄袭和代写代投类学术不端行为的甄别和防范[J].中国科技期刊研究,2021(11).

④ 郑小虎,何莉.科技期刊"中介稿件"的识别及防范[J].编辑学报,2018(1).

不一致识别中介稿件;通过签署协议警醒和监管作者;掌握证据投诉中介网站。齐烨等①总结编辑工作中发现的疑似代写代投稿件的信息特征,从作者、编辑、审稿专家、专业知识平台与搜索引擎等方面进行甄别,并提出通过升级投稿系统有效拦截代投稿件、初审前核实作者的基本信息、编辑过程中请作者提供原始病例资料、充分利用网络资源和学术不端检测系统进行深度排查、根据专家评审意见识别代写稿件、建立更规范的工作流程、掌握证据投诉中介公司等方式识别和防范中介稿件。余菁等②选取 2017 年《中山大学学报(医学版)》因初审不合格而退稿的 211 篇稿件,在采编系统内搜集稿件作者登录密码等个人信息,通过科技期刊学术不端文献检测系统(AMLC)检测其文字复制比、一稿多投等情况。比对作者登录密码发现 112 篇稿件存在多人使用同一密码登录采编系统的现象,并发现 112 篇稿件中绝大多数文字复制比未超过 20%,但全部都有一稿多投学术不端行为。因此,提出期刊编辑不能只通过查重检测文字复制比一种方式来判断稿件是否存在学术不端,还需要结合登录密码、一稿多投情况等作出结论。

另外,还有其他类型的学术不端行为,如"撤稿观察"网站报道的一桩手法惊人的疑似学术不端事件。2021 年 7 月中旬,国际学术出版商爱思唯尔(Elsevier)宣布调查旗下期刊《微处理器和微系统》(Microprocessors & Microsystems),对其发表过的 400 多篇论文进行逐一"重新独立评估",而这些需要被调查的文章主要来自该期刊的 6 份"特刊"(Special Issues),需要被调查的 400 多篇文章的作者很可能使用了反向翻译软件来掩饰剽窃行为。法国图卢兹大学(University of Toulouse)的计算机科学家 Guillaume Cabanac 和他的同事们在预印本网站 arXiv.org 上发布了一篇文章,揭示了一种伪造学术论文的新方式——用扭曲短语(Tortured phrase)代替常规专业术语,躲过查重,让文章顺利发表。人工智能技术在帮助学术不端控制与预防方面做出贡献的同时,也可为有心学术不端的人所利用。除了上述"扭曲短语"等造假手段之外,未来是否会继续出现更加便捷的智能造假技术等问题值得学界和业界的思考与重视。

---

① 齐烨,崔浩,郑雨田,李娜,芦洋.科技期刊中介稿件的特征识别与应对策略[J].天津科技,2019(5).

② 余菁,邹加佳,徐杰.由采编系统登录密码辨别代写代投学术不端行为[J].科技与出版,2018(9).

第三节 学术期刊可使用的防范学术
不端行为的软件或网站

我国的学术不端检测软件最早于 2008 年研制成功并投入使用,2008—2010年经历了研制、试用到系统升级的蜕变,国内学术界对学术不端检测相关问题的关注度也在 2008—2010 年间稳健上升。[①] 学术不端检测系统为打击学术不端行为提供了工具和手段,从侧面对学生、研究者起到了督促作用,其目的是希望加强原创,减少抄袭。当前,很多学术期刊编辑部均采用了相关学术不端检测系统,对稿件进行检测已成为稿件处理的一道工作程序。国内外有大量的软件服务公司从事相关软件、网站的研发,本节对部分常用的国内外防范学术不端行为的软件或网站的使用进行简单评述。

(一)CNKI 科技期刊学术不端文献检测系统

CNKI 科研诚信管理系统研究中心是同方知网出版集团旗下从事科研诚信管理产品研发的专门机构,中心主要从事学术不端文献检测系统、科研诚信档案管理系统等软件研发,同时也承担相关机构委托的科研诚信监测、管理等事务,还为各单位的学术评价提供科研诚信方面的参考数据,辅助进行学术评价。它旗下的中国学术期刊(光盘版)电子杂志社(CNKI)的科技期刊学术不端文献检测系统(AMLC)从 2006 年开始正式立项研发到目前已经达到大规模实用化的成熟程度。2008 年底,AMLC 管理办公室开始为 CNKI 提供每期数据的期刊编辑部免费提供刚开发完成的"科技期刊学术不端文献检测系统(AMLC)"。AMLC 是一个系统工程,涉及检测方法设计、比对数据库建设、规范数据库建设、大规模数据测试、系统性能测试等多个环节。系统目前的检测范围涵盖中国学术期刊网络出版总库、中国博士论文网络出版总库、中国优秀硕士论文网络出版总库、中国报纸全文数据库、中国专利全文数据库(知网版)、中国科技成果数据库(知网版)、中国年鉴网络出版总库、中国工具书数据库、中国标准数据库(知网版),正陆续引进英文数据库、网络数据库等资源。AMLC 可以进行快速文献比对,以 CNKI 各库为比对基础库,在 2—5 秒内可完成一篇 5000 汉字的文献比

① 吴凌,李海霞,郭桃美. 国内五个学术不端文献检测系统的对比研究[J]. 科技传播,2019(10).

对,出示比对结果,并支持批处理。用户可上传包含多篇文献的压缩文件进行检测。其比对结果经过标红,且有定位功能,能够快速发现文字重复的部分,方便快捷。另外在结果中将详细显示比对源文献的篇名、作者、发表刊物、发表时间等信息,便于用户参考。①

AMLC 采用自适用多阶指纹(AMLFP)特征检测技术,该技术有较高的检测速度、准确率、召回率和抗干扰性强等特征,系统中除比对算法外,最重要的是比对库,AMLC 采用的是 CNKI 的文献数据库。CNKI 收录的各类资源为学术不端文献检测系统提供了资源支持,截至 2011 年,CNKI 通过网络正式出版期刊 9135 种,自 1994 年以来的全部文献,有 4600 种核心期刊和重要期刊回溯到创刊,其中学术期刊 7537 种,期刊全文文献 2788 万篇,出版 532 家硕士学位点的 87 万篇优秀硕士学位论文,380 家博士学位点的 11.5 万篇博士学位论文,1501 组重要会议论文 115 万篇,516 家重要报纸 646 万篇。从以上数据可以看出,AMLC 系统的比对库起码在国内相关文献方面是比较齐全的,也为检测的效果提供了基本前提。AMLC 系统支持 doc、docx、wps、caj、txt、pdf、kdh、nh 格式,不符合以上要求的文件无法得出检测结果。②

中国知网学术不端检测系统作为国内使用最广的论文查重系统,绝大多数中文科技期刊编辑部均在使用。对于如何使用、使用期刊需要注意哪些内容也有很多论文进行了总结。于海等③指出 AMLC 系统存在着后台数据库容量范围有限、系统对图表和数理公式检测效果不甚理想、系统对不同格式文章检测效果不一致等问题,提出广大从业者应树立"学术公平"的意识、审稿时将检测结果与编辑客观分析相结合、遵循保密原则。谢文亮等④对中国知网的学术不端检测系统进行多方面实验测试,发现学术不端检测系统仅要求文后参考文献著录项中的题名(包括副标题)必须精确,题名中漏字、错字、多字、英文字母大小写状态错误、中英文字符切换状态错误等都会导致误检。谢文亮等认为:由于检测系统的误检而导致误检率极高,要求期刊编辑在检测文章时,必须对文后参考文献

①② 张旻浩,高国龙,钱俊龙.国内外学术不端文献检测系统平台的比较研究[J].中国科技期刊研究,2011(4).
③ 于海,王巍.学术不端文献检测系统存在的问题及使用建议[J].太原城市职业技术学院学报,2011(3).
④ 谢文亮,李俊吉,张宜军.期刊学术不端文献检测系统误检分析[J].中国科技期刊研究,2013(6).

的格式和文章题名加以重视,尽量避免误检情况的发生。王文富^①通过深入分析,揭示了学术不端文献检测系统 AMCL 存在着自身功能不完善、检测结果模糊、限制正常引用的权限的弊端,并从法律层面界定了合理引用与抄袭的界限,指出对检测结果要理性分析,依靠但不依赖,必要时通过同行专家做出正确判断。魏强^②认为 AMLC 对来源于非学术期刊网站的网络信息资源,以及科技论文中的插图、复杂数学公式、化学方程式等内容难以完全有效识别。AMLC 毕竟是基于计算机语言的识别系统,不可能具备人脑对文字后面科技文化内涵的理解能力,对变换句式和改变描述方法的"高级"论文抄袭行为同样会"大开绿灯"。AMLC 可以快速提供被测文献与其他文献的雷同比例,但是这一比例究竟多大才可界定为抄袭?朱荣华等^③认为学术不端文献检测系统具有强大的文字查重优势,但功能上有较多局限,不能将查重结果作为判定抄袭等学术不端问题的绝对依据。然而在实践中,高校对学生的毕业论文、学术期刊对作者论文的学术不端检测都存在依赖查重系统现象,并产生了查重系统遭遇攻克的尴尬、干扰正常的学术研究活动、挫伤作者的积极性、加重学术不端风气等负效应,这些负效应是由相关管理部门的工具理性思维及忽视过程治理导致的。李青等^④认为 CNKI 学术不端检测系统的使用能有效地预防学术不端行为,提高编辑工作效率,提升刊物质量。鉴于该系统自身数据库的有限性和滞后性、外形比对的判断失误等局限,期刊编辑部可以通过多种检测手段的协同使用、人机结合具体分析检测结果和对稿件的多次机检等方式对该系统合理使用,减少误判的发生。吴娟^⑤指出 AMLC 在对论文重复率进行检测时,对收录数据库外抄袭、网页超抄袭、审稿过程抄袭、细节改造抄袭、图表抄袭、翻译抄袭的内容不易被系统检测到,仍需要编辑和审稿人来进行辨别。

　　登录知网官网,我们可以发现有 5 种查重软件版本:VIP 系统、TMLC 系统、PMLC 系统、AMLC 系统、SMLC 系统等。这些都属于 CNKI 科研诚信管理系统研究中心,但归属不同的功能,除前述较为详细介绍的 AMLC 系统外,即科技期刊学术不端文献检测系统,另有 SMLC 系统是社科期刊学术不端文献检测

---

　　① 王文福.期刊防范学术不端的深度反思——兼谈对 AMLC 系统的理性认知[J].编辑之友,2017(3).

　　② 魏强.科技论文中学术不端行为的编辑控制[J].科技管理研究,2011(7).

　　③ 朱荣华,刘国强.学术不端文献检测系统的负效应及其反思——以高校、学术期刊的应用为例[J].编辑之友,2019(7).

　　④ 李青,王露.CNKI 学术不端检测系统的合理使用[J].宜宾学院学报,2013(5).

　　⑤ 吴娟.AMLC 应用下学术不端行为的防范[J].今传媒,2012(7).

系统。VIP 和 TMLC 系统均用来进行检测硕博学位论文,使用范围稍有不同,前者全国高校普遍使用,后者国内知名高校可申请免费使用。TMLC 系统中《中国学术文献网络出版总库》为全文比对数据库,该系统实现了对抄袭与剽窃、伪造、篡改等学术不端行为的快速检测,可供用户检测学位论文,与知网 VIP 唯一的区别是申请使用方式不同,知网 VIP 是付费版。

PMLC 系统是中国知网大学生论文管理系统。2010 年 8 月正式发布,它将全面应用于高等院校的日常教学,帮助高校检查学生论文、作业中是否存在抄袭剽窃行为。它面向高校教务处等各级学生管理部门学风建设与管理的需求开发,用于辅助高校教务处管理大学生论文,全程监控论文中是否存在抄袭剽窃等学术不端行为,建立学生诚信档案,帮助提高大学生论文质量。一般本科毕业论文采用该系统,它囊括"大学生联合对比库"。

有关研究中,周益兰[①]指出 TMLC 是在研究生对学术不端行为认识不足,学位论文抄袭、剽窃等现象日益严重,管理部门对学术不端现象的重视,高校提高研究生培养质量的需要的背景下被高校广泛采用的。TMLC 的应用现状包括五方面,分别是应用方式、检测范围和适用标准及阶段、论文复制比的使用、有关申诉程序的规定、处理及责任承担。文中认为 TMLC 能够高效快速提供相对权威的检测结果,对研究生学位论文抄袭和剽窃等行为起到了一定的警示作用,但也认为 TMLC 的检测结果的应用不尽合理,学校对 TMLC 的过度重视或依赖,一定程度上导致研究生在学位论文写作中"舍本逐末",同时管理方面的缺陷导致了论文检测市场的形成。其研究在此基础上提出高校应继续积极推广TMLC 的运用,对于研究生培养单位,应明确 TMLC 作为技术手段,只能是一个辅助手段,而不能成为判别学位论文是否存在学术不端行为的唯一标准。张福军[②]通过对国内其他应用 TMLC2 系统的高校进行调查,了解其在应用方式、检测范围、适用标准与阶段、结果使用、申诉程序与处理等方面的做法,结合作者所在学校对该系统的实际应用情况及分析,指出了该系统能在客观上减少了学位论文抄袭与剽窃现象,提供相对权威的检测结果,但对检测结果应用不甚合理,大多数高校为了方便管理采取较为简单的分类模式,且国内高校普遍存在对检

① 周益兰.TMLC 在研究生学位论文检测中的应用研究[J].研究生教育研究,2012(2).

② 张福军.学位论文学术不端行为检测系统(TMLC2)在研究生学位论文检测中的应用与思考[J].工业和信息化教育,2016(1).

测系统的过度依赖和重视。李晶晶[①]针对社科期刊学术不端文献检测系统（SMLC）误检情况，提出可以建立查重白名单、及时更新数据库内容与补充旧的数据、区别对待法学稿件，使用 Word 或者 WPS 格式检测文本和开放查重内容网上申报功能来降低 SMLC 系统的误检。

总的来看，中国知网的学术不端检测系统有着强大的文字查重优势，使用简单和便捷，同时能有效节约成本，提高效率，且检测结果大致是客观可信的，对有效防止学术不端行为起着不可或缺的作用，但它存在检查范围有限、检查滞后及检查盲区等缺陷和不足。对于学术不端检测系统的正负效应，我们应辩证看待，既不能无限夸大，也不能随意贬低。学术不端检测系统只是判断学术不端行为的辅助手段和智能工具，它并不能完全代替人脑思维。[②] 编辑在使用过程中不能轻信结果，仍需要介入人力对结果加以判断。

（二）万方论文相似性检测系统（PSDS）

国内第二大数据集成商万方数据，在 CNKI 推出 AMLC 一年零一个季度之后，也推出了万方论文相似性检测系统（PSDS）。在 2010 年 3 月，万方公司的网站上出现了万方论文相似性检测系统的链接 http://check.wanfangdata.com.cn，通过论文相似性检验测定体系的官网，万方数据将检测费用定在 10 元每万字，可以直接通过自己在万方数据的账户登录，并进行论文的检测，通过检测可以看到万方数据提供了简明和详细两种检测报告。万方论文相似性检测系统是基于万方数据公司所收录的期刊论文、学位论文、万方数值数字化期刊全文数值库、万方数值学位论文、常识服务平台的全文数值库等海量数据，运用先进的检测算法研制而成，它具有检测速度快、检测准确等特点。[③]

（三）维普通达论文引用检测系统（VTTMS）

国内第三大数据集成商维普资讯，在 CNKI 推出 AMLC 一年零三个季度和万方数据推出论文相似性检系统半年之后终于也推出自己的论文引用检测系

---

① 李晶晶.运用 SMLC 系统检测法学类论文存在误检问题及对策[J].北京印刷学院学报，2017（1）.

② 彭分文，舒阳晔.辩证地看待学术不端检测系统的正负效应[J].邵阳学院学报（社会科学版），2019（6）.

③ 张旻洁，高国龙，钱俊龙.国内外学术不端文献检测系统平台的比较研究[J].中国科技期刊研究，2011（4）.

统。从 2010 年 9 月起,个人用户在维普通达论文引用检测系统的官网 http://www.gocheck.cn 注册,就可免费检测自己的文章。维普通达论文引用检测系统经过部分高校及社会个人用户的测试,已经面向企事业用户、个人用户全面公开免费试用,用户仅需填写真实的邮箱快速注册即可免费享受论文引用检测服务。该系统集合了专业的数据库资源,针对不同类型用户的需求,提供专业的个人自检测服务、高校学生论文检测服务、期刊稿件检测服务以及其他类型的检测服务等。该系统可以满足教育界、出版社、媒体、科研机构等行业客户及各类论文撰写者等不同用户的需求。[①]

(四)ROST 反剽窃系统

ROST 反剽窃系统(学术论文不端行为检测系统)是由武汉大学信息管理学院出版科学系沈阳教授带领课题小组开发成功的文档相似性检测工具,可有效检测论文的抄袭相似情况,经过六年的研发(早期版本叫作网盗克星),推出了6.0 版本。ROST 反剽窃系统可以自动将文档切割为多个 50~200 字(可自定义)的小文本,通过混合引擎与 188 亿个网页和 490 万篇文献进行柔性匹配,标示出每个文本块与文献库中的文献的最大相似度。由此软件统计出相似度≥95%(基本原封不动拷贝)与相似度≥80%(拷贝后略作修改)的字数所占总字数比例。软件把这个比例作为相似程度参考衡量指标。"ROST 反剽窃系统"与其他系统最大的不同之处在于覆盖了 188 亿个网页以及 490 万篇论文。ROST 反剽窃系统自 2008 年 4 月推出以来,先后在武汉大学信息管理学院研究生办公室、CSSCI 核心期刊《出版科学》《图书情报知识》试用,在 2008 年 11 月举办的第二届数字时代出版产业发展与人才培养国际学术研讨会中对会议论文进行全面检测,并在 2008 年 12 月的第三届中国期刊创新年会向全国期刊界做了全面推介,取得了良好的效果。[②]

(五)Turnitin

Turnitin 检测被提交的文章均为系统自动检测,无任何人工的干预,所检测出来的结果是系统与 Turnitin 所收录的海量文献进行对比分析后自动得出的结果。Turnitin 提供给教育工作者强大而有效的工具,可促进学生们的写作技巧

---

①② 张旻洁,高国龙,钱俊龙.国内外学术不端文献检测系统平台的比较研究[J].中国科技期刊研究,2011(4).

和独立的评价思考能力。Turnitin 已经成功地在全世界 90 多个国家、超过 7000 所高等院校应用,全球数百万的教师及学生都在使用 Turnitin 的实时评分工具和剽窃侦测服务。Turnitin 依靠行业中最先进的搜索技术建立的持续增长的庞大数据库,来帮助教育工作者对学生作业中含有的不恰当的引用、或潜在的剽窃行为进行侦测和比对。每一份反馈的报告都提供给教师们一次教育自己的学生如何正确地引用文献,并以此捍卫学术诚信。Turnitin 是世界级最佳解决方案,新加坡的很多高校也在学校网站上有详细指导学生使用 Turnitin 的说明。Turnitin 的比对数据库中拥有超过 4 千万学生论文的数据库,索引超过 120 亿的互联网网页,超过 10000 种主流报纸、杂志及学术期刊,数以千计的书籍,包含文学名著等。[①]

(六)CrossCheck

各出版集团也遭遇越来越多的剽窃行为。总部位于荷兰的 Elsevier 公司和总部位于英国牛津的 Blackwell 公司是学术界的两大出版集团,也和大学一样认为不得不采取有针对性的行动。Blackwell 的总裁 Bob Campbell 说:"编辑们越来越频繁地向我们抱怨这类事情。"所以出版集团的联合组织 CrossRef 就成为最有可能担当此项责任的系统平台。CrossRef 最初是由几家出版商于 2000 年创立的非营利性组织,其宗旨是通过出版商之间的集体合作,让用户能够访问原始研究内容。CrossRef 也可以被看作是一个数据库,存储它代理注册的 DOI;CrossRef 还是一个技术架构,用来建立在不同出版商的网络平台上出版的 STM (Science/Technical/Medical)期刊内容之间的链接,称之为"跨出版商链接",或"跨平台链接",这是 CrossRef 最重要的作用。这种链接机制背后最核心的技术是 DOI(Digital Object Identificator,数字对象标识符),即给网上的每篇文章分配一个唯一的身份识别代码。目前,CrossRef 已有 3000 多家会员单位(出版商、学协会等)。CrossCheck 是由 CrossRef 推出的一项服务,用于帮助检测论文是否存在剽窃行为。它的软件技术来自于 iThenticate。在国际出版链接协会(PILA)牵头下,国际几大出版商和电子电气工程师协会(IEEE)及美国计算机学会(ACM)共同参与了这项全球性项目。正是由于 Crosscheck 能够在全球范围内最大限度地检查和防范学术剽窃行为,达到严正学术道德,净化学术空气的

---

① 张旻洁,高国龙,钱俊龙.国内外学术不端文献检测系统平台的比较研究[J].中国科技期刊研究,2011(4).

目的,使其一举赢得了全球学术与专业出版者协会(ALPSP)颁发的 2008 年度全球最佳出版创新奖。目前全球会员单位有 50 多家,包括一些国际科学出版集团和科学学会:自然出版集团(NPG)、爱思唯尔、施普林格、威立·布莱克威尔(Wiley Blackwell)、英国医学期刊出版集团(BMJ)、泰勒弗朗西斯出版集团(Taylor & Francis)、美国科学进步协会(AAAS)、美国物理学会(APS)等。我国的《浙江大学学报(英文版)》在国家自然科学基金重点期刊项目的资助下,也于 2008 年成为中国第一家 Crosscheck 会员。CrossCheck 的工作原理其实很简单,用户通过客户端将可疑论文上传,然后系统将该论文与 CrossCheck 数据库中的已发表文献进行比较,最后报告给用户可疑论文与数据库中已发表文献的相似度,以百分比表示,并将相似的文本标示出来。当其相似度总量超过 50%时,系统会自动显示黄色背景,以引起操作者的注意。只要点击其中的相似度数据,系统便直接进入具体报告列表,操作者可以对论文具体的"文本重叠"现象进行分析判断。其中,界面的左栏为上传的被检测文本,凡与之匹配的对比文献相似部分系统以相同的颜色和序列号标识;右栏的每个单篇匹配文献按相似度大小顺序排列。段为杰等[1]认为采用 CrossCheck 检测平台对英文科技论文进行比对,通过分析查重比对结果可初步判断该论文是否涉嫌学术不端,进而判断该论文的新颖性和研究热门程度。查重比对可为编辑处理稿件提供有力的支持,为审者审稿提供必要的参考,以便给出公正的审理意见。另外,段为杰等讨论了审者信息及作者信息的核实对干预学术不端行为的作用。

(七)SafeAssign

SafeAssign 是 Blackboard 教学管理平台功能的一部分,Blackboard 用户无需额外费用,能够将提交的论文与指定的资源库中的论文进行相似度对比检测,并将检测结果(包括匹配度、分析报告)反馈给用户;与成绩中心互连,教师可在成绩中心为检测后的论文打分。SafeAssign 同样也是强有力的反抄袭检测工具,SafeAssign 采用独特的原创性检测算法将提交的文章与数据库内批量收藏的作品进行对比,这些数据库包括:数以亿计的公众可获取的文件的综合信息的互联网;有数百万的当前文章,且每周都在更新的 ProQuest ABI/Inform 数据库;机构的用户提交的所有文献研究机构的文档库;还包括有各地学生们自愿提

① 段为杰,于洋,吴立航,等.CrossCheck 检测平台及信息核实在学术不端防治中的作用[J].编辑学报,2018(1).

交的文献全球参考数据库(Global Reference Database);文献在专业机构的数据库内自动进行检测。①

(八)PERK

爱思唯尔作为世界上最大的学术期刊出版机构,旗下拥有 1800 多种期刊。2008 年 3 月 4 日,爱思唯尔发布了"出版道德资源工具包"(Publishing Ethics Resource Kit,PERK)。PERK 是一个在线资源平台,用以处理期刊编辑出版中的论文是否有学术不端问题。这是一个爱思唯尔出版道德准则的单一标准点。同时作为一个在线资源平台,PERK 链接到爱思唯尔内外各种与出版道德相关的政策和程序性文件,为期刊编辑提供及时和广泛的在线支持。②

(九)国内外其他查重软件

国外还有相当多数量的学术不端文献检测平台。如马里兰大学的 The Plagiarism Check,Plagiarismchecker 公司的检测平台,ArticleChecker 公司的检测平台,Plagiarism search 公司的检测平台,Plagiarismdetect 公司的检测平台,Theplagiarism 公司的检测平台等。另外,Viper 是一个免费的剽窃检测软件,其官网称 Viper Plagiarism Checker 拥有超过 100 亿的在线资源,包括网站、在线期刊和新闻等,每月有数千人选择使用 Viper 进行剽窃检测。Viper 和 Turnitin 常被国外高校用来检测剽窃。Plagiarism Scanner 是一种商业的在线剽窃检测应用程序,收录了丰富的网站信息,网络数据库和在线图书馆资源,如 Questia 和 ProQuest。相似的还有 plahium 和 PlagScan,plahium 是一种非常简易的在线剽窃检测工具,在指定位置粘贴待检测的文本,系统将在网络上搜索相似的文档,PlagScan 则可以上传检测 Doc、Html 和 Txt 等多种格式的文档。

国内则还有 PaperPass、超星数据库大雅相似性分析系统等。

(十)Pubpeer

PubPeer 网站建立于 2012 年,它是一个鼓励科研人员匿名对已发表的论文进行评论的网站,相当于一个科学论坛,只要学者拥有 PubPeer 的账号,都可以

①②　张旻洁,高国龙,钱俊龙.国内外学术不端文献检测系统平台的比较研究[J].中国科技期刊研究,2011(4).

对已发表过的论文进行评论,评论内容可以是批评、质疑、改进建议等,不过,评论需要审核后才能显示。林原等[1]通过 Pubpeer 获取研究数据,侦测潜在的学术风险,构建基于多个维度预警指标并进行综合考量,发布预警指数来显示作者存在的风险程度,发现了目前的学术风险状况,展示了具有潜在学术风险的作者在研究中的问题,能够有效预警学术不端行为,促进良好的学术氛围,保障科学研究工作的有序正常进行。该文章也指出 Pubpeer 主要针对的是全球英文论文,不能实现侦测中文论文学术风险的任务。中国各学科都存在大量中文论文,如何从中识别并评估潜在的中国的学术风险,仅仅依靠 Pubpeer 显然是不够的,需要建立属于我国自己的类似于 Pubpeer 这样的平台。

(十一)Retraction Watch

撤稿观察网站(Retraction Watch)是由学者 Adam Marcus 跟 Ivan Oransky 在 2010 年成立的一个报道撤稿情况的博客。2014 年得到基金资助后,扩大了范围,可以跟帖,实行了分类管理。网站首页右下角有分类查找的导航,Archives 下的"Select Month"可按月份查找网站的新帖(Post),再往下的"Select Category"则可实现按国家、作者、期刊、撤销论文原因、主题等查找。[2]网站是一个旨在帮助公众关注科学不端行为及其纠正过程的在线数据库,也是目前同类中规模最大、涵盖面最广的数据库,基于其数据的相关研究已得到国际权威期刊的认可[3]。

刘清海[4]从国际网站 Retraction Watch 上搜集与统计撤销论文公告数的有关情况,从我国学者被撤销论文的作者类型、国别、期刊、撤销论文原因等方面进行了统计分析。另外,分析了各发文大国撤销论文数与万篇发文量的相关性及二者比值(定义为撤销发文比,RPR)。结果显示,在撤销论文公告数量中,美国高居榜首,中国居第 2 位,各国发文数与撤销论文数相关系数达 0.968(P < 0.001)。各发文大国 RPR 均数为 1.60,排在前 3 位的为荷兰、印度和美国,我

① 林原,贺俊尧,姜春林,丁堃.基于 Pubpeer 的学术预警研究[J].现代情报,2021 (7).

②④ 刘清海.国际期刊我国学者论文被撤销情况与分析——基于 Retraction Watch 网站结果[J].中国科技期刊研究,2016(4).

③ A. Marcus, I. Oransky. Science publishing: The paper is not sacred[J]. Nature, 2011, 480 (7378): 449. Abritis A, McCook A. Retraction Watch. Cash bonuses for peer-reviewedpapers go global[J /OL]. Science, 2017[2019-08-11]. https: // www. sciencemag. org /news /2017 /08 /cashbonuses-peer-reviewed-papers-go-global.

国排第 11 位。从撤销论文的原因看,前 5 位分别为图像造假、抄袭剽窃、重复发表、数据造假和结果不可重复。涉及期刊较多,知名期刊的撤销论文数比普通期刊多。邓支青等[①]以撤稿观察数据库中 7579 篇被撤销会议文献为研究对象,分析总结被撤销文献的时间、来源和学科分布特征以及被撤销原因和时滞。认为会议文献撤稿与期刊论文撤稿在原因和时滞上存在重要差异,中国是会议文献撤稿的"重灾区"。杨耀等[②]基于撤稿观察数据库,对 2014—2018 年间涉及基础生命科学、健康科学、环境科学、物理科学、商业和技术、人文科学和社会科学等七大领域的中国、美国、英国、德国和日本论文中 2208 篇撤稿进行分析,结果表明:各国的撤稿数量及因科研不端行为撤稿数量均呈现下降趋势,特别是中国的撤稿量明显减少,但中国因科研不端行为撤稿数量均高于其他四国,其中每万篇论文因科研不端行为撤稿在 2018 年已降低至 0.84 篇,但仍然为其他四国的 2—5 倍;从科研不端行为类型看,剽窃是最多发的行为;而从领域分布看,因科研不端行为的撤稿在基础生命科学和健康科学领域的比例呈现逐年减少趋势,在物理科学领域的占比逐年增加,呈现向新兴技术和交叉学科转变的新趋势。

可见撤稿观察网站作为一种打击学术不端行为的网站,有利于帮助期刊界提高防范学术不端论文的意识与能力,有利于期刊界与政府部门、科学共同体等一起共同构建好集防范与惩治为一体的治理学术不端行为的制度与体系。

(十二)国内部分查重软件使用的比对研究

张宁[③]介绍了在职称评审学术检索中 CNKI、万方以及维普学术不端文献检测系统的应用,对各自比对范围、系统检测等功能进行了分析与比较,CNKI 学术不端文献检测系统能够比对学术期刊、硕博论文、会议论文、互联网资源、报纸全文、专利全文、整合的其他资源,万方论文相似性检测系统只能比对前四种,而维普通达论文检测系统的比对范围只有学术期刊、互联网资源、整合的其他资源。归纳了学术不端检测系统在实际职称评审工作中出现的不足,分别是山东省教育厅规定除与本人的硕博学位论文、学术会议论文相重合可进行删除操作之外,其他与本人已发表论文重合概不属于可删范畴;山东省教育厅规定重合率为总重合率,即包含引用文献复制比;有的从数据库下载的被检论文通过检测系

① 邓支青,吴任力.基于撤稿观察数据库的被撤销会议文献研究[J].情报杂志,2021(3).

② 杨耀,施筱勇.基于撤稿观察数据库的论文撤稿国际比较研究[J].科技管理研究,2021(10).

③ 张宁.职称评审中学术不端文献检测系统之比较研究[J].图书馆工作与研究,2014(11).

统提交时,显示图像处理不充分,无法识别;同一篇论文排版标识为下转某一页时,检测结果会出现错误;检测报告显示被检论文抄袭了发表日期早于它的文献,但实际情况是,无法判断是谁抄袭谁;知网、万方、维普三大中文数据库最大的硬伤在于收录文献不全面,在图书和外文文献等文献方面更是稀缺。王福军等[①]运用 CNKI 科技期刊学术不端文献检测系统和万方论文相似性检测系统对《第三军医大学学报》和《遵义医学院学报》605 篇来稿进行同步检测,比较两种学术不端检测系统检测结果的差异性,及以文献量复制比≥10%、≥20%和≥30%三个等级比较两种检测系统检测结果的检出率及一致性。结果显示,AMLC 与 PSDS 的检测结果存在差异($Z=-8.15$,$P<0.05$);文献量复制比≥30%AMLC 和 PSDS 检出率没有差别($P>0.05$);文献量复制比≥20%、≥10%AMLC 和 PSDS 检出率有差别($P_均<0.05$);三个等级的检测结果具有一致性($P_均<0.001$),研究结果为编辑选择合适的检测系统提供了实证依据。王倩等[②]将中国知网学术不端文献检测系统与万方论文相似性检测系统从文献资源、检测技术、系统操作与管理便捷三方面进行比较,同时指出二者在文献格式、字数、上传方式、比对范围上的局限性,提出在检测工作中应注意问题:(1)注意受检文献的来源,根据所使用的系统选择检测文献的格式与方法;(2)部分学术造假手段需要第三方进行审核和监督;(3)对待系统自动生成的检测结果,需要加入适当的人工干预;(4)谨慎使用系统的辅助及其新增功能;(5)要制定正规公正公平的文献检测系统使用规范。徐咏军[③]通过研究发现,由于各种学术不端检测系统在重合部分认定方式及对比数据库等方面的差异,对修改稿仅用同一种检测系统进行单次检测的结果也不可避免地存在局限性,而对修改稿应用多种学术不端检测系统联合多重检测可以取长补短,发挥各种学术不端检测系统的优势,为有效鉴别修改稿中的学术不端行为提供系统和精确的参照,从而最大限度地鉴别和控制学术论文中的学术不端行为。

吴凌等[④]从检测技术、服务项目、所参考的数据库范围、检测结果等方面对国内常用的五个学术不端文献检测系统(AMLC、PSDS、VTTMS、PaperPass、大

① 王福军,冷怀明,谭秀荣. AMLC 与 PSDS 检测结果的比较研究[J]. 中国科技期刊研究,2014(9).

② 王倩,范晓鹏,刘洁云,项珍. 两种中文文献检测系统在实际工作中的比较分析研究[J]. 高校图书馆工作,2016(6).

③ 徐咏军. 多种学术不端检测系统在学术论文检测中的综合应用[J]. 合肥学院学报(综合版),2019(6).

④ 吴凌,李海霞,郭桃美. 国内五个学术不端文献检测系统的对比研究[J]. 科技传播,2019(10).

雅相似性分析系统)进行比对和分析,结果显示,用户可以根据自身的需求来选择检测系统,如果用户需检测用于职称评审的论文,建议优先选择知网检测系统。如果用户需检测欲发表文章,可选择维普或 PaperPass。他们还认为学术不端检测系统虽有不足,但作为遏制学术不端行为的一种措施,发挥了其应有的作用。

(十三)国内外学术不端文献检测软件使用述评

1.国内外学术不端检测软件的对比

国内学术不端文献检测系统建立的时间相比国外来说很短,技术方面都还很不完善,无论从算法结构,还是后台核心数据库、用户数、用户选择上都无法和国际巨头相提并论。更重要的一点是,国内的学术不端文献检测系统在英文文献上毫无办法,这让一些国际化程度较高的高校要选择使用此类系统产生一定的障碍,我们可以发现,使用国际知名的学术不端文献检测系统是多数。

结合国内外的几个学术不端文献检测系统平台的实例,我们可以发现凡是通过互联网组织和强大数据库后台支持运行的学术不端文献检测系统平台都相当成熟,并且数据的更新和维护非常及时,无论在实际应用和现实情况上都有较大优势。因此,建议政府部门在支持建立新的学术不端文献检测系统平台时,可以考虑建设含有现今完整中文文献数据库和强大中文网络搜索比对功能的科学文献平台,在此平台上建立的反学术不端、反剽窃检测平台将获得巨大的成功。

2.当前学术不端检测的难点

程翠等[①]认为学术不端检测系统在检测医学学术论文时存在投稿文章与学位论文相似度过高、图表和公式等非文字类不端检测较弱、医学论文的结构和表达易存在重复、综述类文章重复率较高、同一研究方向的文章重复率较高的问题。秋黎凤等[②]通过实验证明,学术不端检测系统在技术、时间、判别方面还存在一些盲区。李永莲[③]指出文字复制比较高的检测盲区情况包括:引用政府文件、领导人讲话、权威著作、历史材料等偏高;整体文字复制比偏高,但核心内容

---

① 程翠,王静,胡敏,蓝安,胡世莲.学术不端文献检测系统检测医学学术论文存在的问题及对策[J].传播与版权,2016(3).

② 秋黎凤,白雪.略谈学术不端检测系统的盲区[J].传播与版权,2013(5).

③ 李永莲.学术不端文献检测系统的检测盲区研究[J].青岛职业技术学院学报,2014(5).

基本不重复；综述偏高；引用参考文献偏高。周颖[①]认为学术不端检测系统的比对数据库目前还不能囊括所有文献且难以识别高级抄袭型文章。

随着学术不端文献检测系统的普及使用，网络上也出现了各种规避检测技术的手段，甚至有人还写成了一本"反抄袭检测"的攻略；还有专门针对目前的使用模式和管理漏洞而形成的"论文撰写策略"等，这给学术不端检测带来了新的问题和挑战。根据知网从不同渠道获得的反馈信息，目前主要存在大面积改写以降低文字重复比例、将文字内容转成图片以规避检测、"Google 翻译方法"规避检测、论文代写及买卖等规避学术不端检测的方法，知网针对这几类规避方法所导致的技术难点进行了专门的研究，在一定程度上就如何改进学术不端检测提出了新的解决办法，但要想完全解决这些难点，还需要技术提供商、期刊编辑部以及相关部门单位加深合作，人机结合，让学术不端检测工具发挥出更大的作用。[②]

第四节　小结

面对学术不端行为，读者（社会人士）会第一时间认为是科技期刊的责任，科技期刊是如何甄别论文的？其监管作用作为何未能体现？显然，出现这类学术不端问题，可以认为是科技期刊在论文质量保证方面和服务社会需求职责方面存在缺失。学术期刊可以从机制建设、利用相关软件或网站，针对学生不端的不同类型有所作为。

---

① 周颖.学术不端文献检测系统在实践应用中的功能[J].新闻传播，2015(6).
② 孙雄勇，耿崇，申艳.学术不端检测的难点及对策[J].中国科技期刊研究，2019 (1).

第六章　高校学术诚信治理体系中学术期刊的角色定位与功能的调研与数据分析

　　高校学术期刊编辑在做好"传统"本职工作的同时,主动拓展工作边界、参与高校的学术诚信建设体系,是本章希望探讨的内容。本章探讨了高校学术期刊参与高校学术诚信体系建设的必要性与可行性,总结分析了 21 世纪以来我国学术诚信相关文件以及 42 所"双一流"高校学术诚信的相关文件,并针对 42 所"双一流"高校预防和处理学术不端行为办法进行了比较研究,最后以"高校学术期刊编辑在高校科研诚信体系建设的角色和功能"为研究目标,通过问卷调研了解期刊编辑在高校学术诚信建设中的角色和功能。本章分别针对学术诚信各相关利益者——教师、管理人员、研究生以及编辑等群体,开展调研,希望通过调研工作为高校学术期刊编辑积极参与高校学术诚信体系建设、充分发挥学术期刊在高校科研诚信体系建设中的优势和作用提供依据和参考。

第一节　高校学术期刊参与高校学术诚信体系建设的必要性与可行性

　　随着新媒体技术大力发展,期刊传播模式也在发生变化,国家管理部门和社会(如读者和作者)也对学术期刊提出了更高的要求,学术期刊(编辑部)逐渐从单纯的论文发表,向出版服务转变,学术期刊相关工作人员的工作范围也因此得到了明显扩大。作为高校教职员工的一份子,高校期刊编辑有必要也有能力参与并帮助高校参与学术诚信体系建设。

(一)必要性

1.学术失信问题日益受到重视

科技创新在我国现代化建设全局中居于核心地位,科技自立自强是国家发展的战略支撑。作为国家科研工作的主要单位、科研人员的主要聚集地,高校的学术诚信体系建设关系到国家科技创新,学术失信会引发学术腐败,在当前严峻的国际国内形势下,已经引起国家的高度重视。作为高校的重要成员、学术共同体的重要成员、高校学术出版工作的核心成员,高校学术期刊从业人员有必要自觉承担、主动承接相关工作。

2.国家相关文件规定要求期刊编辑部在学术不端处理中承担相应职责

科技部等多部委联合发布的《科研诚信案件调查处理规则(试行)》(国科发监〔2019〕323号)第9条和11条规定了期刊编辑部"有义务配合开展调查,应当主动对论文内容是否违背科研诚信要求开展调查,并应及时将相关线索和调查结论、处理决定等告知作者所在单位",以及有独立受理科研不端行为举报的职责,是辅助性调查处理主体。

3.高校缺乏主动开展学术失信问题处理的机构

通常而言,高校会建立学术道德委员会、学风建设委员会等类似机构处理学术不端问题,这类委员会一般常设办公室并挂靠在某机关职能部门,并对外公布相关信息,被动接受学术不端问题的举报,进而开展后续处理工作。但高校学风建设委员会、学术道德委员会等均为临时性机构。对于学术诚信教育工作,高校的本科生院和研究生院、党委教师工作部虽名义上承担了预防学术不端行为、诚信教育工作的职能,但缺乏师资、缺乏专业教学能力、缺乏专业判断能力,只能将教育职能下放到各二级学院或临时性(虚设的)机构,并采取发现问题事后处理的方式纠偏。机关职能部门变相成为工作的衔接部门,高校学术诚信相关工作较为被动,这就意味着没有一个职能部门能够实质承担相关任务。这也就意味着,高校没有主动开展学术失信问题处理的机构。高校学术期刊因此大有可为。

(二)可行性

1.防治学术不端属于编辑本身的业务范围

学术期刊编辑因为工作使然大量接触科研论文和科研信息,在论文初审、外审、收录过程中需要多次面对论文中可能存在的学术不端问题。期刊编辑的相关社会团体，如中国高校科技期刊研究会、学术与专业出版者协会（ALPSP）、学术出版学会（SSP）等均设有相应的学术伦理部门，国外还有专门出版伦理委员会（COPE），致力于为编辑、出版商及出版伦理相关人员提供教育机会和支持，目的是推动出版伦理实践成为出版文化的组成部分。

2. 学术期刊编辑有能力做

如何做好学术不端问题防治工作一直是研究热点，已有的相关研究成果较多，涵盖了学术不端行为处理的各方面，如学术不端立法工作、学术不端行为治理的国外政策和案例分析，学术道德规范、学术诚信等学术不端行为相关概念的理解与分析方面。期刊编辑也大量撰文，如出版伦理防控与建设、学术不端行为认定、学术不端行为识别与防范等。业界的大量相关论文可帮助学术期刊编辑鉴别、处理学术不端论文，笔者本人也写过多篇与处理学术不端行为有关的论文。

3. 学术期刊编辑有优势做

高校期刊编辑可以利用编辑工作对学术不端问题的敏感性、前沿性等特点开展相关研究工作。首先，高校学术期刊发表了很多自己高校作者的论文，需要编辑部就学术不端行为的防治问题开展相关研究、进行相关实践。因此，参与高校学术诚信工作只是期刊编辑本职工作的一个拓展。其次，期刊有着广泛的连接性，如期刊与高校管理方、专家、作者、读者，期刊服务教师、学生、管理人员等多层次对象，编辑可以善加利用，在学术诚信体系建设中承担相应的、更多的职责。

第二节　21世纪以来我国学术诚信相关文件汇总与分析

21世纪以来，我国政府有关部门和科研管理机构针对各自管辖领域科研诚信/学术诚信的教育与学术不端行为的治理等方面出台了诸多政策法规，教育部最早于2002年颁布并实施了《关于加强学术道德建设的若干意见》，标志着我国科学研究有制可循，2004年6月颁布实施的《高等学校哲学社会科学研究学术规范（试行）》被称为我国学术界第一部学术宪章，标志我国科研工作有规可依。2009年科技部、教育部、财政部、人力资源和社会保障部、卫生部、解放军总装备部、中国科学院、中国工程院、国家自然科学基金委员会、中国科协联合发布了《加强我国科研诚信建设的意见》，组建了国家科研诚信部级联席会议，尝试开始探索学术不端问题治理的协同机制。21 世纪以来我国有关部门出台的与高校科研诚信有关的文件或规章制度如表 6.1 所示。

表 6.1   21 世纪以来我国有关部门出台的与高校科研诚信有关的文件或规章制度

编号	发布时间	发布部门	文件或规章名称
1	2002 年 2 月	教育部	关于加强学术道德建设的若干意见
2	2002 年 8 月	中国社会科学院	关于加强学风建设的决定
3	2003 年 5 月	科技部等	关于改进科学技术评价工作的决定
4	2004 年 6 月	教育部	高等学校哲学社会科学研究学术规范(试行)
5	2005 年 1 月	教育部	关于进一步加强和改进师德建设的意见
6	2005 年 3 月	国家自然科学基金委	对科学基金资助工作中不端行为的处理办法
7	2006 年 3 月	国家自然科学基金委	关于加强国家自然科学基金工作中科学道德建设的若干意见
8	2006 年 5 月	教育部	关于树立社会主义荣辱观进一步加强学术道德建设的意见
9	2006 年 11 月	科技部	国家科技计划实施中科研不端行为处理办法(试行)
10	2007 年 1 月	中国科协	科技工作者科学道德规范(试行)
11	2007 年 2 月	中科院	关于加强科研行为规范建设的意见
12	2009 年 3 月	教育部	关于严肃处理高等学校学术不端行为的通知
13	2009 年 6 月	教育部	高校人文社会科学学术规范指南
14	2009 年 6 月	中国工程院	进一步加强中国工程院和工程科技界的科学道德建设
15	2009 年 8 月	科技部等	关于加强我国科研诚信建设的意见
16	2010 年 2 月	国务院学位委员会	关于在学位授予工作中加强学术道德和学术规范建设的意见
17	2010 年 3 月	教育部	高校科学技术学术规范指南
18	2010 年 7 月	中国社会科学院	关于处理学术不端行为的办法
19	2011 年 11 月	教育部	关于切实加强和改进高等学校学风建设的实施意见

续　表

编号	发布时间	发布部门	文件或规章名称
20	2011 年 12 月	教育部	高等学校教师职业道德规范
21	2012 年 11 月	教育部	学位论文作假行为处理办法
22	2012 年 12 月	教育部	关于进一步规范高校科研行为的意见
23	2013 年 9 月	中国社会科学院	关于加强科研学风、文风、作风建设的若干要求
24	2016 年 1 月	国务院	关于优化学术环境的指导意见
25	2016 年 6 月	教育部	高等学校预防与处理学术不端行为办法
26	2017 年 7 月	中国科学技术协会	科技工作者道德行为自律规范
27	2018 年 1 月	国务院	关于全面加强基础科学研究的若干意见
28	2018 年 5 月	中央全面深化改革委员会	关于进一步加强我国科研诚信建设的若干意见
29	2018 年 7 月	教育部	关于严厉查处高等学校学位论文买卖、代写行为的通知
30	2019 年 10 月	科技部	科研诚信案件调查处理规则(试行)
31	2020 年 7 月	科技部	科学技术活动违规行为处理暂行规定
32	2021 年 1 月	卫生健康委、科技部、中医药管理局	关于印发医学科研诚信和相关行为规范的通知
33	2021 年 11 月	农业农村部	农业科研诚信建设规范十条

　　随着我国高等教育改革的全面深化和对科研工作的重视,教育部、科技部、中国科协等相关部门制定、颁布了一系列加强学术管理的制度文件,在一定程度上促进了高校学术科研工作的顺利开展。这些政策文件的颁布实施有利于提高学术科研管理的规范性。随着高校学术不端行为、学术腐败等现象的发生,教育部 2016 年又制定高校预防与处理学术不端行为的办法,与此相适应,各高校也结合各自实际,有目的、有针对性地制定出台了相关的实施条例和细则。这些文件的出台,对加强高校学术科研管理、抑制学术不端行为、提高学术应用的规范性起到了积极作用。

第三节 高校学术诚信相关文件总结与分析

(一)高校学术诚信相关文件汇总

近 20 年来,我国高校也相继出台了各自学校的科研诚信/道德规范/学术不端相关文件(如表 6.2 所示)。这些文件的陆续出台,表明我国学术研究行为已经有了制度性约束,对学术不端行为的治理也逐渐走上了规范化道路。但是,由于我国目前仍处于经济社会转型的发展时期,市场经济带来的负面效应在高校科研界表现得较为突出,急功近利、弄虚作假、学风浮躁等问题在高校仍然存在,加之数字出版等新媒体技术的不断涌现,给学术不端行为的预防、发现、处理和惩治增加了难度,高校学术不端预防与治理文件多而不完善、有而不执行等情况日益突出,学术不端问题频发,问题仍比较严重。

表 6.2　42 所双一流高校科研诚信相关文件汇总

编号	大学名称	文件总数	文件名称(发布时间)
1	清华大学	5	清华大学关于加强学术道德建设的若干意见(2004 年) 清华大学教师学术道德守则(2004 年) 清华大学学术委员会章程(2015 年) 清华大学预防与处理学术不端行为办法(清华大学学术不端查处机制)(2017 年) 清华大学学术道德规范(2019 年)
2	北京大学	8	北京大学研究生基本学术规范(2007 年) 北京大学教师学术道德规范(2007 年) 北京大学学术道德规范建设方案(2007 年) 北京大学学术道德委员会工作办法(2008 年) 北京大学教职工处分暂行规定(2015 年) 北京大学教师违规违纪调查处理试行办法(2015 年) 北京大学教师行为规范(2016 年) 北京大学学术委员会章程(新修订)(2018 年)

续　表

编号	大学名称	文件总数	文件名称（发布时间）
3	北京理工大学	6	北京理工大学加强学术道德建设的若干规定（试行）（2010年） 北京理工大学学术道德行为规范（2010年） 北京理工大学关于学术不端行为认定和处理规定（试行）（2010年） 北京理工大学学术委员会章程（2015年） 北京理工大学硕士学位论文抽检与匿名评阅的规定（学术不端行为查处机制）（2016年） 北京理工大学涉密博士学位论文管理与评阅办法（学术不端行为查处机制）（2016年）
4	北京航空航天大学	6	北京航空航天大学教师学术道德规范及管理暂行办法（2010年） 北京航空航天大学研究生学位论文"学术不端文献检测系统"使用管理办法（试行）（2015年） 北京航空航天大学研究生学术道德规范管理办法（试行）（2015年） 北京航空航天大学学位及相关论文作假行为处理实施细则（试行）（2015年） 北京航空航天大学关于启用"学术不端文献检测系统"对研究生学位论文进行检测的通知（2017年1月11日） 关于对研究生学位论文进行"学术不端文献检测系统"检测的补充说明（2019年10月10日）
5	中央民族大学	4	中央民族大学学术道德规范（试行）（2009年） 中央民族大学学术委员会章程（2013年，2016年修订） 中央民族大学师德规范（2016年） 预防和处理学术不端行为办法（2018年）
6	北京师范大学	6	北京师范大学教师道德规范和教师行为准则（2000年） 北京师范大学处理学术不端行为实施细则（2010年） 北京师范大学学术行为规范（2014年） 北京师范大学教师道德规范（2014年） 北京师范大学研究生学术不端行为认定与处理办法（2015年） 北京师范大学学术委员会章程（2019年）
7	中国农业大学	6	中国农业大学学术道德行为规范（2006年） 中国农业大学研究生学术道德管理实施细则（试行）（2006年） 关于使用"学位论文学术不端行为检测系统"对研究生学位论文进行检测的通知（暂行）（2013年10月12日） 关于使用"学位论文学术不端行为检测系统"对研究生学位论文进行检测的通知（暂行）（2014年4月8日） 中国农业大学学位论文作假行为处理办法实施细则（2015年） 中国农业大学学术委员会章程（2015年）

编号	大学名称	文件总数	文件名称（发布时间）
8	天津大学	3	天津大学电子信息工程学院学术道德规范实施细则（2010年） 天津大学研究生学术规范（2017年） 关于修订《天津大学学术委员会章程》的通知（2019年4月16日）
9	南开大学	4	南开大学学术委员会章程（2007年） 关于进一步加强和改进师德建设的意见（2007年） 南开大学学风建设委员会章程（2009年） 南开大学处理学术不端行为暂行办法（2009年）
10	复旦大学	7	复旦大学学术规范及违规处理办法（2005年） 关于在毕业班学生中加强学风教育与学术规范教育的通知（2013年4月1日） 复旦大学学术规范（试行）（2014年） 复旦大学文科科研处学风管理条例（2014年） 复旦大学学术规范实施条例（试行）（2014年） 复旦大学学术委员会章程（2019年） 复旦大学教职工师德失范行为调查处理办法（试行）（2019年）
11	上海交通大学	8	上海交通大学研究生学术规范制度（2015年） 上海交通大学学术道德委员会章程（试行）（2017年） 上海交通大学学术道德行为规范（试行）（2017年） 学术不端行为查处机制（2017年） 学术不端行为查处机制（研究生）（2017年） 上海交通大学学生学业诚信守则（2017年） 上海交通大学学风与学术道德专门委员会章程（2018年） 上海交通大学学生诚信工作委员会及其章程（无时间）
12	同济大学	7	同济大学学术委员会章程（试行）（2013年） 同济大学教职员工处分暂行规定（2013年） 同济大学教职员工处分暂行规定实施细则（2013年） 同济大学学术道德委员会工作条例（试行）（2013年） 同济大学关于加强科研人员行为规范的若干规定（2013年） 同济大学教师学术道德规范（2014年） 学术不端行为查处机制（2014年）
13	华东师范大学	6	华东师范大学学术道德守则（2002年） 学术违规处理程序规定（2008年） 华东师范大学研究生学术道德规范及违规处理实施办法（2008年） 华东师范大学博士、硕士学位论文作假行为处理办法（试行）（2014年） 华东师范大学学术委员会章程（修订）（2015年） 华东师范大学预防与处理学术不端行为实施细则（试行）（2016年）

编号	大学名称	文件总数	文件名称(发布时间)
14	重庆大学	5	重庆大学学术道德与学风建设委员会工作办法(试行)(2012年) 重庆大学学术道德行为规范(试行)(2014年) 重庆大学处理学术不端行为办法(试行)(2016年) 重庆大学学术委员会章程(修订)(2015年) 重庆大学教师师德失范行负面清单及处理办法(试行)(2019年)
15	四川大学	12	四川大学学术委员会组建办法(2002年) 四川大学本科学生考试违纪作弊处分规定(修订)(2007年) 四川大学关于学位(毕业)论文抄袭、剽窃等学术不端行为的处理办法(试行)(2010年) 四川大学关于进一步加强教风学风建设的若干意见(2012年) 四川大学关于加强学术诚信体系建设的实施办法(2013年) 四川大学关于加强学术诚信体系建设的实施办法(2013年) 四川大学学术委员会章程(2014年) 四川大学研究生考试违纪作弊处分(2018年) 四川大学学生学术规范指南(2018年) 四川大学学术道德规范(2019年) 四川大学关于强化学风建设责任实行通报问责机制的规定(2019年) 四川大学教职工师德失范行为处理办法(试行)(无时间)
16	电子科技大学	9	电子科技大学学术不端行为处理办法(试行)(2008年) 电子科技大学学风建设实施细则(2012年) 电子科技大学研究生科学道德与学术诚信教育手册(2013年) 电子科技大学基本学术道德规范及学术不端行为处理办法(2016年) 电子科技大学学术委员会章程(2016年) 电子科技大学普通本科生考试及学术规范管理规定(2017年) 电子科技大学师德师风建设实施办法(2018年) 电子科技大学科研诚信管理办法(2019年) 电子科技大学教师师德失范行为处理办法(试行)(2019年)
17	湖南大学	8	湖南大学科研人员学术道德规范(2003年) 湖南大学研究生学术道德规范实施细则(2009年) 湖南大学学风建设实施办法(2012年) 湖南大学关于进一步加强和改进学生学风建设的实施意见(2012年) 湖南大学学术委员会章程(修订稿)(2017年) 湖南大学科研诚信管理暂行办法(印发版)(2019年) 湖南大学教职工师德失范行为处理暂行办法(2019年) 学术不端行为查处流程(无时间)

编号	大学名称	文件总数	文件名称(发布时间)
18	国防科技大学	无	外网无法查询
19	中南大学	8	中南大学研究生教育学术规范(试行)(2004年) 中南大学本科毕业论文(设计)作假行为处理办法(2013年) 中南大学学风建设实施细则(2013年) 中南大学研究生学位论文作假行为处理实施细则(2015年) 中南大学学术委员会章程(2015年) 中南大学预防和处理学术不端行为办法(2018年) 中南大学研究生学位论文学术不端检测管理办法(2019年) 中南大学科研诚信及学风建设相关规定解读及简要读本(2020年)
20	厦门大学	5	厦门大学学术委员会章程(2015年) 厦门大学学术不端行为处理暂行办法(2015年) 厦门大学关于建立健全师德建设长效机制的实施办法(2017年) 厦门大学教师思想政治与师德师风考评实施细则(暂行)(2018年) 厦门大学学术失范与学术不端行为处理办法(2018年)
21	中国科学技术大学	4	中国科学技术大学研究生学术道德规范管理条例(2006年) 中国科学技术大学学术委员会章程(2015年) 中国科学技术大学教职工学术不端行为处理办法(试行)(2019年) 中国科学技术大学教职工师德失范行为处理办法(试行)(2019年)
22	南京大学	5	南京大学科学研究行为规范与学风建设管理办法(试行)(2009年) 南京大学关于切实加强和改进师德学风建设的若干意见(试行)(2014年) 南京大学关于建立健全师德建设长效机制的实施办法(2018年) 南京大学处理学术不端行为办法(试行)(2019年) 南京大学学术委员会章程(2019年)
23	东南大学	10	东南大学关于进一步加强学术道德建设的若干规定(2002年) 东南大学关于惩处学术不端行为的实施意见(试行稿)(2010年) 东南大学学生学术道德规范条例(2012年) 东南大学关于进一步加强科研行为规范建设的若干规定(2013年) 东南大学学位论文作假行为处理办法(2013年) 东南大学关于对涉嫌学术不端行为调查和处理的实施意见(修订稿)(2014年) 东南大学学术委员会章程(暂行)(2015年) 东南大学学风建设实施细则(2015年) 东南大学教师师德失范行为处理办法(试行)(2019年) 东南大学研究生学术道德规范管理条例(无时间)

续　表

编号	大学名称	文件总数	文件名称（发布时间）
24	哈尔滨工业大学	6	哈尔滨工业大学学术道德规范（2009 年） 哈尔滨工业大学对研究生学位论文中学术不端行为的处理暂行规定（2011 年） 哈尔滨工业大学学位论文作假行为处理办法实施细则（2015 年） 哈尔滨工业大学学术道德规范（2016 年） 哈尔滨工业大学学术道德规范（2017 年） 哈尔滨工业大学教职工师德"一票否决制"实施办法（试行）（2018 年）
25	浙江大学	6	浙江大学研究生学术规范（2008 年） 浙江大学学术道德行为规范及管理办法（2009 年） 关于进一步规范学术论文（著作）发表的通知（2009 年） 浙江大学建立健全师德建设长效机制的实施细则（2015 年） 浙江大学学术委员会章程（2017 年） 浙江大学学术不端行为查处细则（无时间）
26	西安交通大学	8	西安交通大学教材编写学术道德规范及相关处理规定（试行）（2006 年） 西安交通大学学术行为规范及违规处理办法（2006 年） 西安交通大学关于开展科学道德和学风建设宣讲教育活动的实施方案（2011 年） 关于加强和改进学术道德与学风建设的通知（2012 年 5 月 10 日） 西安交通大学学术道德规范委员会章程（2012 年） 关于进一步加强师德师风建设的实施意见（2012 年） 西安交通大学规范研究生学术行为实施办法（2013 年） 西安交通大学学术委员会章程（2015 年）
27	西北农林科技大学	10	关于规范西北农林科技大学研究生学术道德的暂行规定（2003 年） 西北农林科技大学学术道德规范（2007 年） 关于采用"学位论文学术不端行为检测系统"进行学位论文检测的暂行规定（2010 年） 西北农林科技大学学风建设实施细则（2012 年） 西北农林科技大学学位论文作假行为处理实施细则（2013 年） 西北农林科技大学师德建设长效机制实施细则（2015 年） 关于印发《西北农林科技大学学术委员会章程》及各专门委员会工作规程的通知（2015 年 4 月 30 日） 西北农林科技大学学术不端行为查处细则（2016 年） 西北农林科技大学师德师风考核办法（2018 年） 西北农林科技大学关于加强学风建设的实施意见（无时间）

编号	大学名称	文件总数	文件名称（发布时间）
28	西北工业大学	6	西北工业大学学术委员会章程（2015 年） 西北工业大学学术委员会议事规则（试行）（2015 年） 西北工业大学学术道德规范及管理办法（2016 年） 关于师德师风问题投诉的通知（2017 年 5 月 18 日） 西北工业大学关于加强研究生导师师德师风建设的指导意见（2017 年） 西北工业大学师德师风建设工作方案（2018 年）
29	华中科技大学	7	华中科技大学关于加强学风教风建设的若干意见（2006 年） 华中科技大学教风学风实施方案（2010 年） 华中科技大学研究生学术规范实施细则（2011 年） 华中科技大学关于进一步加强学风教风建设的若干意见（2011 年） 华中科技大学关于进一步规范科研行为的实施办法（2015 年） 华中科技大学学术道德规范及学术不端行为处理规定（试行）（2018 年） 华中科技大学学术委员会章程（2018 年）
30	武汉大学	5	武汉大学学风建设实施细则（2012 年） 武汉大学学术道德规范实施细则（2014 年） 武汉大学关于研究生学位论文学术不端行为检测及处理的管理办法（2014 年） 武汉大学学术不端行为查处细则（2016 年） 武汉大学学术委员会章程（2020 年）
31	中国海洋大学	8	中共中国海洋大学委员会关于进一步加强和改进师德建设的意见（2007 年） 中国海洋大学研究生学术道德规范（试行）（2008 年） 中国海洋大学教师学术道德规范及管理办法（试行）（2009 年） 中国海洋大学研究生学术不端行为处理办法（2010 年） 中国海洋大学学风建设实施细则（试行）（2012 年） 中国海洋大学学术不端行为查处机制（2013 年） 中国海洋大学学术委员会章程（2014 年） 中国海洋大学师德失范行为处理实施细则（2019 年）
32	山东大学	7	山东大学研究生学术规范（2013 年） 山东大学学术道德委员会章程（2014 年） 山东大学学术纪律处分规定（2014 年） 山东大学学位论文作假行为处理手册（2014 年） 山东大学关于"学位论文学术不端行为检测系统"使用管理办法（试行）（2016 年） 山东大学学术委员会章程（2018 年） 山东大学学术道德规范（试行）（无时间）

编号	大学名称	文件总数	文件名称（发布时间）
33	吉林大学	10	吉林大学加强学风建设实施细则（2012 年） 吉林大学学术道德规范（2012 年） 吉林大学学术委员会章程（2014 年） 关于强化学风建设责任实行通报问责机制的通知（2016 年 5 月 12 日） 吉林大学预防与处理学术不端行为实施细则（2017 年） 吉林大学学术道德与学风建设委员会章程（2017 年） 吉林大学研究生学术不端行为处理办法（2018 年） 吉林大学教师师德失范行为调查处理暂行办法（2019 年） 吉林大学加强新时代师德建设工作实施意见（2019 年） 吉林大学教师职业道德规范（2019 年）
34	大连理工大学	6	大连理工大学科研行为规范（2014 年） 大连理工大学研究生学术规范（2014 年） 大连理工大学学术规范制度和不端学术行为查处办法（2014 年） 大连理工大学学术不端行为预防与处理细则（试行）（2017 年） 大连理工大学学术委员会章程（修订）（2018 年） 大连理工大学关于建立健全师德建设长效机制的意见（无时间）
35	东北大学	7	东北大学关于切实加强和改进学风建设的意见（2011—2012 年） 东北大学研究生学位论文作假行为处理办法（试行）（2015 年） 东北大学关于建立健全师德建设长效机制的实施细则（2015 年） 东北大学学术不端行为查处工作实施细则（修订）（2017 年） 东北大学学术道德规范（修订）（2017 年） 东北大学学术委员会章程（无时间） 东北大学学术不端行为查处工作流程（无时间）
36	华南理工大学	9	华南理工大学教师职业道德行为规范（2007 年） 华南理工大学关于进一步加强学术道德建设的意见（2009 年） 华南理工大学科技人员学术道德规范管理办法（2009 年） 华南理工大学研究生学术不端行为处理办法（2011 年） 华南理工大学关于进一步规范科研人员科研行为的意见（2013 年） 华南理工大学关于采用"学位论文学术不端行为检测系统"的管理办法（2013 年） 华南理工大学研究生违纪处分规定（2017 年修订） 华南理工大学研究生学术不端行为处理办法（2017 年修订） 研究生学位论文学术不端行为检测的管理办法（2019 年修订）

编号	大学名称	文件总数	文件名称（发布时间）
37	中山大学	6	中山大学学术道德规范（2010年） 中山大学学术委员会章程（2014年） 中山大学研究生学术不端行为处理办法（2014年） 中山大学预防与处理学术不端行为办法（2018年） 中山大学学风建设委员会议事规则（2019年） 中山大学教师师德失范行为处理办法（2019年）
38	兰州大学	9	兰州大学研究生学位论文学术不端行为检测及处理办法（2010年） 兰州大学研究生学术道德规范（2010年） 兰州大学学术规范及违规处理办法（2012年） 兰州大学学术违规调查处理实施细则（2012年） 兰州大学学术诚信教育方案（2017年） 兰州大学学术委员会章程（2014年） 兰州大学构建师德建设长效机制实施方案（2015年） 兰州大学《学位论文作假行为处理办法》实施细则（2018年） 兰州大学教师师德考核办法（2019年）
39	中国人民大学	6	中国人民大学科学研究行为规范及管理办法（试行）（2007年） 中国人民大学研究生学位论文学术不端行为处理暂行办法（2010年） 中国人民大学学术委员会章程（2014年） 中国人民大学教师职业道德规范（试行）（2018年） 中国人民大学师德建设长效机制实施办法（试行）（2018年） 中国人民大学教职工纪律处分暂行规定（2018年）
40	郑州大学	8	郑州大学研究生违反学术道德行为处理暂行规定（2011年） 郑州大学学位论文作假行为处理办法（2014年） 郑州大学学风建设实施细则（2014年） 郑州大学学术委员会章程（2015年） 郑州大学发布加强和改进师德师风建设的实施意见（2015年） 郑州大学学术不端行为查处机制（2016年） 郑州大学预防与处理学术不端行为实施办法（2018年） 郑州大学学术规范及学术不端行为管理办法（无时间）
41	云南大学	7	云南大学学术道德规范（2013年） 云南大学关于进一步加强科研项目管理、规范科研行为的实施办法（试行）（2015年） 云南大学学术道德规范及违规处理办法（试行）（2015年） 云南大学关于加强研究生学位论文学术不端行为检测事宜的通知（2016年6月21日） 云南大学学术委员会章程（2016年） 云南大学关于进一步加强师德师风建设的意见（2017年） 云南大学硕士、博士学位论文作假行为处理办法（2018年）

编号	大学名称	文件总数	文件名称（发布时间）
42	新疆大学	7	新疆大学关于进一步加强师德师风建设的意见（试行）（2006 年） 新疆大学本科研究生毕业论文学术不端行为处理办法（2011 年） 新疆大学研究生学位论文学术不端行为检测工作办法（试行）（2011 年） 新疆大学学术道德规范守则（2016 年） 新疆大学学术规范行为准则（2016 年） 新疆大学学术不端行为查处实施办法（2016 年） 新疆大学学风建设实施细则（2012 年）

（二）高校学术诚信相关文件分类

通过网络搜索，下载、核实、阅读与整理上述 42 所"双一流"高校科研诚信相关文件，将这些文件分为以下 6 类进行分析，相关分类与简要说明如下：

（1）"学术委员会"相关文件，共 50 个，包括学术委员会章程和学术委员会下设机构章程。其中学术委员会章程共有 37 个，即清华大学学术委员会章程（2015）、北京大学学术委员会章程（新修订）（2015）、北京理工大学学术委员会章程（2015）、中央民族大学学术委员会章程（2013）、北京师范大学学术委员会章程（2019）、中国农业大学学术委员会章程（2015）、关于修订天津大学学术委员会章程的通知（2019）、南开大学学术委员会章程（2007）、复旦大学学术委员会章程（2019）、上海交通大学学术委员会章程（2016）、同济大学学术委员会章程（试行）（2013）、华东师范大学学术委员会章程（修订）（2015）、重庆大学学术委员会章程（修订）（2015）、四川大学学术委员会章程（2014）、电子科技大学学术委员会章程（2016）、湖南大学学术委员会章程（修订稿）（2017）、中南大学学术委员会章程（2015）、厦门大学学术委员会章程（2015）、中国科学技术大学学术委员会章程（2015）、南京大学学术委员会章程（2019）、东南大学学术委员会章程（暂行）（2015）、浙江大学学术委员会章程（2017）、中国人民大学学术委员会章程（2014）、西安交通大学学术委员会章程（2015）、西北农林科技大学学术委员会章程及各专门委员会工作规程（2015）、西北工业大学学术委员会章程和西北工业大学学术委员会议事规则（试行）（2015）、华中科技大学学术委员会章程（2018）、武汉大学学术委员会章程（2020）、中国海洋大学学术委员会章程（2014）、山东大学学术委员会章程（2018）、吉林大学学术委员会章程（2014）、大连理工大学学术委员会章程（修订）（2018）、东北大学学术委员会章程（无时间）、中山大学学术委员会章程(2014)、兰州大学学术委员会章程(2014)、郑州大学学术委员会章程(2015)、云南大学学术委员会章程(2016)。学术委员会下设机构的章程,如学风建设委员会、学术道德委员会等,共有13个,即北京大学学术道德委员会工作办法(2008)、南开大学学风建设委员会章程(2009)、西安交通大学学术道德规范委员会章程(2012)、浙江大学学术委员会议事规则(试行)(2012)、重庆大学学术道德与学风建设委员会工作办法(试行)(2012)、同济大学学术道德委员会工作条例(试行)(2013)、山东大学学术道德委员会章程(2014)、吉林大学学术道德与学风建设委员会章程(2017)、上海交通大学学术道德委员会章程(试行)(2017)、上海交通大学学风与学术道德专门委员会章程(2018)、上海交通大学学生诚信工作委员会及其章程(无时间)、中山大学学风建设委员会议事规则(2019)、华南理工大学学院学术分委员会规程(试行)(2019)。

(2)"学术道德"相关文件,共75个,包括学术道德(教师)、学术道德(学生)、学术道德、科研人员学术道德、教师学术道德与规范、师德考核与师德师风建设等多种取名方式的文件,其中学术道德(教师)相关文件共有5个,即清华大学教师学术道德守则(2004)、北京大学教师学术道德规范(2007)、中国海洋大学教师学术道德规范及管理办法(试行)(2009)、北京航空航天大学教师学术道德规范及管理暂行办法(2010)、同济大学教师学术道德规范(2014);学术道德(学生)相关文件共有9个,即关于规范西北农林科技大学研究生学术道德的暂行规定(2003)、中国农业大学研究生学术道德管理实施细则(试行)(2006)、中国科学技术大学研究生学术道德规范管理条例(2006)、中国海洋大学研究生学术道德规范(试行)(2008)、湖南大学研究生学术道德规范实施细则(2009)、兰州大学研究生学术道德规范(2010)、东南大学学生学术道德规范条例(2012)、北京航空航天大学研究生学术道德规范管理办法(试行)(2015)、东南大学研究生学术道德规范管理条例(无时间);学术道德相关文件(未针对专门对象的)共25个,即华东师范大学学术道德守则(2002)、东南大学关于进一步加强学术道德建设的若干规定(2002)、清华大学关于加强学术道德建设的若干意见(2003—2004)、关于印发《中国农业大学学术道德行为规范》的通知(2006.5.8)、北京大学学术道德规范建设方案(2007)、西北农林科技大学学术道德规范(2007)、中央民族大学学术道德规范(试行)(2009)、哈尔滨工业大学学术道德规范(2009)、华南理工大学关于进一步加强学术道德建设的意见(2009)、中山大学学术道德规范(2010)、北京理工大学加强学术道德建设的若干规定(试行)(2010)、北京理工大学学术道德行为规范(2010)、天津大学电子信息工程学院学术道德规范实施细则(2010)、西安交通大学关于加强和改进学术道德与学风建设的通知(2012)、吉林大学学术道德规范(2012)、云南大学学术道德规范(2013)、重庆大学学术道德行为规范(试行)(2014)、新疆大学学术道德规范守则(2016)、哈尔滨工业大学学术道德规范(2016)、上海交通大学学术道德行为规范(试行)(2017)、东北大学学术道德规范(修订)(2017)、哈尔滨工业大学学术道德规范(2017)、清华大学学术道德规范(2019)、四川大学学术道德规范(2019)、山东大学学术道德规范试行(无时间);科研人员学术道德相关文件共2个,即湖南大学科研人员学术道德规范(2003)、华南理工大学科技人员学术道德规范管理办法(2009);教师学术道德与规范相关文件共7个,即北京师范大学教师道德规范和教师行为准则(2000)、华南理工大学教师职业道德行为规范(2007)、华中科技大学关于进一步加强学风教风建设的若干意见(2011)、北京师范大学教师道德规范(2014)、北京大学教师行为规范(2016)、中国人民大学教师职业道德规范(试行)2018、吉林大学教师职业道德规范(2019);师德考核相关文件共4个,即中央民族大学师德规范(2016)、哈尔滨工业大学教职工师德"一票否决制"实施办法(试行)(2018)、西北农林科技大学师德师风考核办法(2018)、厦门大学教师思想政治与师德师风考评实施细则(暂行)(2018);师德师风建设相关文件共23个,即新疆大学关于进一步加强师德师风建设的意见(试行)(2006)、中共中国海洋大学委员会关于进一步加强和改进师德建设的意见(2007)、南开大学关于进一步加强和改进师德建设的意见(2007)、西安交通大学关于进一步加强师德师风建设的实施意见(2012)、西安交通大学进一步加强师德师风建设(2012)、南京大学关于切实加强和改进师德学风建设的若干意见(试行)(2014)、兰州大学构建师德建设长效机制实施方案(2015)、郑州大学发布加强和改进师德师风建设的实施意见(2015)、浙江大学建立健全师德建设长效机制的实施细则(2015)、东北大学关于建立健全师德建设长效机制实施细则(2015)、西北农林科技大学师德建设长效机制实施细则(2015)、西北工业大学关于师德师风问题投诉的通知(2017)、关于印发《西北工业大学关于加强研究生导师师德师风建设的指导意见》的通知(2017)、云南大学关于进一步加强师德师风建设的意见(2017)、厦门大学关于建立健全师德建设长效机制的实施办法(2017年)、关于印发《西北工业大学师德师风建设工作方案》的通知(2018)、中国人民大学师德建设长效机制实施办法(试行)(2018)、关于印发《电子科技大学师德师风建设实施办法》的通知(2018)、中国人民大学印发《师德建设长效机制实施办法》等文件进一步加强师德师风建设(2018)、关于修订《南京大学关于建立健全师德建设长效机制的实施办法》的通知(2018)、兰州大学教师师德考核办法(2019)、吉林大学加强新时代师德建设工作实施意见(2019)、大连理工大学关于建立健全师德建设长效机制的意见(无时间)。

(3)"学术规范"相关文件共35个,包括学术规范、学术纪律、科研行为规范,其中学术规范相关文件共23个,即中南大学研究生教育学术规范(试行)(2004)、北京大学研究生基本学术规范(2007)、浙江大学社会科学类研究生学术规范(2008)、浙江大学人文学科类研究生学术规范(2008)、浙江大学理学类研究生学术规范(2008)、浙江大学工学类研究生学术规范(2008)、浙江大学农学类研究生学术规范(2008)、浙江大学医学、药学类研究生学术规范(2008)、浙江大学关于进一步规范学术论文(著作)发表的通知(2009.2.19)、华中科技大学研究生学术规范实施细则(2011)、兰州大学学术规范及违规处理办法(2012)、复旦大学关于在毕业班学生中加强学风教育与学术规范教育的通知(2013.4.1)、山东大学研究生学术规范(2013)、西安交通大学规范研究生学术行为实施办法(2013)、复旦大学学术规范(试行)(2014)、北京师范大学学术行为规范(2014)、复旦大学学术规范实施条例(试行)(2014)、大连理工大学研究生学术规范(2014)、上海交通大学研究生学术规范制度(2015)、新疆大学学术规范行为准则(2016)、天津大学研究生学术规范(2017)、电子科技大学普通本科生考试及学术规范管理规定(2017)、四川大学学生学术规范指南(2018);学术纪律相关文件共1个,即山东大学学术纪律处分规定(2014);科研行为规范相关文件共11个,即中国人民大学科学研究行为规范及管理办法(试行)(2007)、南京大学科学研究行为规范与学风建设管理办法(试行)(2009)、东南大学关于进一步加强科研行为规范建设的若干规定(2013)、同济大学关于加强科研人员行为规范的若干规定(2013)、华南理工大学关于进一步规范科研人员科研行为的意见(2013)、大连理工大学科研行为规范(2014)、关于印发《云南大学关于进一步加强科研项目管理、规范科研行为的实施办法》(试行)(2015)、华中科技大学关于进一步规范科研行为的实施办法(2015)、湖南大学科研诚信管理暂行办法(印发版)(2019)、电子科技大学科研诚信管理办法(2019)、中南大学科研诚信及学风建设相关规定简要读本及中南大学科研诚信及学风建设相关规定解读(2019—2020)。

(4)"诚信教育"相关文件共4个,即电子科技大学研究生科学道德与学术诚信教育手册(2013)、四川大学关于加强学术诚信体系建设的实施办法(2013)、兰州大学学术诚信教育方案(2017)、上海交通大学学生学业诚信守则(2017)。

(5)"学术不端行为查处"相关文件共105个,包括学术规范与不端行为查处(同属一份文件)、教师师德失范处理办法、学术不端行为认定与处理办法、本科生违纪行为处理办法、学位论文不端行为处理办法、学位论文抽检与匿名评阅的规定(学术不端行为查处机制)等,其中学术规范与不端行为查处(同属一份文件)共 13 个,即复旦大学学术规范及违规处理办法(2005)、西安交通大学教材编写学术道德规范及相关处理规定(试行)(2006)、西安交通大学学术行为规范及违规处理办法(2006)、华东师范大学研究生学术道德规范及违规处理实施办法(2008)、浙江大学学术道德行为规范及管理办法(2009)、华中科技大学学术道德规范及学术不端行为处理规定(试行)(2010)、武汉大学学术道德规范实施细则(含学术不端行为查处机制)(2014)、大连理工大学学术规范制度和不端学术行为查处办法(2014)、关于印发《云南大学学术道德规范及违规处理办法(试行)》的通知(2015)、关于印发《西北工业大学学术道德规范及管理办法》的通知(2016)、电子科技大学基本学术道德规范及学术不端行为处理办法(2016)、华中科技大学学术道德规范及学术不端行为处理规定(试行)(2018)、郑州大学学术规范及学术不端行为管理办法(无时间)。教师师德失范处理办法相关文件共15 个,即同济大学教职员工处分暂行规定(2013)、同济大学教职员工处分暂行规定实施细则(2013)、北京大学教职工处分暂行规定(2015)、北京大学教师违规违纪调查处理试行办法(2015)、中国人民大学教职工纪律处分暂行规定(2018)、复旦大学教职工师德失范行为调查处理办法(试行)(2019)、中国海洋大学师德失范行为处理实施细则(2019)、关于印发《东南大学教师师德失范行为处理办法(试行)》的通知(2019)、中山大学教师师德失范行为处理办法(2019)、湖南大学教职工师德失范行为处理暂行办法(2019)、关于印发《中国科学技术大学教职工师德失范行为处理办法(试行)》的通知(2019)、电子科技大学教师师德失范行为处理办法(试行)(2019)、吉林大学教师师德失范行为调查处理暂行办法(2019)、关于印发《重庆大学教师师德失范行为负面清单及处理办法(试行)》的通知(2019)、四川大学教职工师德失范行为处理办法(试行)(无时间)。学术不端行为认定与处理办法相关文件共 43 个,即四川大学关于违反学术道德规范的处理规定(2007)、电子科技大学学术不端行为处理办法(试行)(2008)、华东师范大学学术违规处理程序规定(2008)、南开大学处理学术不端行为暂行办法(2009)、北京师范大学处理学术不端行为实施细则(2010)、北京理工大学关于学术不端行为认定和处理规定(试行)(2010)、中国海洋大学研究生学术不端行为处理办法(2010)、东南大学关于惩处学术不端行为的实施意见(试行稿)(2010)、华南理工大学研究生学术不端行为处理办法(2011)、郑州大学研究生违反学术道德行为处理暂行规定(2011)、兰州大学学术违规调查处理实施细则(2012)、中国海洋大学学术不端行为查处机制发布时间(2013)、东南大学关于对涉嫌学术不端行为调查和处理的实施意见(修订稿)(2014)、同济大学学术不端行为查处机制(2014)、中山大学研究生学术不端行为处理办法(2014)、北京师范大学研究生学术不端行为认定与处理办法(2015)、关于印发《厦门大学学术不端行为处理暂行办法》的通知(2015.9.29)、新疆大学学术不端行为查处实施办法(2016)、武汉大学学术不端行为查处细则(2016)、华东师范大学预防与处理学术不端行为实施细则(试行)(2016)、重庆大学处理学术不端行为办法(试行)(2016)、郑州大学学术不端行为查处机制(2016)、西北农林科技大学学术不端行为查处细则(2016)、吉林大学预防与处理学术不端行为实施细则(2017)、大连理工大学学术不端行为预防与处理细则(试行)(2017)、上海交通大学学术不端行为查处机制(2017)、上海交通大学学术不端行为查处机制(研究生)(2017)、华南理工大学研究生违纪处分规定(2017)和华南理工大学研究生学术不端行为处理办法(2017)、东北大学学术不端行为查处工作实施细则(修订)(2017)、清华大学预防与处理学术不端行为办法(清华大学学术不端查处机制)(2016)、中南大学预防和处理学术不端行为办法(2017)、中山大学预防与处理学术不端行为办法(2018)、吉林大学研究生学术不端行为处理办法(2018)、浙江大学学术不端行为查处细则(2018)、中央民族大学预防和处理学术不端行为办法(2018)、郑州大学预防与处理学术不端行为实施办法(2018)、四川大学研究生考试违纪作弊处分办法(2018)、中南大学预防和处理学术不端行为办法(2018)、厦门大学学术失范与学术不端行为处理办法(2018)、中国科学技术大学教职工学术不端行为处理办法(试行)(2019)、南京大学处理学术不端行为办法(试行)的通知(2019.4.16)、湖南大学学术不端行为查处流程(无时间)、东北大学学术不端行为查处工作流程图(无时间);本科生违纪行为处理办法相关文件共 1 个,即四川大学本科学生考试违纪作弊处分规定(修订)(2007);学位论文不端行为处理办法相关文件共 20 个,即中国人民大学研究生学位论文学术不端行为处理暂行办法(2010)、兰州大学研究生学位论文学术不端行为检测及处理办法(2010)、四川大学关于学位(毕业)论文抄袭、剽窃等学术不端行为的处理办法(试行)(2010)、新疆大学研究生学位论文学术不端行为检测工作办法(试行)(2011)、哈尔滨工业大学对研究生学位论文中学术不端行为的处理暂行规定(2011)、新疆大学本科研究生毕业论文学术不端行为处理办法(2011)、中南大学本科毕业论文(设计)作假行为处理办法(2013)、东南大学学位论文作假行为处理办法(2013)、西北农林科技大学学位论文作假行为处理实施细则(2013)、中国农业大学学位论文作假行为处理办法实施细则(2013)、山东大学学位论文作假行为处理手册(2014)、郑州大学学位论文作假行为处理办法(2014)、华东师范大学博士、硕士学位论文作假行为处理办法(试行)(2014)、中南大学研究生学位论文作假行为处理实施细则(2015)、哈尔滨工业大学学位论文作假行为处理办法实施细则(2015)、北京航空航天大学学位及相关论文作假行为处理实施细则(试行)(2015)、东北大学研究生学位论文作假行为处理办法(试行)(2015)、兰州大学学位论文作假行为处理办法实施细则(2018)、云南大学硕士、博士学位论文作假行为处理办法(2018)、华南理工大学研究生学位论文学术不端行为检测的管理办法(2019)。学位论文抽检与匿名评阅的规定(学术不端行为查处机制)相关文件共 13 个,即西北农林科技大学关于采用"学位论文学术不端行为检测系统"进行学位论文检测的暂行规定(2010)、中国农业大学关于使用"学位论文学术不端行为检测系统"对研究生学位论文进行检测的通知(暂行)(2013.10.12)、华南理工大学关于采用"学位论文学术不端行为检测系统"的管理办法(2013)、中国农业大学关于使用"学位论文学术不端行为检测系统"对研究生学位论文进行检测的通知(暂行)(2014.4.8)、武汉大学关于研究生学位论文学术不端行为检测及处理的管理办法(2014)、山东大学关于"学位论文学术不端行为检测系统"使用管理办法(试行)(2016)、云南大学关于加强研究生学位论文学术不端行为检测事宜的通知(2016.6.21)、北京理工大学硕士学位论文抽检与匿名评阅的规定(学术不端行为查处机制)(2016)、北京理工大学涉密博士学位论文管理与评阅办法(学术不端行为查处机制)(2016)、北京航空航天大学关于启用"学术不端文献检测系统"对研究生学位论文进行检测的通知(2017)、关于印发修订后的《中南大学研究生学位论文学术不端检测管理办法》的通知(2019)、北京航空航天大学研究生学位论文"学术不端文献检测系统"使用管理办法(试行)(2015)、北京航空航天大学关于对研究生学位论文进行"学术不端文献检测系统"检测的补充说明(2019.10.10)。

(6)"学风建设"相关文件共 20 个,即华中科技大学关于加强学风教风建设的若干意见(2006)、华中科技大学教风学风实施方案(2010)、西安交通大学关于开展科学道德和学风建设宣讲教育活动的实施方案(2011)、东北大学关于切实加强和改进学风建设的意见(2011—2012)、湖南大学学风建设实施办法(2012)、武汉大学学风建设实施细则(2012)、湖南大学关于进一步加强和改进学生学风建设的实施意见(2012)、中国海洋大学学风建设实施细则(试行)(2012)、四川大学关于进一步加强教风学风建设的若干意见(2012)、吉林大学加强学风建设实施细则(2012)、电子科技大学学风建设实施细则(2012)、西北农林科技大学学风建设实施细则(2012)、中南大学学风建设实施细则(2013)、郑州大学学风建设实施细则(2014)、复旦大学文科科研处学风管理条例(2014)、东南大学学风建设实施细则(2015)、新疆大学学风建设实施细则(2012)、吉林大学关于强化学风建设责任实行通报问责机制的通知(2016.5.12)、四川大学关于强化学风建设责任实行通报问责机制的规定(2019)、西北农林科技大学关于加强学风建设的实施意见(无时间)。

(三)高校学术诚信相关文件分析

1.数据清洗说明

1)除国防科大所有文件均未收集外,北京航空航天大学、哈尔滨工业大学、华南理工大学、新疆大学等5所大学的学术委员会章程不能在网上公开获取;另外,华中科技大学学术委员会网上可获取2014年暂行版和2018年版,2018年版未明确指出2014年暂行版废除;东北大学的章程中未标明发布时间和执行时间。

2)通常学术委员会下辖多个分委员会,如学风建设委员会、学术道德委员会、发展规划与学科建设委员会等,但网上只能获取15所高校的相关下设委员会的章程;其中,电子科技大学发展规划与学科建设委员会规程中未标明发布时间和执行时间;另外,西北农林科技大学将该校的学术委员会章程及各专门委员会工作规程统一在一个文件中发布。

2.简略分析

1)"学术道德"相关文件共75个,包括学术道德(教师)(5个)、学术道德(学生)(9个)、学术道德(25个)、科研人员学术道德(2个)、教师学术道德与规范(7个)、师德考核(4个)以及师德师风建设(23个)等多种取名方式的文件。从取名即可一窥相关文件的表述各异、理解各异,可以认为存在一定的混乱。如有关学术道德与学术规范的使用问题,针对学生制定相关文件,取名多含"学术道德规范",显然是希望学生遵从一定的学术规范,而查阅相关文件内容也可得,几乎全都是"规范"相关的表述,即都是希望学生遵守的条例。再如专门针对科研人员学术道德问题的相关文件,42所双一流高校只有2所提出,且表述还不一致,存在科研人员和科技人员两种表达。

2)如前所述,学术规范重在可操作,是具体条例的展现,对应的是学术失范,即不遵守相应的条例。从学术规范相关文件来看,23所大学给出了学术规范的条例,1所大学(山东大学)给了学术纪律处分规定,11所大学给出了科研行为规范条例,其中浙江大学研究生学术规范针对各学科,如社科类、人文类、理学类、工学类、农学类、医学和药学类,给出了多个学术规范;山东大学分别就研究生学术规范和学术纪律给出了条例;中南大学给出了研究生教育学术规范和科研诚信规定读本两个文件。可见,即便是名词解释较为一致的学术规范,其相关文件名称也未能统一。

3)本应该是高校学术诚信体系建设重头的教育工作,却最少关注。据统计,只有4个诚信教育相关的文件,其中上海交通大学的"学业诚信守则"的命名方式比较特别,兰州大学的诚信教育方案是网上能获得的与本方向最匹配的文档资料,类似电子科技大学、四川大学这类办法或条例,相信大多数高校都有,但网上难以获取,故未能列出。总的来看,诚信教育类文件较少原因在于,教育方式较为单一、简单,较软且难以抓实,难以形成文件;同时,从管理的角度看,问题出来了,抓处罚,投入少产出大,更能出效果,这也造成了诚信教育相关文件较少的现象。

4)被媒体曝光的高校教师的学术不端事件日渐增多的主要原因在于高校对学术论文、课题等的要求逐渐增加,教师为了完成这些目标铤而走险。其实,高校对学术不端行为的处理一直以来采取的都是高压态势,但"雷声大、雨点小""高举轻放"的多,实质性处理的少,同时,院士或院士团队的学术不端事件也屡有发生,但从相关处理决定或处罚效果来看,未能得到社会各界的一致认同。为此,本章专门将学术不端行为处理办法抽出来做比较,以期深刻剖析高校对学术不端行为的理解和处理,达到借鉴作用。

5)关于学风建设,共有20所高校给出了相关条例,但时间相对较早,大多集中在2012年或之前,说明该用语最近提及较少或近些年教育部未有相关文件下达。

总的来看,上述文件中,学术委员会章程、学术规范和学术不端等三个方面的文件较多,尤以学术不端行为查处相关的文件为最多,达105个,与之相对应科研诚信相关文件只有4个,这也从一侧面体现高校主管部门对学术不端事件的处置较为重视,对诚信教育问题不够重视。

第四节　42 所"双一流"高校预防和处理学术不端行为办法比较研究

　　2020 年 7 月 8 日澎湃新闻曝光天津大学、厦门大学各有一名硕士研究生毕业论文题目为《基于 J2EE 的环保管理系统的设计与实现》，在标题、摘要、关键词、正文的结构、内容及图表等雷同或高度相似，多个段落一字不差，论文中的致谢、参考文献部分也十分相似。2020 年 7 月 10 日晚，两所大学各自在其研究生院官网上就"两硕士论文雷同一事"分别给出调查处理通报，对涉事学生均采取了"撤销其所获硕士学位，收回、注销硕士学位证书"的处理措施。值得注意的是，两所大学公告中的相关表述各异，主要表现在：1）给予学生处罚时所依据的相关条例不同，天津大学《关于撤销刘宇宸硕士学位的公告》提到的 4 项文件均为国家级的，即教育部《高等学校预防与处理学术不端行为办法》《中华人民共和国学位条例》《中华人民共和国学位条例暂行实施办法》以及《国务院学位委员会关于在学位授予工作中加强学术道德和学术规范建设的意见》等，厦门大学《关于 2014 级软件工程硕士林鲤涉嫌存在学术不端行为的调查处理结果通报》则提及了包含校级相关文件在内的 4 项文件，即《中华人民共和国学位条例》、教育部《学位论文作假行为处理办法》《高等学校预防与处理学术不端处理办法》和《厦门大学博士学位和硕士学位授予工作细则》等；2）对于学生学术不端行为的认定机构的表述不同，天津大学的表述较为含糊，是"由学校调查认定"，而厦门大学则明确是"厦门大学学风委员会调查核实"；3）对于认定学生存在学术不端行为的表述和细节说明不同，天津大学认为学生"存在由他人代写的事实"，并将依据条例的哪一条款均进行了详细阐述，厦门大学认为学生"硕士学位论文撰写中存在买卖论文的学术作假"，未给出处罚依据具体相关条例的哪一条款。从上述内容可知，两所高校对此学术不端行为的处理较为及时，对外公告也包含了相关基本信息。但从公告中的不同表述中，读者亦可一窥高校在处理该问题时各自的态度和处理方法。

　　高校是研究人员和学术研究工作的主要聚集点。如何做好学术不端问题防治工作一直是研究热点，已有的相关研究成果较多，涵盖了学术不端行为处理的各方面，如学术不端立法工作、学术不端行为治理的国外政策和案例分析、学术道德规范、学术诚信等学术不端行为相关概念的理解与分析方面。

从当前已经曝光的学术不端事件来看,高校是学术不端行为的多发地。国家主管部门和高校对防治学术不端行为极为重视,出台了多项规章制度,如2016年6月教育部发布的《高等学校预防与处理学术不端行为办法》(以下简称教育部〔2016〕40号令),学界也作了较多研究,但高校学术不端现象仍未杜绝,这固然与学术不端问题本身的复杂性有关,也应该与高校学术不端行为相关处理办法的落实有关。作为教育部加强高校学术诚信教育与管理的重要举措,教育部〔2016〕40号令要求各高校依据该办法完善本校学术不端行为预防与处理的规则与程序,社会各界迫切希望了解各高校是如何落实教育部相关规定并予以执行的。本节搜集、整理、对比42所"双一流"高校的学术不端行为处理办法,尝试从比较各高校学术不端行为处理办法的角度探讨高校对于治理学术不端行为问题的认知、态度、具体执行以及操作过程中存在的不足,并从高校学术期刊编辑的角度给出学术不端行为防治建议。

(一)研究内容简述

从42所"双一流"高校在全国科教系统中的地位及国家、社会对它们的期冀来看,它们的学术诚信规范举措及实施情况,它们的学术道德素养及自律行为等,在全国理应起"标杆"作用。42所"双一流"高校作为教育部重点建设的高校,在原有良好基础和国家重点支持下,确实在整体科研实力上位于全国前列。在这种背景下,42所"双一流"高校对学术诚信规范以及对学术诚信治理体系的完善与否,不仅关系到能否为自己持续地进行科研创新提供"法律"制度保障,而且关系到其能否为国内其他高校以及高校之外的众多科研机构提供示范作用,因此,选择42所双一流高校的相关数据开展研究。

笔者采用数据调研法、比较分析法、归纳法等,通过查阅相关网站、新闻和政策,以教育部〔2016〕年40号令为基础,细分6个方面32个小点,梳理42所"双一流"高校各自的"学术不端行为处理办法",并作对比分析。研究发现:关于学术不端行为处理相关的文件,各高校表述各异;共有25所高校出台了含有"学术不端行为处理办法"字样的文件,只有18所高校在教育部〔2016年〕40号令之后更新了各自的处理办法;文件的相关表述各异,存在诸多表达不完善之处;从高校发布学术不端行为相关处理办法的角度,指出其存在的不足,并给出处理学术不端行为的建议。研究认为:各高校对教育部〔2016年〕40号令的反应不一致,从一个侧面体现出高校对于学术不端现象的认知与态度。

（二）数据收集与处理

1. 数据的收集

通过点击各高校信息公开网"学风建设"相关网页信息,查询得到各高校学术不端行为处理办法或查处机制的相关文件,辅以百度搜索,以"学术不端行为＋高校名称"为关键词,进一步确认相关文件的版本,再通过查询各高校研究生院、教务处等相关官网、向部分高校师生询问等方法核实,确认文件的版本、施行与否等关键信息,并最终得到原始数据。

2. 数据处理

以教育部〔2016〕40 号令为出发点,按照 2016 年前后来判别各高校的文件旧与新,针对部分高校多次更新的版本,选择最新的版本。仔细阅读教育部〔2016〕40 号令和各高校的相关文件,对相关文字表达进行多次比对、斟酌,将各高校的学术不端行为办法分成 6 个方面 32 个小点展开比较分析(如表 6.3 所示)。

表 6.3　各高校学术不端行为处理办法比较分析

名称	方面	指标
各高校学术不端行为处理办法	基本信息	文件名称、适合人群、发布时间、发布机构
	学术诚信教育	是否有开展学术诚信教育的内容、是否有学术诚信记录或学术不端人员名单
	举报与受理	受理机构、受理时间、受理机构的联系方式、哪些情况可受理、举报形式、是否可以匿名举报
	调查	是否有回避条款、回避条件、是否成立专门调查组、调查组成员条件、调查方式、是否可开听证会、是否有部门间协调的说明、调查中止条件、举报人和被举报人的保护
	认定与处理	学术不端行为的认定机构、学术不端行为的认定条件、处理细则、处理书公示、保密条款
	复核与监督	是否可申请复核、申请复核的时间规定、复核驳回、对举报不实的处理、对高校处理学术不端行为的过程是否有监督、哪些人可监督

共有 25 所高校发布了题名中含有"学术不端行为"的校规,18 所高校在教育部〔2016 年〕40 号令之后发布了各自的学术不端行为处理办法,其中大部分办

法都在教育部文件的基础上添加了各自的理解、删除了部分表达。少数部分高校更新了多个版本,如中南大学、浙江大学、中山大学等。

部分未列入分析的学校存在以下问题:一是学校没有"学术不端行为"等文字的相关文件,有的是学术道德规范的,有的是研究生学位论文的相关条例;二是学校的这一文件只有几条指导性文字,无可操作性条款;三是将学术道德规范与学术不端行为查处工作细则两个文件同时发布,各司其职,如东北大学,将学术道德规范用来指出学术道德规范的相关方面内容并定义哪些是学术不端行为,将学术不端行为查处细则用来专述如何具体查处学术不端;四是在学术道德规范的相关文件中包括了学术不端行为的查处工作,如西北工业大学;五是数据不对外公开,确实难以获得,如中央民族大学、国防科技大学,也未纳入研究。

本次数据收集工作,截止日期为 2020 年 11 月 8 日。

(三)数据统计与分析

从 6 个方面对数据进行系统分析和比对,详细阐述各高校的处理办法的异同。

1.从基本信息角度看各高校文件表述异同

1)从"文件名称"看,16 所高校文件名称以"办法"结尾,其余以"实施细则"(东北大学、吉林大学等)、"查处细则"(浙江大学、西北农林科技大学等)、"查处机制"(上海交通大学、同济大学等)为结尾。

2)从"发布时间"看,发布日期存在 4 种可能性,即:学校校长办公会/校务委员会/党委委员会等的会议时间;文件落款的时间(这个日期多为学校成文日期,早于官网发布日期);学校官网上公布日期(通常发布日期早于文件执行日期);文件执行日期,如武汉大学。

3)从"适用人群"看,均包含了所有可能考虑到的人群,表述较为完备。

4)从"发布机构",多样性明显,以文件解释单位作为研究对象更为合理,多数为"校学术委员会",其他如"校长办公会"(南开大学)、"学术道德委员会"(上海交通大学、重庆大学、同济大学等)、"学风建设小组或委员会"(中南大学、中山大学、厦门大学、大连理工大学)、"研究生院"(南京大学)、"党委教师工作部"(中国科技大学)、"监察处及科学技术发展研究院"(西北农林科技大学)。另外,对于文件的落款,大多数文件的落款均为相关学校党委,如"中共 ＊ ＊ 大学委员会",也有高校如浙江大学、山东大学,落款为大学名称。可知,除适用人群一项以外,其余各项高校的表述均存在较大差异。

2.从是否有"学术诚信教育"内容的角度了解高校如何理解学术不端与学术诚信

学术诚信教育作为学术不端行为防治的基础理应在学术不端行为处理办法中所有提及。根据数据,只有9所大学单独给出条款,列出学术诚信教育的意义与作用,提到了"采用多种形式开展学术诚信教育"。只有8所高校在文件中提到了存档问题。值得特别注意的是,前后这两点并不是一一对应的,即并不是文件中"有开展学术诚信教育的内容"的高校就一定"有学术诚信记录或学术不端人员名单"。

3.从"举报与受理"的角度了解高校如何接收和处理学术不端信息

1)从"受理机构"看,受理机构通常为发布机构的下属单位,如发布机构为校学术委员会的,多指定学术委员会办公室或秘书处来受理,校学术道德委员会指定校学术道德委员会办公室等。通常,受理机构统一受理校内所有人员的学术不端问题举报,只有3所高校有例外,它们分别针对教师、本科生、研究生指定了对应的受理部门,即华东师范大学、浙江大学、吉林大学等。

2)从"从接收举报到确定是否受理的时间规定"看,这个"时间"是"∗处理办法"类规章制度的一个必需构成要素,受理时间的规定意味着给举报人一个可清算日期,教育部文件第15条也对此给予了要求,即"高等学校受理机构认为举报材料符合条件的,应当及时做出受理决定,并通知举报人。不予受理的,应当书面说明理由"。高等学校对于举报是否受理理应给予时间限制,但只有9所高校给出了受理时间,即高校在收到举报之后到告知举报人是否受理所需要等待的时间,其中8所高校以工作日为准,1所高校以自然日为准,最长的为30个工作日(南京大学),最短的为5个工作日(中山大学);其余高校表达或较为含混,如"及时""尽快",或干脆没有相关表达。

3)对于"受理机构的联系方式",受理机构的联系方式对于举报人特别是校外举报人来说是非常关键的信息,无论是电话号码、邮箱等相关信息在各高校的处理办法中均未曾体现。按同行法律条文给出模式,举报人可根据受理机构找到相应的联系方式,但本处理办法的受理机构多为某某委员会,虽是常设机构,但属多部门联合的虚拟部门,若不给出挂靠单位,是很难确切地找到联系方式并举报的。据统计,只有9所高校给出了具体挂靠单位,其中厦门大学指出受理机构的联系方式可以在该校研究生院的网站上查找得到。

4)对于"哪些情况可受理",是受理的必要性判断条件,处理办法应给出哪些情况予以受理,便于受理机构根据条款作出判断,2016年之前颁布实施处理办法的高校有7所没有给出,2016年以后颁布实施处理办法的高校有3所(上海交通大学、华东师范大学、西北农林科技大学)未给出。

5)对于"举报形式",7所高校未给出举报形式,其余8所高校中大多数要求以书面方式举报,只有2所高校给出了可采用的其他举报方式,即重庆大学给出了来访、电话、电子邮件等方式,大连理工大学给出了口头举报形式。有6所高校不允许匿名举报形式。从对学术不端行为零容忍的角度来看,应接受各种形式的举报,为举报提供各种便利,并明确给出受理机构、时间等必要信息,接受匿名举报的高校均要求"事实清楚、证据充分或者线索明确"的条件,这既可以防止举报被滥用,又给举报人提供了多一种的选择。

4.从"调查"角度了解高校如何开展调查工作

1)关于"回避",有4所高校未给出回避条款,其余给出的回避条件基本沿用教育部〔2016〕40号令的表达,各高校之间基本相似。

2)关于"调查组",有4所院校没有给出成立调查组的文字说明(大连理工大学、同济大学、南开大学、北京理工大学),这些院校均未在2016年后更新办法。2016年后出台办法的高校,均沿用了教育部文件的说法。大多数高校直接采用教育部文件给出调查组成员条件,规定最低人数要求,人数多在3人以上,只有北京师范大学未对调查组成员人数给出要求。有8所高校未给出是否可在必要时通过听证会的方式来开展调查工作,其中4所高校是2016年后颁布的办法。有8所高校给出了有关部门配合调查工作或相应部门应给予配合或挟制的条款,考虑到大多数办法的发布机构均为校级委员会,通常这类委员会的组成均覆盖了学校相关职能部门,无须再给出部门间协助的条款。有9所高校未给出调查中止条件,其中5所是2016年后颁布的办法。

3)另外,只有3所高校(上海交通大学、华东师范大学、东北大学)未给出举报人和被举报人保护相关的条款。

5.从"认定与处理"的角度了解高校如何处理学术不端行为

1)对于认定机构,大多数高校的认定机构均为办法的发布机构。1所高校(北京理工大学)没有给出认定机构,10所高校的认定机构与发布机构不一致,不一致主要表现为发布和解释机构为学术委员会,而认定机构则为学术道德委员会或学风建设委员会。有2所高校(中国科技大学、南京大学)办法的发布单位是学校职能部门,学术委员会成了认定机构。学术不端行为认定条件,基本沿用教育部文件,并根据情节轻重分为两条列出。虽然中山大学没有在办法中给出学术不端行为的认定条件,但中山大学学风建设委员会办公室专门编制了《中山大学学术规范知识读本》发给全校师生,给出了 10 种学术不端行为的表现形式,并给出了 4 种学术不端的案例。《中山大学学报》医学版编辑部参与了读本编制工作。

2)对于确认属于学术不端的行为,各高校均依据情节轻重,给出了相应的处理细则,只有 1 所高校(上海交通大学)未给出处理细则。对于"保密条款",有 1 所高校(东北大学)未在办法中给出保密相关条款。处理书公示是处理办法落地以及实现警示作用的重要环节,有 14 所高校未见处理书公示相关内容,剩下的 11 所高校也只在处理办法中的个别条款涉及了对学术不端行为人的处理进行公告的内容,这相关的阐述分为两类:一类是处理书送不到的,放高校某网站上公示以视为送达;二类是含糊表达,如在"学校网站""学校学风建设公告"予以公布。

6.从"复核与监督"角度了解高校面对学术不端行为的处理结果

对于"复核",有 2 所高校(东北大学、大连理工大学)未给出是否允许复核的条款、有 3 所高校(北京师范大学、东北大学和大连理工大学)未给出复核申诉时间,有 8 所高校对复核驳回的情况未给予说明,有 2 所高校(西北农林科技大学和大连理工大学)未对举报不实的情况给出相应条款。对于"监督",只有 6 所高校给出了相关说明,说明文字主要包括两种类型,一类含有"向上级教育主管部门提出申诉"等文字,另一类则是"接受社会监督",其中有 5 所高校给出了有关说明,表达了接受"社会""群众"监督的意向。从处理书公示、复核、监督方面的表述可知,对于学术不端问题的处理,高校采取的态度仍然是倾向于在小范围内处理或解决,不愿意通过此类事件的主动曝光降低学校声誉,希望尽量避免主动引起舆论关注,如天津大学《关于撤销刘宇宸硕士学位的公告》的网页只在公布后的一个时间段内可以访问。其实,从舆情消费或舆情利用这块来看,那些被媒体曝光的学术不端案例的处理,会直接影响到民众对高校的印象。大多数高校的处理办法都有针对被媒体曝光的学术不端问题的主动跟踪调查方面的叙述,此处建议增加主动公示一环,一是更有利于工作人员操作和执行,二是更彰显高校对学术不端行为的态度。

（四）关于高校学术不端行为处理文件的进一步探讨

教育部〔2016〕40号令是一个指导性文件，指出："高等学校应当根据本办法，结合学校实际和学科特点，制定本校学术不端行为查处规则及处理办法，明确各类学术不端行为的惩处标准。"文件中有多项条款要求高等学校根据各自需要和理解指定相应部门、建立相应制度，如学术诚信教育体系等，但仍有不少高校或不依据此文件制定新的办法、或不主动公开该办法。42所"双一流"高校中教育部直属高校有31所，其中15所高校未给出或公布有"学术不端行为处理"字样的相关条例。对于学术不端行为的处理，高校应提高认知、高度重视、认真对待，进而采取积极有力的措施去控制其发生范围和存在程度。但从前述比较结果来看，各高校在防治学术不端行为方面仍有上升空间。我们尝试从以下三个层次来展开讨论。

1.高校对学术不端行为的认知情况怎样

从与高校有关的学术不端新闻的不时被曝光来看（艾普蕾微信公众号和Retraction Watach等网站），学术不端现象仍不同程度地存在。从前述比较可知，16所高校未在教育部文件发布后给出校级文件，文件"发布时间""发布机构"五花八门，7所高校是2016年以前的老文件，只有9所高校给出了学术诚信相关条款，8所高校有诚信相关存档，11所高校有处理书公示相关内容，只有5所高校给出了接受"社会、群众"监督的意向。高校对于治理学术不端行为发生及其危害程度的认知可见一斑。高校管理者和科研工作者对于学术不端问题的认知决定了其态度以及接下来将采取的措施。

对学术不端问题的认知程度取决于多方面因素。从已发生的多起学术不端行为来看，可主要分为两大类，一类是明目张胆的抄袭、剽窃、买卖，另一类则是利用各类管理方法和查处手段的盲点或模糊点开展，比如随着相关技术手段的提高（如Photoshop修图技术等），生物医学类论文较为容易出现同一图片部分内容的变化角度多处使用和雷同等，前者是寄希望于含混过关，后者则提高了学术不端行为认定的难度。高校管理者被动或主动了解到所发生的学术不端行为后，可能出于"家丑不愿外扬""只愿意做加法不愿做减法""只要不是自己的事都是小事"的私心等原因，而不处理或大事化小、小事化了。这也从侧面显示了高校和高校科研工作者对学术不端行为的态度，即主动忽视、有选择性的遵守。

2.是什么在掣肘高校治理学术不端行为

学术不端行为的曝光将败坏高校声誉、降低公众对于高校科研工作者的信任以及对于科学工作的信心。对于此,相信绝大多数高校管理者都有着清醒的认识,但是什么因素像一个无形的手在掣肘着高校治理学术不端行为呢？以处办理办法的表述为例,只有 9 所高校给出了受理机构的具体挂靠单位且均无联系方式,16 所高校未给出受理时间,有 7 所高校未给出举报形式,6 所高校不允许匿名举报形式,4 所高校未给出回避条款,3 所高校未给出举报人和被举报人保护相关条款。从这些条款的未列出可见,对于发现的学术不端行为举报人从查证、举报到作证、得到官方处理结果的过程存在诸多困难,这从客观上增加了举报、监督的难度,有意或无意地助长高校学术不端行为的发生。这也反映影响高校有效治理学术不端行为的一个重要原因,即高校管理者或具体事项的处理者很多都是"双肩挑",同时肩负"裁判员和运动员"的角色,官本位现象较为突出,在处理学术不端行为时,对涉及的各利益相关方,瞻前顾后,小心谨慎,深怕祸及自身。看似简单的一个校规出台,却受多方暗中制约,从另一个方面也反映出高校管理体制方面存在的问题。

学术不端行为所带来的利益、"帽子"等因素是其产生的主要诱因。一旦被认定为构成学术不端行为,无论轻重处罚都会对学校、学科产生极大影响,其中牵涉到的利益就会受损,如终止或者撤销相关的科研项目、撤销相关学术奖励或者荣誉称号、影响学校相关评估结果并直接影响学校的财政拨款。一方面是学术不端屡禁不止、众多当事人几乎安然无恙、相关管理部门无人表态,另一方面是中国科研人员整体形象严重受损、学术不端之风蔓延。学术不端行为的危害众所周知,但处理却难以到位,这显然与有关方面长期以来态度暧昧有着直接关系。《高等学校预防与处理学术不端行为办法》是教育部首次以规章的形式,对高校预防与处理学术不端行为作出的规定,充分表明了整治高校学术风气的坚定决心,但从现有情况来看,其实施过程仍存在诸多不令人满意的地方。有效查处学术不端,能重塑学术诚信,但需要高校管理者积极面对、主动作为。

第五节　高校学术期刊参与高校学术诚信体系建设的问卷调研及相关数据分析

(一)研究内容简述

高校学术诚信治理工作牵涉面广、涉及人员多,需要科研管理者、科研工作者、学术期刊编辑等学术共同体成员以及社会各界实质性参与、联合治理。当前形势下,社会各界越来越关注期刊和编辑工作,国家管理部门和社会各界也对学术期刊编辑提出了更高的要求,学术期刊编辑不应只满足于单纯的论文出版、编辑工作,而应基于自身积累和优势,积极向学术出版服务方向转变。高校学术期刊编辑应在高校学术诚信体系建设中主动承担更多职责。为此,以"高校学术期刊编辑在高校学术诚信体系建设的角色和功能"为研究目标,通过问卷调研了解期刊编辑在高校学术诚信体系建设中的角色和功能。

(二)问卷设计、数据收集与处理

1.问卷设计

以高校学术期刊教师、管理人员、研究生以及编辑为调研对象,问卷包括个人基本信息、目前高校学术诚信建设体系建设的总体情况、高校学术期刊编辑与学术诚信体系建设工作的关系等3个方面的内容。问卷设计单选题、多选题及开放性问答题等3种问题,共计30题左右,其中教师/管理人员、学生、编辑问卷的内容分别见表6.4、表6.5和表6.6。

表 6.4 "高校学术期刊编辑在高校学术诚信体系建设中的角色和功能"

调研问卷——教师/管理人员问卷

问题分类	具体问题
基本信息(共 8 题)	性别、学位、年龄、所在高校层次、聘任岗位、职称、级别、是否具有国(境)外学习经历
目前高校学术诚信体系建设的总体情况(共 14 题)	我国高校的学术诚信现状如何？ 我国高校学术诚信治理相关文件是否完备？ 是否了解国家、高校出台的学术诚信与学术规范相关的文件、指导办法？ 通过什么途径学习或了解国家、高校出台的学术诚信与学术规范相关的文件、指导办法？ 所在的高校是否出台了专门的学术诚信与学术规范相关的文件、指导办法及宣传教育举措，具体表现形式包括哪些？ 所在的高校是否对教师进行过专门的学术诚信相关的教育或培训工作，通常采取哪些形式？ 您或您所在的团队通常多久为学生讲解一次学术规范和学术道德相关的知识？ 是否了解哪些行为属于学术失信行为？ 当前高校学术失信行为的主要表现形式有哪些？ 造成当前高校学术失信行为的主要原因是什么？ 改善当前高校学术失信行为的对策有哪些？ 了解哪些国内外相关的学术不端检测软件？ 学术不端检测软件的检测结果合理吗？ 哪些成员可以参与到高校学术诚信体系中来？
高校学术期刊编辑与学术诚信体系建设的关系(共 8 题)	高校学术期刊编辑在高校学术诚信体系中的角色应该是辅助者、跟随者、领导者、中坚力量、无关者还是其他？ 高校学术期刊编辑是否有必要参与到高校学术诚信体系中来？ 高校学术期刊编辑是否能够胜任高校学术诚信体系建设中的主要角色？ 高校学术期刊编辑在高校学术诚信体系建设中具备哪些独特性？ 高校学术期刊编辑在参与高校学术体系诚信体系方面的优势有哪些？ 高校学术期刊编辑在高校学术诚信体系建设中的作用包括以下哪些？ 高校学术期刊编辑可通过哪些途径参与到高校学术诚信体系中来？ 关于高校学术期刊编辑如何有效地参与到"高校学术诚信体系建设"工作中，您还有哪些建议或意见？

表 6.5　"高校学术期刊编辑在高校学术诚信体系建设中的角色和功能"

调研问卷——学生问卷

问题分类	具体问题
基本信息(共 6 题)	性别、攻读的学位、所在高校层次、年龄、专业、是否具有国(境)外学习经历
目前高校学术诚信体系建设的总体情况(共 12 题)	我国高校的学术诚信现状如何? 我国高校学术诚信治理相关文件是否完备? 是否了解国家、高校出台的学术诚信与学术规范相关的文件、指导办法? 通过什么途径学习或了解国家、高校出台的学术诚信与学术规范相关的文件、指导办法? 所在的高校是否出台了专门的学术诚信与学术规范相关的文件、指导办法及宣传教育举措,具体表现形式包括哪些? 是否了解哪些行为属于学术失信行为? 当前高校学术失信行为的主要表现形式有哪些? 造成当前高校学术失信行为的主要原因是什么? 了解哪些国内外相关的学术不端检测软件? 学术不端检测软件的检测结果合理吗? 哪些成员可以参与到高校学术诚信建设体系中来?
高校学术期刊编辑与学术诚信体系建设的关系(共 8 题)	高校学术期刊编辑在高校学术诚信体系建设中的角色应该是辅助者、跟随者、领导者、中坚力量、无关者还是其他? 高校学术期刊编辑是否有必要参与到高校学术诚信体系建设中来? 高校学术期刊编辑是否能够胜任高校学术诚信体系建设中的主要角色? 高校学术期刊编辑在高校学术诚信体系建设中具备哪些独特性? 高校学术期刊编辑在参与高校学术体系诚信建设方面的优势有哪些? 高校学术期刊在高校学术诚信体系建设中的作用包括以下哪些? 高校学术期刊可通过哪些途径参与到高校学术诚信体系建设中? 关于高校学术期刊编辑如何有效地参与到"高校学术诚信体系建设"工作中,您还有哪些建议或意见?

表 6.6 "高校学术期刊编辑在高校学术诚信体系建设中的角色和功能"

调研问卷——编辑问卷

问题分类	具体问题
基本信息（共 7 题）	性别、学位、所在高校层次、年龄、职称、聘任岗位、是否具有国（境）外学习经历
目前高校学术诚信体系建设的总体情况（共 10 题）	我国高校的学术诚信现状如何？ 我国高校学术诚信治理相关文件是否完备？ 是否了解国家、高校出台的学术诚信与学术规范相关的文件、指导办法？ 通过什么途径学习或了解国家、高校出台的学术诚信与学术规范相关的文件、指导办法？ 所在的高校是否出台了专门的学术诚信与学术规范相关的文件、指导办法及宣传教育举措，具体表现形式包括哪些？ 是否了解哪些行为属于学术失信行为？ 当前高校学术失信行为的主要表现形式有哪些？ 造成当前高校学术失信行为的主要原因是什么？ 改善当前高校学术失信行为的对策有哪些？ 哪些成员可以参与到高校学术诚信体系建设中来？
高校学术期刊编辑与学术诚信体系建设的关系（共 13 题）	高校学术期刊编辑对学术失信行为的了解属于什么程度？ 高校学术期刊编辑在高校学术诚信体系建设中的角色应该是辅助者、跟随者、领导者、中坚力量、无关者还是其他？ 高校学术期刊编辑是否有必要参与到高校学术诚信体系建设中来？ 高校学术期刊编辑是否能够胜任高校学术诚信体系建设中的主要角色？ 高校学术期刊编辑在高校学术诚信体系建设中具备哪些独特性？ 高校学术期刊编辑在参与高校学术体系诚信建设方面的优势有哪些？ 高校学术期刊在高校学术诚信体系建设中的作用包括以下哪些？ 高校学术期刊可通过哪些途径为高校学术诚信教育提供师资或素材？ 高校学术期刊编辑可通过哪些途径为学术失信问题的产生发挥监督作用？ 高校学术期刊编辑可通过哪些途径为学术失信行为的认定提供技术支持和理论支撑？ 高校学术期刊编辑可通过哪些途径为高校学术规范等文件的制定提供参考资料和意见？ 高校学术期刊编辑如何参与到学术失信行为的治理中？ 关于高校学术期刊编辑如何有效地参与到"高校学术诚信体系建设"工作中，您还有哪些建议或意见？

2. 数据收集与处理

此次调研采用腾讯问卷的平台提交和统计问卷。2021 年 4 月，通过社交媒体向高校期刊编辑发出填写问卷邀请，借助中国高校期刊研究会会员微信群、中国高校期刊研究会青年委员会微信群和"期刊说"微信公众号等途径推送调查问卷二维码，在全国高校范围内开展问卷调研。借助"腾讯问卷"在线统计功能得到相关数据,以 IP 地址计,教师/管理人员问卷共计浏览量 1951 人份,回收有效问卷(全部填完的问卷为有效问卷)1249 人份,回收率 64%,平均完成时间 2 分53 秒;学生问卷共计浏览量 2911 人份,回收有效问卷(全部填完的问卷为有效问卷)1908 人份,回收率 65%,平均完成时间 3 分 1 秒;编辑问卷共计浏览量1383 人份,回收有效问卷(全部填完的问卷为有效问卷)790 人份,回收率 57%,平均完成时间 4 分 14 秒。回收样本基本覆盖全国各省份,数量较大,可认为结果具有一定的代表性。

本次数据收集工作,截止日期为 2021 年 4 月 30 日。

(三)数据统计与分析

1.高校期刊编辑对编辑在高校学术诚信体系建设中的角色与功能的认知

搜集、整理现有与“高校学术期刊”“科研诚信”“学术诚信”相关的文献可知,现有的研究成果多从学术期刊出发,包含多个视角,如探讨期刊在全社会或整个科研诚信建设中的作用与实施[1]、如何防范编辑的学术不端[2]、科技期刊学术不良行为认知与管控[3]和期刊学术不端的现象、成因及防范措施[4]等方面。研究的内容多集中在学术论文,包括如何防范论文的学术不端现象、如何使用相关学术不端检测软件等,而对于论文以外的有关学术不端、科研诚信的问题较少涉及。

学术期刊作为科研成果刊载的主要平台,也是先进文化积累的重要阵地,在加强学术诚信建设的过程中起到不可或缺的作用。学术诚信建设也是科技期刊应承担的社会职责之一。同时,期刊编辑具备的综合素质也决定了其能在构建

---

[1]　孙娟,何丽,宋勇刚,等.学术期刊在科研诚信建设中的作用与实施路径[J].中国科技期刊研究,2021 (2).申海菊.科技期刊编辑重构学术诚信的领导艺术[J].编辑学报,2015,(2).邢爱敏.科技期刊编辑在学术生态圈构建中的作用与作为[J].编辑学报,2020(5).吴永英,李新美,于光.科技期刊编辑在推进学术诚信建设方面的思考[J].编辑学报,2013(S1).

[2]　陆雁,米慧芝,李智娟,等.学术期刊如何防范编辑的学术不端行为[J].编辑学报,2020(1).

[3]　张春丽,倪四秀,宋晓林.科技期刊学术不良行为认知与管控研究——基于作者、编辑和审稿专家的问卷调查分析[J].中国科技期刊研究,2018(12).王育花,童成立.科技期刊编辑和审稿专家对学术不端的认知及其防范对策[J].中国科技期刊研究,2018(11).

[4]　徐石勇,叶靖,康锋,等.期刊学术不端的现象、成因及防范措施[J].编辑学报,2019(4).张利田,郑晓梅,靳炜,等.面向科技期刊编辑部的学术不端及其边缘行为防范和处理导则的制订方法及主要内容[J].中国科技期刊研究,2020(5).霍振响,屈李纯,李小平.基于科技期刊编辑视角探讨抵制学术不端行为[J].农业图书情报学刊,2018(7).邓瑶,洪青标,朱宏儒.科技期刊学术不端防范措施——对江苏省医学科技期刊的调查分析[J].中国科技期刊研究,2016(9).李晶,张嵘.科技期刊中研究生学术不端行为探析及编辑作为[J].编辑学报,2016(5).

学术生态圈的伟大事业中能够发挥一定作用。高校学术期刊及其从业人员在完成其本职出版工作之余,如何充分发挥其优势,积极参与高校科研诚信建设工作已经成为当前期刊编辑热议的话题。高校期刊编辑参与学术诚信治理工作,既是积极融入学术共同体的重要举措之一,也是积极参与学校中心工作的重要抓手。这项工作既有利于促进高校学术诚信体系建设,有效地推动高校学术不端行为的预防与治理工作,也是提升高校期刊编辑在学校的地位、为学校发展做出自己贡献的新途径之一。

(1)基本信息分析

从统计结果可知,790 位被调查者全部为高校学术期刊编辑,地理位置分布见图 6.1 所示,包括湖北(10%)、广东(10%)、北京(10%)、湖南(8%)、河北(6%)等多个省份,分布范围非常广泛。女性编辑居多(57.30%),多数具有副高级(44.10%)和中级(30.80%)职称,且有硕士学位(55.20%),中青年编辑(年龄30—35 岁(24.90%)和 36—40 岁(31.40%)居多。另外,学校分布情况为一本38.00%,985 高校 21.50%和 211(不含 985)高校 25.20%。

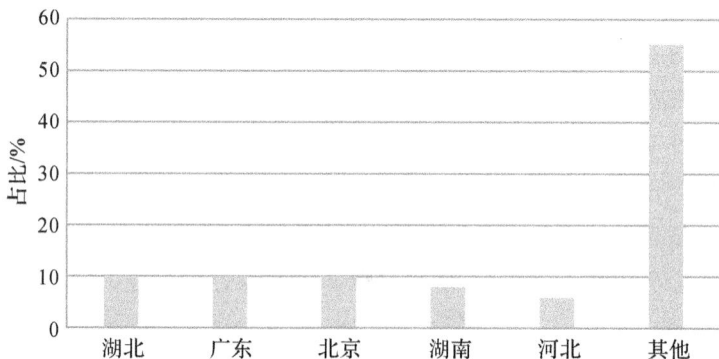

图 6.1　调查对象各省份分布图

(2)高校学术诚信建设体系建设的总体情况

1)高校学术诚信体系建设现状

在高校学术期刊编辑看来,我国高校学术诚信现状整体有所改善。57.80%(评分在 7 分以上)的调查对象认为我国高校的学术诚信现状较好(平均数 7.1,中位数 7)。近年来,我国政府部门对防治学术不端行为极为重视,加大了对学术失信行为的惩处力度,国家主管部门相继出台了多项规章制度,建立和完善了学术诚信的有效评价和管理机制,如 2000 年以来我国有关部门出台的与学术不端有关的文件多达 30 个。① 此外,由于网络舆情监督的作用,加上近年来多起学术失信行为的处理事件在网络上引发的极大关注,高校教师和研究生对于学术诚信重视程度有所上升,学术诚信的意识也在逐渐增强。与此同时,多数高校成立了加强学术诚信建设的专门机构,出台了学术不端的治理文件。如 67.20%(评分在 7 分以上)的调查对象认为我国高校学术诚信治理相关文件比较完备(平均数 7.2,中位数 8)。另有研究发现,"双一流"大学对研究生学术治理的制度文件均在其研究生网站上进行公示,这与本书的调查结果基本一致。

但我国高校在防治学术不端行为的制度体系建设方面仍不够完善,还有较大提升空间。调研结果显示:在学术期刊编辑所在高校出台的学术诚信与学术规范相关的文件、指导办法及宣传教育举措的具体表现形式中,以学位论文相关规范最多,达 69.60%,相关的案例遴选推送与警示教育最少,只有 18.40%。而其余选项,如学术道德手册、学术委员会章程等纲领性文件被选比例均不足一半。这样的结果,一方面体现了目前的高校学术诚信与学术规范制定的主要对象是研究生,该类文件可操作性强、满足学生群体的刚性需求,因而显现度高;另一方面,部分高校还存在相应文件缺失或长期未更新的情况,如有研究表明,31所教育部直属"双一流"建设高校中有 15 所高校尚未给出或公布有"学术不端行为处理"字样的相关条例。② 与前述"刚性"文件相对应,这类纲领性的、软性的文件或条例的显现度较低。

2)高校学术期刊编辑的学术诚信现状

高校学术期刊编辑自身的科研诚信意识也在不断增强。74.10%(评分在 7分以上)的调查对象认为自己比较了解国家、高校出台的学术诚信与学术规范相关的文件、指导办法(平均数 7.4,中位数 7)。编辑学习或了解国家、高校出台的学术诚信与学术规范相关的文件、指导办法主要通过网络、博客或微信中的新闻(56.70%)、工作会议(56.20%)、专题学习讲座(54.10%)等形式(见表 6.7)。仍有 12.70%认为自己不了解哪些行为属于学术失信行为。结果表明:大多数期刊编辑在积极主动了解学术不端、学术诚信相关内容,编辑自身的科研意识较强。编辑了解学术诚信与学术规范相关文件的途径主要为新闻、工作会议和专题讲座。可推断一方面是网络、新媒体的蓬勃发展更有利于信息的传播,其发布

---

① 邓履翔,胡英,沈辉戈.42 所"双一流"高校学术不端行为处理办法比较研究[J].中国科技期刊研究,2021(2).

② 邓履翔,胡英,沈辉戈.42 所"双一流"高校学术不端行为处理办法比较研究[J].中国科技期刊研究,2021(2).

的信息更容易获得关注。高校学术期刊编辑的社会团体、针对编辑的培训包含了学术诚信相关内容;另一方面则说明编辑较少从所在单位传达了解相关规章制度。

表6.7　高校学术期刊编辑学术诚信现状

调查项目	选项	样本数	占比/%
通常通过什么途径学习或了解国家、高校出台的学术诚信与学术规范相关的文件、指导办法?	单位传达	343	43.40
	专题学习讲座	427	54.10
	工作会议	444	56.20
	网络、博客或微信中的新闻	448	56.70
	党员学习	129	16.30
	其他	44	5.60
所在的高校是否出台了专门的学术诚信与学术规范相关的文件、指导办法及宣传教育举措,具体表现形式包括哪些?	学术委员会章程	303	38.40
	学术道德规范手册	380	48.10
	学术不端行为查处办法	359	45.40
	学位论文相关规范(包括但不限于撰写、投稿、审稿、发表)	550	69.60
	教师和研究生的相关讲座或课程	244	30.90
	相关的案例遴选推送与警示教育	145	18.40
	其他	29	3.70
是否了解哪些行为属于学术失信行为?	非常了解	203	25.70
	了解	483	61.10
	不太了解	85	10.80
	非常不了解	15	1.90
	其他	4	0.50

　　3)高校学术失信行为的主要表现、产生原因和解决对策

　　高校学术期刊编辑认为高校学术失信行为的主要表现形式为买卖或代写论文、伪造实验数据和图表、抄袭或剽窃(比例均高于60.00%),且当前高校学术失信行为的主要原因在于缺乏科学公正的学术评价和管理机制,缺少科学道德行为的规范、监督和处罚机制(79.90%)、功利化的社会风气对教师、研究生造成不良导向(66.20%)、科研和管理人员自律性不够,缺乏科学道德素养

(60.60%)。此外,编辑认为应优化科研评价体系,完善科研项目管理、人事管理等机制,使相关人员"不能做"(81.00%),强化对学术失信行为查处机制,使相关人员"不敢做"(62.70%),提升教师个人的科研道德水平和职业操守,使相关人员"不愿做"(58.40%)等方面,完善当前高校学术失信行为的治理对策。

(3)高校学术期刊编辑与学术诚信体系建设工作的关系

1)高校学术期刊编辑在高校学术诚信体系建设中的角色(见表6.8)

超过一半(57.50%)的编辑认为高校学术期刊编辑代表可以参与到高校学术诚信体系建设中来。其余依次为教师代表(79.40%)、管理人员代表(71.00%)、研究生代表(53.20%)。高校学术期刊编辑在高校学术诚信体系建设中各角色所占比例从高到低依次为中坚力量(48.40%)、辅助者(20.50%)、领导者(15.80%)、跟随者(12.50%),选择无关者的仅占1.90%。在高校学术期刊编辑看来,编辑在高校学术诚信体系建设中应该发挥比较重要的作用(选择中坚力量和领导者的占比达64.20%)。86.80%认为高校学术期刊编辑比较了解学术失信行为,73.60%(其中特别能胜任占23%,能胜任占50.6%)认为高校学术期刊编辑能够胜任高校学术诚信建设体系中的角色,80.10%认为高校期刊编辑有必要参与到高校学术诚信体系建设之中(非常有必要占49.30%,有必要占30.8%)。

可见,在高校学术期刊编辑看来,作为学术共同体的重要一员,高校学术期刊编辑应该是高校学术诚信体系建设的重要组成部分,编辑也有强烈的意愿参与进来。其次,高校学术期刊编辑对于学术规范、学术失信行为较为了解,因此能够胜任,且非常有必要参与到高校学术诚信体系建设中来。

表6.8　高校学术期刊编辑在高校学术诚信建设体系中的角色

调查项目	选项	样本数	占比/%
哪些成员可以参与高校学术诚信体系建设中来?	研究生代表	420	53.20
	教师代表	627	79.40
	管理人员代表	561	71.00
	学术期刊编辑代表	454	57.50
	其他	14	1.80

调查项目	选项	样本数	占比/%
高校学术期刊在高校学术诚信体系建设中的角色应该是?	辅助者	162	20.50
	跟随者	99	12.50
	领导者	125	15.80
	中坚力量	382	48.40
	无关者	15	1.90
高校学术期刊的编辑是否有必要参与到高校学术诚信体系建设中来?	非常有必要	382	49.30
	有必要	239	30.80
	没必要	124	16.00
	非常没必要	17	2.20
	不了解	11	1.40
	其他	2	0.30
高校学术期刊的编辑是否能够胜任高校学术诚信体系建设中的主要角色?	特别能胜任	178	23.00
	能胜任	392	50.60
	不能胜任	163	21.00
	完全不能胜任	20	2.60
	不太了解	16	2.10
	其他	6	0.80

注:选择"无关者"将直接跳转至问卷结束。

2)高校学术期刊编辑在高校学术诚信建设体系中的优势和作用(见表6.9)

关于高校学术期刊在高校学术诚信体系建设中的独特性包括四个方面:知识创造与传播的把门人(54.60%)、创新性科研成果的重要刊载阵地(64.10%)、预防学术失信的重要关口(56.50%)、加强学术诚信教育和宣传的重要阵地(62.20%)。此外,高校学术期刊具备以下优势:编辑队伍具备丰富的编校经验,还有高水平的编委和审稿专家,积累了丰富的学术失范行为的实践案例,具备专业的论文学术不端检测系统,了解掌握最新的学术诚信国际国内发展动态与趋势,拥有投审稿系统、官网、新媒体平台、学术社群,编辑部有比较完备的规章制度和编辑出版规范等。基于高校学术期刊的独特性和自身存在的优势,调查对象认为在建设高校诚信体系建设工作方面,高校学术期刊具备自身的一些独特性,同时具备人才、经验、硬件、理念、平台和制度等优势,可以从监督学术失信问题(69.30%)、出版和同行评议过程中审核把关(66.80%)、为高校学术规范文件的制定提供资料和意见(57.00%)、为学术失信行为认定提供技术和理论支持(52.00%)、为学术诚信教育工作提供师资(47.60%)等多个方面发挥作用。

表 6.9　高校学术期刊在高校学术诚信建设体系中的优势和作用

调查项目	选项	样本数	占比/%
高校学术期刊在高校学术诚信体系建设中具备哪些独特性?	是知识创造与传播的把门人	423	54.60
	是创新性科研成果的重要刊载阵地	497	64.10
	是预防学术失信的重要关口	438	56.50
	是加强学术诚信教育和宣传的重要阵地	482	62.20
	不太了解	19	2.50
	其他	3	0.40
高校学术期刊在参与高校学术诚信建设方面的优势有哪些?	理念优势——了解掌握最新的学术诚信国际国内发展动态与趋势	457	59.00
	经验优势——积累了丰富的学术失范行为的实践案例	520	67.10
	硬件优势——具备专业的学术不端检测系统	503	64.90
	人才优势——编辑队伍具备丰富的编校经验,还有高水平的编委和审稿专家队伍	519	67.00
	平台优势——拥有投审稿系统、官网、新媒体平台、学术社群	389	50.20
	制度优势——编辑部有比较完备的规章制度和编辑出版规范	283	36.50
	不太了解	9	1.20
	其他	0	0.00

调查项目	选项	样本数	占比/%
高校学术期刊在高校学术诚信体系建设中的作用包括以下哪些？	对学术失信行为进行出版过程和同行评议审核把关	518	66.80
	为学术诚信教育工作提供师资力量	369	47.60
	对学术失信问题的产生起到监督作用	537	69.30
	为学术失信行为的认定提供技术支持和理论支撑	403	52.00
	为高校学术规范等文件的制定提供参考资料和意见	442	57.00
	参与到学术失信行为的治理中	230	29.70
	其他	3	0.40

3）高校学术期刊编辑如何发挥在高校学术诚信体系建设中的作用

高校学术期刊编辑可通过提供案例、做法、进展和趋势等教育素材（69.40%），制定科学研究、论文写作与稿件审查评议等过程中的伦理规范标准或指南（63.20%），联系国内外同行或专家担任师资（55.60%），编辑自身担任师资（44.90%）等途径，为高校学术诚信教育提供师资或素材。其次，可通过对协助本校相关治理委员会（如学术道德/学风建设委员会）监控相关信息（74.20%），向作者所在单位通报学术失信有关情况（71.50%），提高稿件在学术诚信方面的编辑审查力度与同行评议标准（63.50%），建立学术失信作者黑名单，与其他高校学术期刊形成联动机制，展开学术失信行为的联动机制（56.50%）等方式，发挥学术失信问题的监督作用。此外，还可通过积极开展相关理论、标准、规范、制度的学习与案例素材积累工作（77.50%），积极参与国际国内学术伦理学术组织，开展广泛的合作交流，丰富实际经验（75.90%），积极开展学术诚信方面的研究工作（58.60%），加强对学术不端检测相关软件、程序等新技术的学习和使用（49.90%）等方式，为高校学术诚信建设提供技术支持和理论支撑。

高校学术期刊编辑认为可以通过为高校学术规范等文件的制定、修订等提供参考资料和意见（75.60%），加入高校学术规范等文件制定的工作组（75.50%），在高校学术规范等文件的执行中发挥监督作用（63.40%）等方式，参与高校学术规范相关文件的制定工作。高校学术期刊编辑参与到学术失信行为的治理体系中的形式可以包括本校相关治理委员会(如学术道德/学风建设委员会)向本校学术期刊编辑出版单位征求意见(76.30%),本校相关治理委员会(如学术道德/学分建设委员会)成立的学术失信行为调查组含有至少一名学术期刊编辑(59.20%),本校相关治理委员会(如学术道德/学风建设委员会)吸纳学术期刊编辑(57.50%)等。目前高校相关治理委员会成员以教师和管理人员为主,较少或几乎没有高校学术期刊编辑、学生群体的参与。建设学术诚信体系需要多方群体协同参与,这样既可以发挥学术期刊编辑的独特性和优势,同时也能充分保障学生的权益。

(4)小结

通过问卷调研,了解了高校学术期刊编辑对科研诚信问题的认知现状,以及高校学术期刊编辑在高校科研诚信体系建设中的角色定位与功能。调研结果显示:问卷回收率较高,回收数较多,分布较广,结果有较高的价值;高校学术期刊编辑认为——我国高校学术诚信现状整体有所改善;编辑自身的学术诚信意识也在不断增强;80.10%认为编辑有必要参与到高校学术诚信体系建设中来,64.20%认为编辑可成为中坚力量和领导者,73.60%认为编辑能够胜任这一角色;编辑可以在高校学术诚信体系建设中承担更多的职责,如对学术失信问题的产生起到监督作用(69.30%)、对学术失信行为进行出版过程和同行评议审核把关(66.80%)、为高校学术规范等文件的制定提供参考资料和意见(57.00%)、为学术失信行为的认定提供技术支持和理论支撑(52.00%)、为学术诚信教育工作提供师资力量等(47.60%)。我们有理由认为:高校学术期刊编辑在理念、经验、硬件和人才等多个方面具备一定的优势,非常愿意且完全有能力作为中坚力量参与高校学术诚信体系的建设工作。高校应将期刊编辑纳入学术诚信体系建设工作之中。

2.高校教师/管理人员对编辑在学术诚信建设中的角色定位与功能的认知

针对科研领域不断出现的学术不端行为,我国从20世纪90年代开始相继出台了一系列的政策和文件来大力加强科研诚信建设,弘扬风清气正的学术氛围,从宏观和微观两个方面遏制学术不端事件的发生。近年来,国家连续制定《国家科技计划(专项、基金等)严重失信行为记录暂行规定》《关于进一步加强科研诚信建设的若干意见》和《关于进一步弘扬科学家精神加强作风和学风建设的意见》等多个指导性文件,更是进一步彰显了国家对学术诚信建设工作的高度重视。

作为科技成果最重要的发布和传播平台,学术期刊将众多科研工作者紧密联系起来,共同构建了一个相互依存、相互促进的学术生态圈。要实现学术生态圈的良性循环和持续健康发展,学术诚信是其中最关键的因素。然而,目前国家正处在经济和社会转型的关键时期,日新月异的科技成果给人类社会带来巨大进步的同时,也催生了部分科研工作者急功近利的浮躁心态,最直观的表现就是学术不端行为的发生。

(1)相关研究综述

孙娟等[①]剖析了学术诚信缺失的表现及成因,结合当前科研诚信建设短板和最新发展趋势,分析了学术期刊在科研诚信建设中的独特作用——推进学术创新的支撑平台、预防学术不端的重要关口、加强科研诚信教育的主阵地。同时,从顶层设计、内控管理、文化培育层面,提出学术期刊在加强学术失信防范、学术不端惩戒、科研信用管理、科研诚信教育等方面的建议。李爱群等[②]采用问卷调查的形式,研究了体育科研人员对学术不端行为的认知和态度,以及体育学术期刊及编辑的相应作为。作为学术规范的制定者和学术把关者,体育学术期刊编辑应对他们进行学术规范指导和学术诚信教育,建立起顺畅、高效的审稿与反馈机制,及时更新与升级学术不端检测软件,帮助科研人员避免学术不端行为。李洁等[③]针对我国医学科研人员出版伦理的认知情况展开调研,认为医学期刊和编辑在科研伦理教育和科研诚信建设中大有可为,建议对医学科研人员群体开展出版伦理教育,加强稿件的伦理审查发现学术不端,加强学术出版的规范性、透明性和开放性,维护科研诚信,积极调查学术不端行为和撤销学术不端稿件,加强出版伦理的技术支持与服务。医学期刊应在完善自身出版伦理建设的基础上,切实履行出版伦理规范,积极参与医学科研人员科研伦理的教育活动,发挥期刊在科研诚信体系建设中应有的作用。侯兴宇[④]从"透明性"概念出发,提出科技期刊在科研诚信协同治理过程中具有维护出版规范的守门人、严守审校流程的控制人、维护同行评议权威的责任人和科研诚信协同治理的倡导者

---

① 孙娟,何丽,朱勇刚,等.学术期刊在科研诚信建设中的作用与实施路径[J].中国科技期刊研究.2021(2).

② 李爱群,黄玉舫.我国体育科研人员对学术不端行为的认知和态度及体育学术期刊治理方策[J].中国科技期刊研究,2019(3).

③ 李洁,李娜,栾嘉,等.我国医学科研人员出版伦理认知情况调研及对医学期刊工作的启示[J].编辑学报,2020(3).

④ 侯兴宇.科技期刊在科研诚信协同治理中的作用[J].编辑学报,2021(1).

等四个重要作用。科技期刊要利用自身优势,积极参与并融入科研诚信分类教育和培训工作,对科研诚信治理中的重大问题、重要概念和重要举措等进行研究和讨论,形成规则和共识;科技期刊要采取多种形式,开展诚信承诺审核工作;在对重大科研诚信案件实施联合调查时,主动参与调查过程,积极共享调查程序;科技期刊要善用舆论监督,在保持透明的前提下,与学术共同体一道实现科研诚信的协同治理。史昱①分析了科技期刊与科研诚信的关系,阐述了科技期刊是维护和培育科研诚信的重要力量,指出科技期刊既是科研诚信的重要守门人,也是科研诚信的重要建设者,同时科技期刊也要加强自身的诚信建设。张晓雪②认为科技期刊一方面要做好学术不端行为的守门员和防火线,主动探测、防范科研诚信相关问题,另一方面也应恪守出版伦理与职业规范,认真履行科技出版的责任和使命,同时,科技期刊也应积极参与科研诚信与出版伦理体系建设,共同打造良好的学术生态环境。王芳等③从学术不端的定义、主要表现形式、危害、应对措施等多个方面深入剖析学术期刊应对学术不端行为的策略,提出学术期刊编辑人员应强化学习、认清学术不端行为的表现形式及危害,及时使用与更新各种学术论文检测系统。编辑部要增强辨别学术不端行为的能力,为作者负责到底,构建学术不端行为信誉数据库,严惩学术不端行为。李新根等④认为学术期刊编辑应充分发挥编辑主体意识,当好把关人和"守门员",应该采取树立责任意识和品牌意识,杜绝人情稿、关系稿和学术泡沫;提高服务意识,加快稿件处理速度,缩短发表周期;坚持"小同行"送审,发挥审稿专家在防范学术不端方面的作用;充分利用先进的技术手段,提高检测的效率和精度等多项措施,将学术不端的危害降到最低。宫在芹等⑤研究了科技期刊应对学术不端行为的反制措施,包括编审阶段的多次学术不端检测、加强对《学术出版规范期刊学术不端行为界定》(CY/T 174—2019)的宣传推广、建立学术不端人员共享信息库、及时发布撤稿勘误声明等。江国平⑥从编辑的视角出发对作者投稿中学术不端行为的主要表现以及如何处理防范进行了分析和探讨,提出应该加强宣传、建立诚信档

① 史昱.科技期刊与科研诚信建设刍议[J].编辑学报,2021(1).

② 张晓雪.科技期刊在学术生态建设中如何发挥积极作用[J].编辑学报,2021(1).

③ 王芳,张琼,李朝晖. 浅谈学术期刊在反对学术不端行为中发挥的作用[J].传播与版权,2020(4).

④ 李新根,徐用吉.学术期刊编辑如何防范学术不端行为[J].2010(8).

⑤ 宫在芹,武英刚,代艳玲. 学术不端行为演变趋势及科技期刊应对措施[J]. 江苏科技信息,2021(2).

⑥ 江国平.学术期刊编辑如何处理和防范作者的学术不端行为[J].学报编辑论丛,2020:334-338.

案、加大惩罚力度和签订合同等相关措施来防范学术不端行为的发生。王嘉等①提出编辑部要从运行机制和管理方式上入手,多手段多节点管控,有效杜绝学术不端行为的发生,把稿件出版全流程分为三阶段进行研究,从前期的宣传告知预防、中期的层层审查排除、后期的同行评议中利用各种技术方式,发现学术不端稿件,有效阻止各种涉嫌学术不端的论文进入发表流程。赵晓华②提出高校学报是防范学术不端的重要阵地,学报应当加强对作者、编辑、审稿专家的管理,采取有效措施防范学术不端行为,净化学术环境。高校学报除了承担着防范学术不端行为的责任之外,还承担着对涉嫌学术不端的人员进行惩戒的责任。印波③研究了《科研诚信案件调查处理规则(试行)》出台的背景,进而对相关规定进行法教义学分析。对科技期刊编辑部在科研失信行为查处中的主体责任,《科研诚信案件调查处理规则(试行)》将受规制行为由学术不端拓展为科研失信,规定了配合开展调查责任,以及独立的举报受理、调查处理责任。对于《科研诚信案件调查处理规则(试行)》的未尽之处,科技期刊编辑部可在投稿发稿过程中,运用各种契约中的科研诚信条款对处理措施予以约束。范艳芹等④认为期刊编辑作为学术传播活动的主体之一,负有对稿件质量进行把关的重任。发挥期刊编辑的能动性和积极性,可以有效防范学术不端,增强学术传播效果。翁志辉⑤认为学术期刊编辑负有对期刊论文学术不端把关的职责,结合长期从事科技学术期刊编辑的实践,提出学术期刊编辑要善于利用现代大数据技术和期刊数字出版平台,有效防范学术不端行为:一是利用网络资源加强学习,提高识别学术不端的理论和业务素养;二是利用期刊网站及其互动平台,引导作者提升学术规范意识;三是善用采编系统、查重系统、大数据等平台,实现多层面的检测与防控;四是加强出版自律,坚守学术出版的规矩与底线;五是学术期刊、学术共同体、数据库与期刊平台开发商、作者及科研院校要齐抓共管,协同推进学术诚信文化建设。武星彤等⑥从科技期刊发展现状、伦理道德问题产生原因及治理对策等三方面探讨了科技期刊学术诚信问题,提出强化对作者科学道德和学术规范的引导,强化编辑诚信价值体系建设,加强科技期刊诚信危机管理的立法建设

---

① 王嘉,仲辉,杨琴.科技期刊编辑部针对学术不端的防范措施[J].学报编辑论丛,2020:683-686.
② 赵晓华.高校学报生态系统及学术不端行为防范研究[J].新乡学院学报,2020(10).
③ 印波.科技期刊编辑部在科研失信行为查处中的主体责任[J].编辑学报,2020(4).
④ 范艳芹,楼启炜.期刊编辑防范学术不端的"把关人"作用[J].青年记者,2020(12).
⑤ 翁志辉.学术期刊编辑要善于利用网络平台防范学术不端行为[J].编辑学报,2019(S2).
⑥ 武星彤,谈平,鲁博,等.科技期刊学术诚信问题的探讨[J].编辑学报,2019(S2).

及监管要求,建立第三方诚信监管环境。张宏等[①]结合国内外学术不端的相关案例,从期刊管理的角度,提出几种网络检测学术稿件的方法及其他应对策略,探析学术期刊以及管理人员如何在学术不端防范中发挥重要作用。于玲玲等[②]采用电子调查问卷对三家三级医院 278 名科研人员进行调查,调查内容包括基本情况、科研诚信认知情况、对待学术不端行为的态度、周围科研人员学术不端发生情况及学术不端行为意向。统计分析显示学术诚信认知与学术不端行为意向呈负相关。三级医院科研人员科研诚信知识缺乏,学术不端形势不容乐观,急需采用综合有效措施进行干预。郑晓梅等[③]设计针对期刊编辑人员和科研人员2 种问卷,调查期刊编辑和科研人员对学术不端及其边缘行为的界定、防范和处理认知,严格界定和划分学术不端、学术不当和学术失当行为;梳理 15 种学术不端、9 种学术不当和 10 种学术失当行为的具体表现;总结 6 种学术不端、5 种学术不当和 5 种学术失当行为的处理方式;明确引发学术不端及其边缘行为的制度和环境因素以及调查对象对我国相关文件政策的认知情况;总结 15 种期刊编辑人员和 8 种科研人员对学术不端行为的预防对策;确定 20% 的文字复制比是目前编辑部普遍容许的最高复制比。白新文等[④]以参与过国家重大科研项目的科研人员为对象,采用场景模拟法收集数据,结果发现,我国科研人员对学术不端行为的归因存在内部归因、外部归因、交互作用归因、情境特异性归因四种模式。进一步分析表明,不管持何种归因方式,我国科研人员对学术不端行为都持明确的否定态度,但对不端行为再次发生可能性的判断则存在显著差异。张鹏俊等[⑤]采用问卷调查法对 115 名医学领域相关院校、研究所、医院的科研和教育管理部门管理工作者进行调查,并对数据进行统计分析。结果发现医学科研管理工作者的学术诚信知识的平均得分为(43.09±10.41)分,总体知晓率为46.77%;学历、专业技术职称、项目主持或参与情况、论文发表情况、论文评阅、项目/科技成果评审经历是影响诚信认知的因素;对学术诚信建设现状的总体满

① 张宏,程建霞,王小唯,等.学术不端现象分析及期刊编辑应对策略[J].编辑学报,201(1).

② 于玲玲,苗苗,刘伟,等.三级医院科研人员科研诚信认知及学术不端现状调研分析[J].中华医学科研管理杂志,2020(4).

③ 郑晓梅,张利田,王育花,等.期刊编辑和科研人员对学术不端及其边缘行为的界定、防范和处理认知的调查结果分析[J].中国科技期刊研究.2020(4).

④ 白新文,张婍,杜鹏,等.我国科研人员对学术不端行为的归因分析——基于参与国家重大科技项目科研人员的调研[J].中国科学基金,2017(3).

⑤ 张鹏俊,高强,彭博,等.医学科研管理工作者科研诚信认知现状调研分析[J].中华医学科研管理杂志,2019(2).

意度为 41.65％;医学科研管理工作者认为影响医学领域科研诚信主要的因素是学术评价体制(81.74％)、社会大环境(78.26％)、个人成就动机(76.52％)和自身道德素养(73.04％)。研究者认为现阶段医学科研管理工作者的科研诚信认知水平不足,对学术诚信建设的满意度有待提高。赵金国等[①]在实证调研山东省 812 名科研人员的基础上,基于年龄、专业技术职务、学历、学科门类、工作性质、发表论文层次和主持课题层次 7 个方面,通过 T 检验和方差分析,分析诚信满意度、学术规范了解度和诚信信心度方面的差异,提出学术诚信建设的对策建议:加强学术道德和学术规范教育,细化学科学术规范,加强科研能力训练。

以上的研究成果多从教师或管理人员的角度初步探讨了学术期刊跟科研诚信的关系、学术期刊对学术不端行为发挥的积极作用以及学术诚信建设对学术期刊的促进作用,但从整个学术生态圈的角度来看,对于学术期刊,尤其是高校学术期刊在学术诚信建设中的角色定位与功能还缺乏系统深入的研究。在构建诚信健康发展的学术生态圈的过程中,高校教师认为,高校学术期刊应承担何种角色,学术期刊也应以此为基础弄清楚自己"是谁"和"该做什么",并结合生态系统的外部环境变化,认真思考"能做什么",才能达到建成良好学术生态圈,打造一流科技期刊的最终目标。

(2)基本情况

此次调研,共计回收有效问卷 1249 份。调查对象所在的省份(见图 6.2)包括湖南(13％)、广东(13％)、山东(8％)、河南(7％)、江西(6％)等十多个省份,分布范围非常广泛。在被调查的 1249 人中,在性别比例上,有男性 714 人(57.2％),女性 535 人(42.8％),高校教师中男性群体比女性在数量上占有一定优势。在职称方面,初级职称 125 人(10％),中级职称 511 人(40.9％),副高级职称 379 人(30.3％),正高级职称 203 人(16.3％),其他职称 31 人(2.5％),主要是高等院校中的行政工作人员。在被调查者拥有的学位方面,博士学位 365 人(29.2％),硕士学位 504 人(40.4％),学士学位 327 人(26.2％),其他有 53 人(4.2％)。从职称和学历来看,高校教师群体是一个具备高学历和高职称的高素质群体。在年龄分布方面,29 岁以下有 153 人(12.2％),30—35 岁有 542 人(43.4％),36—40 岁有 329 人(26.3％),41—45 岁有 154 人(12.3％),46—50岁有 40 人(3.2％),51 岁以上有 31 人(2.5％)。从调查结果的年龄来看,高校教师管理人员的年龄分布比较合理,94.3％的教师年龄在 46 岁以下,说明参与

---

① 赵金国,朱晓红.基于科研人员特征的科研诚信比较分析[J].中国高校科技,2018(12).

调研的高校教师队伍是一个年富力强、朝气蓬勃的年轻群体,这个群体也是当前和科研工作的活跃人群。关于被调查者所在的学校方面,985 高校的有 248 人(19.9%),211 高校(不含 985 高校)的有 470 人(37.6%),一本院校(不含 985 和 211 高校)的有 329 人(26.3%),其他院校的有 202 人(16.2%)。在被调查对象受聘的岗位方面,管理岗 182 人(14.6%),教师岗 797 人(63.8%),专业技术岗 253 人(20.3%),其他 17 人(1.4%)。在人员的级别方面,职员级 242 人(19.4%),科级 254 人(28.3%),副处级 275 人(22%),正处级 89 人(7.1%),无行政级别 262 人(21%),其他 27 人(2.2%)。在所有被调查者当中,有 815 人具有海外学习或工作经历,占比为 65.3%,其余 434 人没有海外留学经历,占比为 34.7%。

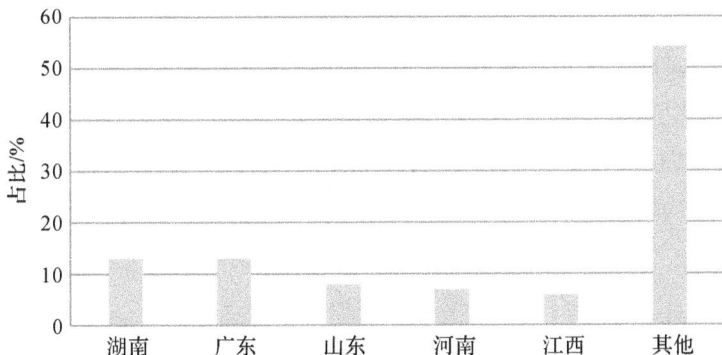

图 6.2　调查对象各省份分布图

(3)高校教师群体对学术诚信问题的认知情况

1)当前高校学术诚信问题的现状及学术失信的表现形式

对于当前我国高校学术诚信现状的问题,由被调查者按照 1—10 分(1 分最差,10 分最好)进行打分,结果见图 6.3。从调查结果来看,我国高校学术诚信状况的平均得分为 7.8 分。如果以 6 分作为及格分数,有 89.6% 的调查对象给出了 6 分以上的分数,甚至有 21.1% 的人给出了 10 分的满分。这组数据充分说明,我国目前的学术诚信现状是令绝大多数人满意的,也充分说明教师/管理人员群体认为我国高校中的学术不端行为得到了有效控制。

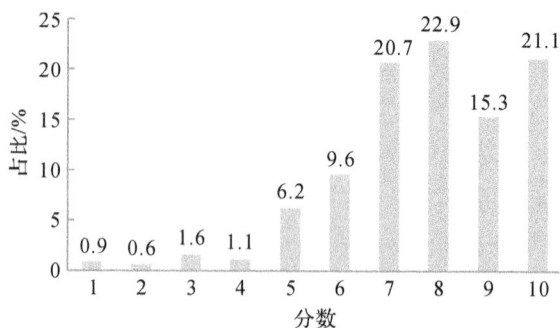

图 6.3　我国高校学术诚信现状调查

对于哪些行为属于学术失信行为（或学术不端行为）（结果见表 6.10），"非常了解"的有 461 人（占 36.9%），"了解"的有 641 人（占 51.3%），占到了总人数的 88.2%。说明广大高校教师已经认识到学术不端现象的存在。"不太了解"的有 118 人（占 9.4%），"非常不了解"的有 27 人（占 2.2%）。另有两人无数据。虽然对学术失信行为了解不多的人所占比例只有 11.6%，但绝对人数却达到了145 人。一方面说明国内高校对学术诚信建设的宣传和执行力度还有待加强，另一方面也有可能是某些单纯从事教学或者行政管理的人员，对学术工作接触得不多，对于学术不端的行为也就缺乏深刻的认识。

表 6.10　学术失信（学术不端）行为了解程度

选项	选择人数	占比/%
非常了解	461	36.9
了解	641	51.3
不太了解	118	9.4
非常不了解	27	2.2

关于当前高校学术失信行为的主要表现形式（结果见表 6.11），选择"抄袭或剽窃"的有 595 人（占 47.6%），选择"伪造实验数据和图表"的有 775 人（占62%），选择"买卖或代写论文"的有 793 人（占 63.5%），选择"虚构同行评审专家及评审意见"的有 545 人（占 43.6%），认为"署名不当"的有 415 人（33.2%），选择"不合理的引用"的有 402 人（32.2%），选择"一稿多投或重复发表"的有335 人（占比 26.8%），不太了解的 28 人（占 2.2%），其他 5 人（占 0.4%）。绝大多数人（占 97.4%）都或多或少的了解到学术失信行为的表现形式，只有极少数

人(33 人)对于学术不端行为不太了解或者不太关注。

表 6.11　高校学术失信行为的主要表现形式

表现形式	选择人数	占比/%
抄袭或剽窃	595	47.6
伪造实验数据和图表	775	62
买卖或代写论文	793	63.5
虚构同行评审专家及评审意见	545	43.6
署名不当	415	33.2
不合理的引用	402	32.2
一稿多投或重复发表	335	26.8
不太了解	28	2.2
其他	5	0.4

2)学术诚信与学术规范相关的文件解读

关于我国高校学术诚信治理相关文件是否完备的问题,由被调查者按照 1—10 分(1 分最差,10 分最好)进行打分,结果见表 6.11。从调查结果(见图 6.4)来看,我国高校学术诚信治理相关文件完备性的平均得分为 7.7 分。如果以 6 分作为及格分数,有 87.1%的调查对象给出了 6 分以上的分数,甚至有 19.9%的人给出了 10 分的满分。这组数据说明,绝大多数人认为我国高校目前出台的学术诚信治理的相关文件还是非常完备的,但同样有 162 人(占 12.9%)却表现出不太满意的观点,认为高校的学术诚信治理文件的完备性还有待加强。

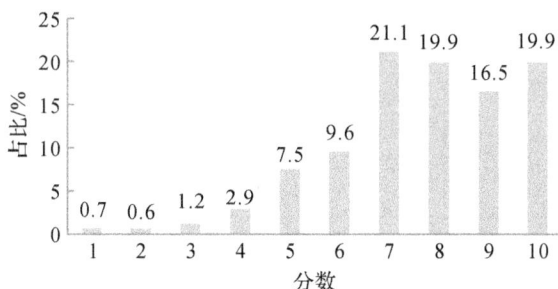

图 6.4　我国高校学术诚信治理相关文件的完备性调查

关于是否了解国家、高校出台的科研诚信与学术规范相关的文件、规定或指导办法的问题(或对其了解程度),由被调查者按照 1—10 分(1 分最差,10 分最好)进行打分,结果见图 6.5。这个问题的调查结果也是令人满意的,得到的平均分达到 7.8 分。有 89.5% 的调查对象给出了 6 分以上的得分,甚至有 22.9% 的人给出了满分 10 分。

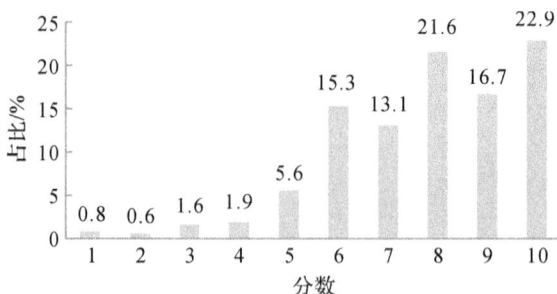

图 6.5 学术诚信与学术规范相关的文件、规定或指导办法的了解程度

关于学习或了解国家、高校出台的学术诚信与学术规范相关的文件、规定或指导办法的具体途径,有 510 人(占比 40.8%)选择"相关课程"学习,有 717 人(占比 57.4%)通过"专题学习讲座"学习,有 765 人(占比 61.2%)通过"工作会议"了解,有 705 人(占比 56.4%)通过"网络、博客或微信中的新闻"学习,有 303 人(占比 24.3%)选择"党员学习",还有选择"其他"的 45 人(占比 3.6%)。(见表6.12)

表 6.12 学习或了解学术诚信与学术规范相关文件的途径

途径	选择人数	占比/%
相关课程	510	40.8
专题学习讲座	717	57.4
工作会议	765	61.2
网络、博客或微信中的新闻	705	56.4
党员学习	303	24.3
其他	45	3.6

关于被调查者所在高校出台的学术诚信与学术规范相关的文件、规定或指导办法,其具体的表现形式(结果见表 6.13)包括哪些,选择"学术委员会章程"有 532 人(占比 42.6%),选择"学术道德规范手册"有 736 人(占比 58.9%),选择"学术失信行为查处办法"有 679 人(占比 54.4%),选择"学位论文相关规范(包括但不限于撰写、投稿、审稿、发表)"的有 731 人(占比 58.5%),选择"教师

和研究生的相关讲座或课程"的有 466 人(占比 37.3%),选择"相关的案例遴选推送与警示教育"的有 402 人(占比 32.2%),"不太了解"的有 58 人(占比 4.6%),选择"其他"有 4 人(占比 0.3%)。

表 6.13　学术诚信与学术规范相关文件的表现形式

表现形式	选择人数	占比/%
学术委员会章程	532	42.6
学术道德规范手册	736	58.9
学术失信行为查处办法	679	54.4
学位论文相关规范(包括但不限于撰写、投稿、审稿、发表)	731	58.5
教师和研究生的相关讲座或课程	466	37.3
相关的案例遴选推送与警示教育	402	32.2
不太了解	58	4.6
其他	45	3.6

3)学术诚信教育或培训工作

关于高校对教师进行专门学术诚信相关的教育或培训工作,采取的形式有哪些(结果见表 6.14),选择"岗前培训"的有 600 人(占比 48%),选择"专题培训"的有 735 人(占比 58.8%),选择"党员学习"的有 566 人(占比 45.3%),选择"课程学习"的有 619 人(占比 49.6%),选择"网络学习"的有 486 人(38.9%),"不太了解"的有 77 人(占比 6.2%),"其他"有 45 人(占比 3.6%)。

表 6.14　学术诚信相关教育或培训工作的形式

形式	选择人数	占比/%
岗前培训	600	48
专题培训	735	58.8
党员学习	566	45.3
课程学习	619	49.6
网络学习	486	38.9
不太了解	77	6.2
其他	45	3.6

关于被调查者所在团队多久为学生讲解一次学术规范和学术道德相关的知

识(结果见表 6.15),有 197 人(占比 15.8%)"1 个月"讲解 1 次,有 466 人(占比 37.3%)"3 个月"讲解 1 次,有 323 人(占比 25.9%)"6 个月"讲解 1 次,有 167 人 (占比 13.4%)"12 个月"讲解 1 次。高校相关部门对教师进行学术诚信培训的 频率,客观上反映了高校对学术诚信问题的重视程度。然而,有 77 人(占比 6.2%)从"没讲过",还有选择"其他"的 19 人(占比 1.5%),这也从侧面说明少 数高校对于学术不端的问题依然没有引起充分的重视。

表 6.15 学术规范和学术道德相关的知识培训频次

频次	选择人数	占比/%
1 个月	197	15.8
3 个月	466	37.3
6 个月	323	25.9
12 个月	167	13.4
没讲过	77	6.2
其他	19	1.5

(4)高校学术失信的形成原因和改善的对策。

1)高校学术失信的形成原因

关于造成当前高校学术失信行为的主要原因(结果见表 6.16 所示),有 485 个受访者(占比 38.8%)认为是"缺乏对学术诚信方面的教育和引导",有 852 个 受访者(占比 68.2%)认为是"缺乏科学公正的科研评价和管理机制,缺少科学 道德行为的规范、监督和处罚机制",有 761 个受访者(占比 60.9%)认为是"功 利化的社会风气对教师、研究生造成不良导向",有 626 个受访者(占比 50.1%) 认为是"科研和管理人员自律性不够,缺乏科学道德素养",有 396 个受访者(占 比 31.7%)认为是"编辑出版机构没有科学的学术诚信管理规范,对学术不端行 为辨识不足、惩戒力度不够",有 18 人(占比 1.4%)选择"不太了解",还有"其 他"7 人(占比 0.6%)。

表 6.16 造成当前高校科研失信行为的主要原因

原因	选择人数	占比/%
缺乏对学术诚信方面的教育和引导	485	38.8
缺乏科学公正的科研评价和管理机制,缺少科学道德行为 的规范、监督和处罚机制	852	68.2

原因	选择人数	占比/%
功利化的社会风气对教师、研究生造成不良导向	761	60.9
科研和管理人员自律性不够,缺乏科学道德素养	626	50.1
编辑出版机构没有科学的学术诚信管理规范,对学术不端行为辨识不足、惩戒力度不够	396	31.7
不太了解	18	1.4
其他	7	0.6

从选项的人数分布来看,首先,"缺乏科学公正的科研评价和管理机制,缺少科学道德行为的规范、监督和处罚机制"被认为是造成高校学术不端行为频繁出现的首要原因,这就说明高校教师及管理人员已经意识到,从政策层面对学术诚信问题进行宏观指导的重要性。其次,急功近利的社会风气客观上也助长了学术腐败现象的发生。再次,科研人员及管理人员的自律性及科学道德未达到相应的高度,则是造成科研失信的内因。最后,高校相关部门对学术诚信的教育和引导力度不够,编辑出版机构对学术不端行为的惩戒力度不够,也是造成高校学术失信的重要因素。

2)高校学术失信的改善对策

关于改善当前高校学术失信行为的对策(结果见表 6.17 所示),633 人(占比 50.7%)认为应该"加强学术诚信宣传教育,提高诚信认知与意识",828 人(占比 66.3%)认为"优化科研评价体系,完善科研项目管理、人事管理等机制,使相关人员'不能做'",802 人(占比 64.2%)认为"强化对学术失信行为查处机制,使相关人员'不敢做'",537 人(占比 43%)认为应该"营造良好的学术氛围",538 人(占比 43.1%)认为要依靠"提升教师个人的学术道德水平和职业操守,使相关人员'不愿做'",417 人(占比 33.4%)认为要"加强学术共同体(科研人员、科技管理人员以及出版机构)的协同联动机制",300 人(占比 24%)认为应该"加强学术期刊的学术诚信的制度和预防学术不端的机制建设",还有"其他"3 人(占比 0.2%)。

表 6.17 改善当前高校学术失信行为的对策

对策	选择人数	占比/%
加强学术诚信宣传教育,提高诚信认知与意识	633	50.7
优化科研评价体系,完善科研项目管理、人事管理等机制,使相关人员"不能做"	828	66.3
强化对学术失信行为查处机制,使相关人员"不敢做"	802	64.2
营造良好的学术氛围	537	43
提升教师个人的学术道德水平和职业操守,使相关人员"不愿做"	538	43.1
加强学术共同体(科研人员、科技管理人员以及出版机构)的协同联动机制	417	33.4
加强学术期刊的学术诚信的制度和预防学术不端的机制建设	300	24
其他	3	0.2

为了对科研成果的诚信度进行检测,国内外开发了相关的学术不端检测软件,对这些软件的了解、熟悉情况进行调研(结果见表 6.18 所示)。有 814 人(占比 33.4%)熟悉"中国知网",有 717 人(占比 65.2%)了解"万方"软件,有 613 人(占比 49.1%)知道"CrossCheck",有 257 人(占比 20.6%)知道"Turnitin",选择"其他"的有 17 人(占比 1.4%)。

表 6.18 学术不端检测软件事情情况

选项	选择人数	占比/%
中国知网	814	33.4
万方	717	65.2
CrossCheck	613	49.1
Turnitin	257	20.6
其他	17	1.4

上述学术不端检测软件的判断标准主要是基于文字重复率的检测,对于公式推导是否正确或者图片内容的真实性检测则有待加强。关于学术不端检测软件检测结果的合理性问题,不同的调查对象也不同的认识(结果见表 6.19 所示)。有 315 人(占比 25.2%)认为检测结果"非常合理",有 618 人(占比

48.7%)认为"合理",有 271 人(占比 21.7%)认为"不合理",有 45 人(占比 3.6%)认为"非常不合理",还有"其他"的 10 人(占比 0.8%)。无论检测结果是否合理,采用学术不端检测软件对论文进行检测是国内外高校和出版机构的通用做法,检测结果基本上能够客观反映论文成果的诚信度。

表 6.19　对于学术不端检测软件检测结果的合理性调研

选项	选择人数	占比/%
非常合理	315	25.2
合理	618	48.7
不合理	271	21.7
非常不合理	45	3.6
其他	10	0.8

关于哪些成员可以参与到高校学术诚信建设体系中来的问题(结果见表 6.20 所示),选择"研究生代表"的有 689 人(占比 55.2%),选择"教师代表"的有 842 人(占比 67.4%),选择"管理人员代表"的有 729 人(占比 58.4%),选择"学术期刊编辑代表"的有 563 人(占比 45.1%),选择"其他"的有 14 人(占比 1.1%)。其实,高校科研诚信建设工作是一个系统工程,需要教师、管理人员、研究生和学术期刊编辑等各方面人员群策群力,共同参与其中。

表 6.20　哪些成员可以参与高校学术诚信建设体系中来

选项	选择人数	占比/%
研究生代表	689	55.2
教师代表	842	67.4
管理人员代表	729	58.4
学术期刊编辑代表	563	45.1
其他	14	1.1

(5)高校学术期刊在高校学术诚信建设体系中的角色和功能

1)高校学术期刊参与学术诚信建设工作的必要性

关于高校学术期刊编辑是否有必要参与到高校学术诚信建设体系中的问题(结果见表 6.21),有 489 人(占比 40.5%)认为"非常有必要",有 496 人(占比 41.1%)认为"有必要",有 160 人(占比 13.3%)认为"没必要",有 36 人(占比

3%）认为"非常没必要"，有 26 人（占比 2.2%）"不了解"。另有 42 人（占比 3.4%）选择"其他"。数据表明，绝大多数调查者认为学术期刊有必要参与到科研诚信建设体系当中。

表 6.21　高校学术期刊编辑是否有必要参与到高校学术诚信建设

选项	选择人数	占比/%
非常有必要	489	40.5
有必要	496	41.1
没必要	160	13.3
非常没必要	36	3
不了解	26	2.2
其他	42	3.4

关于高校学术期刊在高校学术诚信建设体系中的角色（结果见表 6.22），有 253 人（占比 20.3%）认为是"辅助者"，有 217 人（占比 17.4%）认为是"跟随者"，有 260 人（占比 20.8%）认为是"领导者"，有 465 人（占比 37.2%）认为是"中坚力量"，有 42 人（占比 3.4%）认为是"无关者"，还有 12 人（占比 1%）选择了"其他"。无论是"辅助者""跟随者"，还是"领导者"，广大高校教师都认为高校学术期刊是高校学术诚信建设体系中不可或缺的重要部分。从系统的构成来看，高校学术委员会、研究生院和本科生院等科研和学术管理机构是学术诚信建设体系构建的领导者和政策的制定者，高校学术期刊是作为监督者存在的中坚力量，高校教师则是学术诚信建设的主要参与者。

表 6.22　高校学术期刊在高校学术诚信建设体系中的角色

选项	选择人数	占比/%
辅助者	253	20.3
跟随者	217	17.4
领导者	260	20.8
中坚力量	465	37.2
无关者	42	3.4
其他	12	1

2)高校学术期刊参与学术诚信建设工作的可行性

关于高校学术期刊的编辑是否能够胜任高校学术诚信建设体系中的主要角色(结果见表6.23),有289人(占比23.9%)认为"特别能胜任",有698人(占比57.8%)认为"能胜任",有143人(占比11.8%)认为"不能胜任",有43人(占比3.6%)认为"完全不能胜任",有33人(占比2.7%)"不太了解",还有"其他"1人(占比0.1%)。作为刊载科研成果的主要平台,高校学术期刊制定了严格的出版伦理制度,具有丰富的学术不端行为鉴别的实践经验,完全能够作为主要角色承担学术诚信建设工作。

表6.23　高校学术期刊的编辑是否能够胜任高校学术诚信建设体系中的主要角色

选项	选择人数	占比/%
特别能胜任	289	23.9
能胜任	698	57.8
不能胜任	143	11.8
完全不能胜任	43	3.6
不太了解	33	2.7
其他	1	0.1

3)学术期刊参与高校学术诚信体系建设的独特性

关于高校学术期刊在高校学术诚信建设体系中具备哪些独特性的问题(结果见表6.24),有571人(占比47.3%)认为是"知识创造与传播的把门人",有770人(占比63.8%)认为是"科研成果的重要刊载阵地",有698人(占比57.8%)认为是"预防学术不端的重要关口",有662人(占比54.8%)认为是"加强学术诚信教育和宣传的重要阵地",有38人(占比3.1%)"不太了解",还有"其他"3人(占比0.2%)。

表6.24　高校学术期刊在高校学术诚信建设体系中具备哪些独特性

选项	选择人数	占比/%
知识创造与传播的把门人	571	47.3
科研成果的重要刊载阵地	770	63.8
预防学术不端的重要关口	698	57.8
加强学术诚信教育和宣传的重要阵地	662	54.8
不太了解	38	3.1
其他	3	0.2

4)学术期刊参与高校学术诚信体系建设的优势

关于学术期刊在参与高校学术诚信体系建设方面的优势(结果见表 6.25),有 671 人(占比 55.6%)认为学术期刊具备"理念优势——了解掌握最新的学术诚信国际国内发展动态与趋势",有 765 人(占比 63.4%)认为学术期刊具备"经验优势——积累了丰富的学术失范行为的实践案例",有 683 人(占比 56.6%)认为学术期刊具备"硬件优势——具备专业的学术失信检测系统",有 617 人(占比 51.1%)认为学术期刊具备"人才优势——编辑队伍具备丰富的编校经验,还有高水平的编委和审稿专家队伍",有 513 人(占比 42.5%)认为学术期刊具备"平台优势——拥有投审稿系统、官网、新媒体平台、学术社群",有 331 人(占比 27.4%)认为学术期刊具备"制度优势——编辑部建立了比较完备的规章制度和编辑出版规范",有 18 人(占比 1.5%)选择"不太了解",有 1 人(占比 0.1%)选择"其他"。

表 6.25　学术期刊在参与高校学术诚信体系建设方面的优势

选项	选择人数	占比/%
理念优势——了解掌握最新的学术诚信国际国内发展动态与趋势	671	55.6
经验优势——积累了丰富的学术失范行为的实践案例	765	63.4
硬件优势——具备专业的学术失信检测系统	683	56.6
人才优势——编辑队伍具备丰富的编校经验,还有高水平的编委和审稿专家队伍	617	51.1
平台优势——拥有投审稿系统、官网、新媒体平台、学术社群	513	42.5
制度优势——编辑部建立了比较完备的规章制度和编辑出版规范	331	27.4
不太了解	18	1.5
其他	1	0.1

5)高校学术期刊在高校学术诚信建设体系中的作用

关于高校学术期刊在高校学术诚信建设体系中的作用(结果见表 6.26),有 557 人(占比 46.1%)认为高校学术期刊可以"为学术诚信教育工作提供师资力量",有 732 人(占比 60.6%)认为高校学术期刊可以"对学术失信问题的产生起到监督作用",有 760 人(占比 63%)认为高校学术期刊可以"为学术失信行为的认定提供技术支持和理论支撑",有 713 人(占比 59.1％)认为高校学术期刊可以"为高校学术规范等文件的制定提供参考资料和意见",有 351 人(占比 29.1％)认为高校学术期刊完全可以"参与到学术失信行为的治理中",有 23 人(占比 1.9％)选择"不太了解",还有"其他"2 人(占比 0.2％)。

表 6.26　高校学术期刊在高校科研诚信建设体系中的作用

选项	选择人数	占比/%
为学术诚信教育工作提供师资力量	557	46.1
对学术失信问题的产生起到监督作用	732	60.6
为学术失信行为的认定提供技术支持和理论支撑	760	63.0
为高校学术规范等文件的制定提供参考资料和意见	713	59.1
参与到学术失信行为的治理中	351	29.1
不太了解	23	1.9
其他	2	0.2

6)高校学术期刊在高校学术诚信建设体系中的建设途径

关于高校学术期刊(或编辑)通过哪些途径可参与到高校学术诚信建设体系的问题(结果见表 6.27),有 473 人(占比 39.2％)认为可以采用"开展线下学术诚信讲座或课程"的形式,有 661 人(占比 54.8％)认为可以"参与高校学术规范等文件编写、制定工作",有 705 人(占比 58.4％)认为可以通过"作为委员或者咨询专家加入本校相关治理委员会(如学术道德/学风建设委员会)",有 527 人(占比 43.7％)认为可以"为相关的学术失信行为提供认证报告",有 622 人(占比 51.5％)认为可以"参与有关本校科研工作人员的学术失信行为(或学术不端行为)信息监控",有 299 人(占比 24.8％)认为可以"编写相关的讲义、教材、著作",有 379 人(占比 31.4％)认为可以"借用新媒体平台开展线上讲座或课程,开设学术诚信教育的微信或微博专题",有 321 人(占比 26.6％)认为可以"与其他高校期刊编辑形成联动机制,开展学术失信行为的联动机制(联合授课团队、编写团队)",选择"不太了解"的有 31 人(占比 2.6％),选择"其他"的有 5 人(占比 0.4％)。

表 6.27 高校学术期刊(或编辑)通过哪些途径参与到高校学术诚信建设体系

选项	选择人数	占比/%
开展线下学术诚信讲座或课程	473	39.2
参与高校学术规范等文件编写、制定工作	661	54.8
作为委员或者咨询专家加入本校相关治理委员会(如学术道德/学风建设委员会)	705	58.4
为相关的学术失信行为提供认证报告	527	43.7
参与有关本校科研工作人员的学术失信行为(或学术不端行为)信息监控	622	51.5
编写相关的讲义、教材、著作	299	24.8
借用新媒体平台开展线上讲座或课程,开设学术诚信教育的微信或微博专题	379	31.4
与其他高校期刊编辑形成联动机制,开展学术失信行为的联动机制(联合授课团队、编写团队)	321	26.6
不太了解	31	2.6
其他	5	0.4

(5)小结

通过此次问卷调研,了解了高校教师及管理人员对于学术诚信问题、对于学术期刊在高校学术诚信体系建设中的角色与功能的认知和态度。调研结果显示,问卷回收率较高,回收数较多,分布较广,结果有较高的价值;总的来看,高校教师及管理人员认可我国的学术诚信治理现状,我国高校学术诚信状况的平均得分为7.8分,89.6%的教师认为我国目前的学术诚信现状是令人满意,88.2%的教师了解哪些行为属于科研失信行为,45.1%的教师认为学术期刊编辑代表可以参与到高校学术诚信体系建设中来,而对于编辑在学术诚信体系建设中的角色与功能,有81.6%的教师认为学术期刊编辑有必要参与到高校学术诚信体系建设中,其中58%的教师认为编辑可以成为中坚力量或领导者,81.7%的教师认为编辑能胜任这样的角色,63.0%的教师认为学术期刊可以为学术失信行为的认定提供技术支持和理论支撑,58.4%的教师认为编辑可以作为委员或者咨询专家加入本校相关治理委员会(如学术道德/学风建设委员会)。从调研结果可知,高校教师普遍认可学术期刊编辑能在高校学术诚信体系建设中承担较为重要的角色。高校应将期刊编辑纳入学术诚信体系建设工作之中。

3.高校学生群体对编辑在学术诚信建设中的角色定位与功能的认知

(1)基本信息

此次调研,共回收有效问卷 1908 份,来自于广东(12%)、湖南(10%)、北京(7%)、辽宁(6%)、浙江(6%)等全国各省市(见图 6.6)。其中男性为 1069 份,占 56%,女性为 839 份,占 44%。主要年龄段为 20—25 岁,共 1158 份,占 60.7%。工学专业学生比例最大,共 763 份,占 40%,其次为理学、人文社科、医学、农学的学生,分别占比 24%、14.5%、14.4%、4.7%。问卷对象主要是来自于 211 高校(不含 985)的学生,共 616 份,占 32.3%,985 高校和一本高校(不含 985、211)的学生分别有 532 份和 535 份,占 27.9% 和 28%。从专业方向来看,工科学生占比最高,达 40%,其余依次是理科(24%)、人文社科(14.5%)、医学(14.4%)、农学(4.7%),及其他(2.6%);从学历分布上来看,博士有 322 份,占 16.9%,硕士有 812 份,占 42.6%,学士有 631 份,占 33.1%。有 36.8% 的被调研者具有国(境)外学习、工作经历。

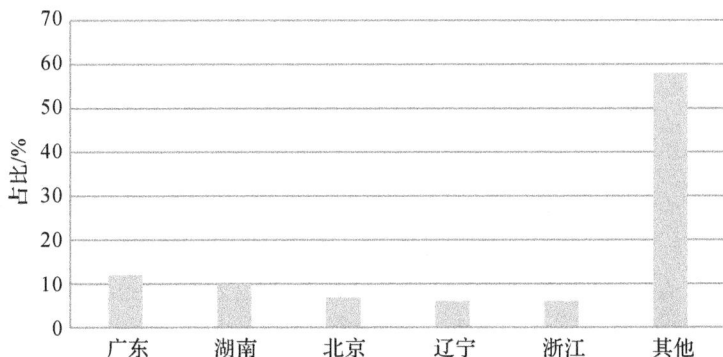

图 6.6 调查对象省份分布图

(2)高校学生对于高校学术诚信体系建设的总体认知

高校学生对于我国学术诚信整体情况,高校学术诚信治理相关文件的完备情况,国家、高校出台的学术诚信与学术规范相关的文件、指导办法的认识情况,调查问卷采用了定量化处理,每一段问题的回答划分为 1—10 分,10 分为最高水平。共有 90.6% 的学生对我国高校的学术诚信现状较为满意,选择了 6 分及以上(平均数为 7.7,中位数为 8,见表 6.28)。有 71.6% 的学生认为我国高校学术诚信治理相关文件比较完备,选择了 7 分及以上(平均数为 7.4,中位数为 8,见表 6.29)。但是在是否了解学术失信行为的调研中(见表 6.30),仅有 25.5%的学生选择了非常了解,在当前高校学术失信行为的主要表现形式的问题中(见

表 6.31），有接近 70%的学生选择了抄袭或剽窃、伪造实验数据和图表、买卖或代写论文，而对于署名不当、不合理的引用、一稿多投或重复发表三个选项，不到40%的学生认为是严重的学术失信行为。这说明大部门学生对我国学术诚信整体水平持乐观态度，但实际上对具体的学术失信行为的了解程度并不高，对学术失信的具体行为认识模糊。

表 6.28　您认为我国高校的学术诚信现状如何？

选项	选择人数	占比/%
1	5	0.3
2	7	0.4
3	21	1.1
4	36	1.9
5	112	5.9
6	192	10.1
7	360	18.9
8	580	30.4
9	273	14.3
10	322	16.9

表 6.29　您认为我国高校学术诚信治理相关文件是否完备

选项	选择人数	占比/%
1	12	0.6
2	11	0.6
3	29	1.5
4	137	7.2
5	138	7.2
6	215	11.3
7	353	18.5
8	422	22.1
9	278	14.6
10	313	16.4

表 6.30　您是否了解哪些行为属于学术失信行为

选项	选择人数	占比/%
非常了解	487	25.5
了解	947	49.6
不太了解	446	23.4
非常不了解	23	1.2
其他	5	0.3

表 6.31　您认为当前高校学术失信行为的主要表现形式有哪些

选项	选择人数	占比/%
抄袭或剽窃	1272	66.7
伪造实验数据和图表	1327	69.5
买卖或代写论文	1230	64.5
虚构同行评审专家及评审意见	1016	53.2
署名不当	693	36.3
不合理的引用	667	35.0
一稿多投或重复发表	680	35.6
不太了解	44	2.3
其他	6	0.3

在对国家、高校出台的学术诚信与学术规范相关的文件、指导办法的了解途径上,有 69.5% 的学生认为自己了解国家、高校出台的学术诚信与学术规范相关的文件、指导办法,选择了 7 分及以上(平均数为 7.2,中位数为 7,见表6.32),其中通过网络、博客或微信中的新闻、相关学习讲座以及相关课程作为了解渠道的较多,分别为 62.7%、61% 以及 50.4%(见表 6.33)。对于高校出台的学术诚信与学术规范相关的文件、规定或指导办法等,具体表现形式包括哪些(结果见表 6.34),有 72.7% 的学生上选择了毕业或学位论文相关规范,其次是学术道德规范手册,占比 66.6%,学术不当行为查处办法,占比 65%,这说明大部分学生主要通过毕业或学位论文相关规范了解所在高校学术诚信与学术规范的相关文件。而对于学术不端检测软件的认知方面(见表 6.35),75.8% 和 60.3% 的学生了解知网及万方,仅有 36.6% 和 23.8% 的学生了解

CrossCheck 和 Turnitin,可能是因为我国高校主要教学语言是中文,毕业论文很少会要求用英文撰写,超过 78.4% 的学生认可学术不端检测软件的检测结果的合理性(见表 6.36)。

表 6.32 您是否了解国家、高校出台的学术诚信与学术规范相关的文件、指导办法

选项	选择人数	占比/%
1	27	1.4
2	22	1.2
3	74	3.9
4	67	3.5
5	181	9.5
6	210	11.0
7	378	19.8
8	405	21.2
9	242	12.7
10	302	15.8

表 6.33 您通常通过什么途径学习或了解国家、高校出台的学术诚信与学术规范相关的文件、指导办法

选项	选择人数	占比/%
相关课程	961	50.4
专题学习讲座	1164	61.0
工作会议	865	45.3
网络、博客或微信中的新闻	1197	62.7
党员学习	437	22.9
其他	102	5.3

表 6.34 您所在的高校出台的学术诚信与学术规范相关的文件、
规定或指导办法等,具体表现形式包括哪些

选项	选择人数	占比/%
学术委员会章程	891	46.7
学术道德规范手册	1270	66.6
学术不当行为查处办法	1240	65.0
毕业或学位论文相关规范	1388	72.7
不知道相关的文件	202	10.6
其他	29	1.5

表 6.35 您了解哪些国内外相关的学术不端检测软件

选项	选择人数	占比/%
知网	1446	75.8
万方	1150	60.3
CrossCheck	698	36.6
Turnitin	454	23.8
其他	52	2.7

表 6.36 您认为学术不端检测软件的检测结果合理吗

选项	选择人数	占比/%
非常合理	411	21.5
合理	1086	56.9
不合理	341	17.9
非常不合理	43	2.3
其他	27	1.4

关于造成当前高校学术失信行为的主要原因这一问题中(见表 6.37),以"缺乏科学工作的科研评价和管理机制,缺少科学道德行为的规范、监督和处罚机制"和"功利化的社会风气对教师、研究生造成不良导向"两项的占比为最大,分别为 71.8% 和 69.0%,其次分别是"科研和管理人员自律性不够,缺乏科学道德素养"(54.5%),"缺乏对学术诚信方面的教育和引导"(52.1%),另外,还有

38.4％的学生认为"编辑出版机构没有科学的学术诚信管理规范,对学术不端行为辨识不足、惩戒力度不够"也是学术失信的原因。学生们认为改善当前高校学术失信行为的对策(见表 6.38),其重要性依次为"优化科研评价体系,完善科研项目管理、人事管理等机制,使相关人员'不能做'"(71.4％);"强化对学术失信行为查处机制,使相关人员'不敢做'"(68.8％);"加强学术诚信宣传教育,提高诚信认知与意识"(59.4％)。

表 6.37　您认为造成当前高校学术失信行为的主要原因是什么

选项	选择人数	占比/％
缺乏对学术诚信方面的教育和引导	995	52.1
缺乏科学工作的科研评价和管理机制,缺少科学道德行为的规范、监督和处罚机制	1369	71.8
功利化的社会风气对教师、研究生造成不良导向	1317	69.0
科研和管理人员自律性不够,缺乏科学道德素养	1039	54.5
编辑出版机构没有科学的学术诚信管理规范,对学术不端行为辨识不足、惩戒力度不够	732	38.4
不太了解	45	2.4
其他	7	0.4

表 6.38　您认为改善当前高校学术失信行为的对策有哪些

选项	选择人数	占比/％
加强学术诚信宣传教育,提高诚信认知与意识	1133	59.4
优化科研评价体系,完善科研项目管理、人事管理等机制,使相关人员"不能做"	1362	71.4
强化对学术失信行为查处机制,使相关人员"不敢做"	1312	68.8
营造良好的学术氛围	993	52.0
提升教师个人的学术道德水平和职业操守,使相关人员"不愿做"	978	51.3
加强学术共同体(科研人员、科技管理人员以及出版机构)的协同联动机制	807	42.3
加强学术期刊的学术诚信的制度和预防学术不端的机制建设	634	33.2
其他	15	0.8

（3）高校学生对于学术期刊编辑与高校学术诚信相关性的认知

对于有哪些成员可以参与高校学术诚信建设体系之中的调研（见表 6.39），有 54.6％的学生认为学术期刊编辑代表可以参与到高校学术诚信体系建设之中，其中 87％的学生认为高校学术期刊的编辑有必要参与到高校学术诚信建设体系中来（见表 6.40）。有 96.6％的学生认为高校学术期刊与高校学术诚信体系的建设紧密相连（见表 6.41），其中有 33.8％的学生认为高校学术期刊是高校学术诚信体系建设中的中坚力量，29.5％的学生认为高校学术期刊应该充当辅助者，19.5％的学生认为应该担任领导者。有 80％的学生认为高校学术期刊的编辑能够胜任高校学术诚信建设体系中的主要角色，其中有 20.5％的学生认为特别能胜任（见表 6.42）。

表 6.39　认为哪些成员可以参与高校学术诚信建设体系之中

选项	选择人数	占比/％
研究生代表	1274	66.8
教师代表	1397	73.2
管理人员代表	1050	55
学术期刊编辑代表	1042	54.6
其他	24	1.3

表 6.40　您认为高校学术期刊的编辑是否有必要参与到高校学术诚信建设体系中

选项	选择人数	占比/％
非常有必要	798	43.0
有必要	817	44.0
没必要	92	5.0
非常没必要	115	6.2
不了解	30	1.6
其他	4	0.2

表 6.41　您认为高校学术期刊在高校学术诚信建设体系中的角色

选项	选择人数	占比/％
辅助者	562	29.5

续　表

选项	选择人数	占比/%
跟随者	264	13.8
领导者	372	19.5
中坚力量	645	33.8
无关者	52	2.7
其他	13	0.7

表 6.42　您认为高校学术期刊的编辑是否能够胜任高校学术诚信建设体系中的主要角色

选项	选择人数	占比/%
特别能胜任	381	20.5
能胜任	1104	59.5
不能胜任	239	12.9
完全不能胜任	37	2
不太了解	93	5
其他	2	0.1

　　继续调研学生们认为需要编辑参与到高校学术诚信建设体系中的原因。对于高校学术期刊在高校科研诚信建设体系中具备哪些独特性的问题（见表6.43），有68.3％的学生认为高校学术期刊是科研成果的重要刊载阵地，64.2％的学生认为高校学术期刊是预防学术不端的重要关口，52.2％的学生认为是加强学术诚信教育和宣传的重要阵地，54.5％的学生认为是知识创造与传播的把门人。学生们认为学术期刊在参与高校学术诚信意识建设方面的主要优势（见表6.44）是经验优势——积累了丰富的学术失范行为的实践案例（68.6％）、理念优势——了解掌握最新的学术诚信国际国内发展动态与趋势（62％）、硬件优势——具备专业的学术失信检测系统（57.3％）。

表 6.43　您认为高校学术期刊在高校学术诚信建设体系中具备哪些独特性

选项	选择人数	占比/%
是知识创造与传播的把门人	1012	54.5
是科研成果的重要刊载阵地	1267	68.3

选项	选择人数	占比/%
是预防学术不端的重要关口	1192	64.2
是加强学术诚信教育和宣传的重要阵地	969	52.2
不太了解	70	3.8
其他	1	0.1

表 6.44　您认为学术期刊在参与高校学术诚信意识建设方面的优势有哪些

选项	选择人数	占比/%
理念优势——了解掌握最新的学术诚信国际国内发展动态与趋势	1150	62
经验优势——积累了丰富的学术失范行为的实践案例	1273	68.6
硬件优势——具备专业的学术失信检测系统	1064	57.3
人才优势——编辑队伍具备丰富的编校经验,还有高水平的编委和审稿专家队伍	1036	55.8
平台优势——拥有投审稿系统、官网、新媒体平台、学术社群	884	47.6
制度优势——编辑部见了比较完备的规章制度和编辑出版规范	625	33.7
不太了解	40	2.2
其他	4	0.2

鉴于这些原因和优势,进一步调研学生们期望高校学术期刊如何加入高校学术诚信体系建设之中(见表 6.45)。超过 50% 的学生认为高校学术期刊应该发挥以下作用:为学术诚信教育工作提供宣传平台、为学术失信问题的产生发挥监督作用、为学术失信行为的认定提供技术支持和理论支撑、为学术诚信教育工作提供师资力量。超过 50% 的学生认为高校学术期刊的编辑应该通过以下途径参与到高校学术诚信体系建设中(见表 6.46):作为委员或者咨询专家加入本校相关治理委员会(如学术道德/学风建设委员会),参与高校学术规范等文件编写、制定工作,开展线下学术诚信讲座或课程。

表 6.45　您认为高校学术期刊在高校学术诚信建设体系的作用包括以下哪些

选项	选择人数	占比/%
为学术诚信教育工作提供师资力量	1031	55.5
为学术诚信教育工作提供宣传平台	1175	63.3
为学术失信问题的产生发挥监督作用	1129	60.8
为学术失信行为的认定提供技术支持和理论支撑	1107	59.6
为高校学术规范等文件的制定提供参考资料和意见	915	49.3
参与到学术失信行为（或学术不端行为）的治理中	612	33
不太了解	44	2.4
其他	3	0.2

表 6.46　您认为高校学术期刊的编辑通过哪些途径参与到高校学术诚信建设体系中

选项	选择人数	占比/%
开展线下学术诚信讲座或课程	951	51.2
参与高校学术规范等文件编写、制定工作	1083	58.4
作为委员或者咨询专家加入本校相关治理委员会（如学术道德/学风建设委员会）	1221	65.8
为相关的学术失信行为提供认证报告	852	45.9
参与有关本校学术工作人员的科研失信行为（或学术不端行为）信息监控	873	47
编写相关的讲义、教材、著作	541	29.1
利用新媒体平台开展线上讲座或课程，开设学术诚信教育的微信或微博专题	769	41.4
与其他高校期刊编辑形成联动机制，展开学术失信行为的联动机制（联合授课团队、编写团队）	634	34.2
不太了解	61	3.3
其他	6	0.3

（4）小结

通过问卷调研，研究者了解了高校学生群体对高校学术诚信现状的认知，以及这一群体对于高校学术期刊编辑在高校学术诚信体系建设中的角色定位与功能的态度。调研结果显示，问卷回收率较高，回收数较多，分布较广，结果有较高的参考价值；高校学生群体对我国高校的学术诚信现状较为满意，90.6%的学生选择了 6 分及以上，有 71.6%的学生认为我国高校学术诚信治理相关文件比较完备，有 69.5%的学生认为自己了解国家、高校出台的学术诚信与学术规范相关的文件、指导办法，选择了 7 分及以上，62.7%的学生通过网络、博客或微信中的新闻作为了解渠道，54.6%的学生认为学术期刊编辑代表可以参与到高校学术诚信体系建设之中，其中 87%的学生认为高校学术期刊的编辑有必要，对于学术期刊编辑在高校学术诚信治理体系中的角色，63.3%的认为学术期刊可以为学术诚信教育工作提供宣传平台，65.8%的认为可以作为委员或者咨询专家加入本校相关治理委员会（如学术道德/学风建设委员会）。从调研结果可知，高校研究生群体普遍认可学术期刊编辑能在高校学术诚信体系建设中承担较为重要的角色，高校应将期刊编辑纳入学术诚信体系建设工作之中。

（四）相关数据比较分析与总结

此次调研，分别以高校教师（包括管理人员）、学生以及编辑为调研对象，问卷包括个人基本信息、目前高校学术诚信建设体系建设的总体情况、高校学术期刊编辑与学术诚信体系建设工作的关系等方面的内容。对于教师和学生群体，我们在"目前高校学术诚信建设体系建设的总体情况"设置了较多题目，着重考察这两个群体对学术诚信问题的认知，对于编辑群体，我们在"高校学术期刊编辑与学术诚信体系建设工作的关系"设置较多问题，着重考察编辑对于参与高校学术诚信体系建设的意愿和自我认知。

1. 对于学术诚信现状这部分调研

问题设置分为三部分展开调研，其中第一部分是对我国高校学术诚信问题的整体认知，包括"您认为我国高校的学术诚信现状如何？（1 分最差，10 分最好）""您认为我国高校学术诚信治理相关文件是否完备？（1 分没有，10 分最完备）"等。整体来看，三类人群均对我国高校的学术诚信现状给出了较为满意的评价，如高校教师认可我国的学术诚信治理现状，我国高校学术诚信状况的平均得分为 7.8 分，89.6%的教师认为我国目前的学术诚信现状是令人满意；高校学生群体对我国高校的学术诚信现状较为满意，90.6%的学生选择了 6 分及以上，有 71.6%的学生认为我国高校学术诚信治理相关文件比较完备；学术期刊编辑中有 84.3%（评分在 6 分以上）的调查对象认为我国高校的学术诚信现状较好（平均数 7.1，中位数 7），82.3%（评分在 6 分以上）的调查对象认为我国高校学术诚信治理相关文件比较完备（平均数 7.2，中位数 8）。

第二部分是就本校学术诚信相关内容的了解程度进行调研，包括"您是否了解国家、所在高校出台的学术诚信与学术规范相关的文件、规定或指导办法等？（1 分完全不了解，10 分全部知晓）""您通常通过什么途径学习或了解国家、高校出台的学术诚信与学术规范相关的文件、规定或指导办法等？""您所在的高校出台的学术诚信与学术规范相关的文件、规定或指导办法等，具体表现形式包括哪些？"等。如高校教师群体，关于是否了解国家、高校出台的学术诚信与学术规范相关的文件、规定或指导办法的问题，89.5％的调查对象给出了 6 分以上的得分，有 765 人（占比 61.2％）通过"工作会议"了解国家、高校出台的学术诚信与学术规范相关的文件、规定或指导办法，对于学术诚信相关文件表现形式，选择"学术道德规范手册""学术失信行为查处办法""学位论文相关规范（包括但不限于撰写、投稿、审稿、发表）"分别为 58.9％、54.4％、58.5％；高校学生群体中有 69.5％的学生认为自己了解国家、高校出台的学术诚信与学术规范相关的文件、指导办法，选择了 7 分及以上，62.7％的通过网络、博客或微信中的新闻作为了解渠道，学生群体选择"毕业或学位论文相关规范"作为主要表形式的达 72.7％；学术编辑 74.10％（评分在 7 分以上）认为自己比较了解国家、高校出台的学术诚信与学术规范相关的文件、指导办法（平均数 7.4，中位数 7），主要通过网络、博客或微信中的新闻（56.70％）、工作会议（56.20％）、专题学习讲座（54.10％）等形式获取信息，编辑选择学术诚信相关文件的表现形式中 69.60％选择学位论文相关规范（包括但不限于撰写、投稿、审稿、发表）。

第三部分是对学术失信行为的了解情况进行调研，包括"您是否了解哪些行为属于学术失信行为（或学术不端行为）？""您认为当前高校学术失信行为的主要表现形式有哪些？［多选题］""您认为造成当前高校学术失信行为的主要原因是什么？［多选题］""您认为改善当前高校学术失信行为的对策有哪些？［多选题］"等。88.2％高校教师认为自己了解哪些行为属于学术失信行为，选择"伪造实验数据和图表"和"买卖或代写论文"作为主要失信行为的分别占 62.0％和 63.5％，68.2％认为"缺乏科学公正的科研评价和管理机制，缺少科学道德行为的规范、监督和处罚机制"是主要原因，66.3％的认为应"改善当前高校学术失信行为的对策为优化科研评价体系，完善科研项目管理、人事管理等机制，使相关人员'不能做'"；75.1％的学生认为自己了解哪些行为属于学术失信行为，有接近 70％的学生选择了抄袭或剽窃、伪造实验数据和图表、买卖或代写论文，71.4％的学生认为"改善当前高校学术失信行为的对策为优化科研评价体系，完善科研项目管理、人事管理等机制,使相关人员'不能做'”是主要对策;学术期刊编辑中86.8%认为自己了解哪些行为属于学术失信行为,高于60.00%的编辑认为高校学术失信行为的主要表现形式为买卖或代写论文、伪造实验数据和图表、抄袭或剽窃,81.0%的编辑认为“改善当前高校学术失信行为的对策为优化科研评价体系,完善科研项目管理、人事管理等机制,使相关人员'不能做'”是主要对策。

对于教师和学生群体,问卷还设置了关于学术不端检测软件相关的内容,如您了解哪些国内外相关的学术不端检测软件、您认为学术不端检测软件的检测结果是否合理等,高校教师中有65.2%了解万方的学术不端检测软件,73.9%认为结果合理;对于学生群体,有75.8%了解中国知网的学术不端检测软件,78.4%认为结果合理。

对于教师群体,问卷单独设置了“您或您所在的团队通常多久为学生讲解一次学术规范和学术道德相关的知识?”,只有37.3%的教师每一季度给学生讲解相关知识,25.9%的每半年讲一次。

2. 对于学术期刊编辑在高校学术诚信体系建设中的角色与功能的调研

问题设置分为四个部分展开,其中第一部分是身份认可方面的,即“您认为哪些成员可以参与高校学术诚信体系建设中来?”“您认为高校学术期刊的编辑是否有必要参与到高校学术诚信体系建设中来?”等。教师群体中,有45.1%的教师认为学术期刊编辑代表可以参与到高校学术体系诚信建设中来,有81.6%的教师认为学术期刊编辑有必要参与到高校学术诚信体系建设中;学生群体中,54.6%的学生认为学术期刊编辑代表可以参与到高校学术诚信体系建设之中,其中87%的学生认为高校学术期刊的编辑有必要参与到高校学术诚信体系建设中来;而对于编辑群体,57.5%的认为学术期刊编辑代表可以参与到高校学术诚信体系建设之中,80.1%认为编辑有必要参与到高校学术诚信体系建设中来。

第二部分是关于角色认知的,包括“您认为高校学术期刊在高校学术诚信体系建设中来角色应该是?”“您认为高校学术期刊的编辑是否能够胜任高校学术诚信建设体系中的主要角色?”等。高校教师群体中58%的教师认为编辑可以成为中坚力量或领导者,81.7%的教师认为编辑能胜任这样的角色;学生群体中,53.3%的学生认为编辑可以成为中坚力量或领导者,80.0%的学生认为编辑能胜任这样的角色;对于学术期刊编辑,64.20%认为编辑可成为中坚力量和领导者,73.60%认为编辑能够胜任这一角色。

第三部分是关于功能或作用认知的,包括“您认为高校学术期刊在高校学术诚信建设体系中具备哪些独特性?""您认为学术期刊在参与高校学术诚信体系建设方面的优势有哪些?""您认为高校学术期刊在高校学术诚信体系建设中的作用包括以下哪些?"等。教师群体中,63.8%认为高校学术期刊是科研成果的重要刊载阵地,63.4%认为编辑积累了经验优势,即积累了丰富的学术失范行为的实践案例,63.0%认为学术期刊可以为学术失信行为的认定提供技术支持和理论支撑,60.6%认为期刊可以对学术失信问题的产生起到监督作用;学生群体中,68.3%认为高校学术期刊是科研成果的重要刊载阵地,64.2%认为高校学术期刊是预防学术不端的重要关口,60.8%认为期刊可以对学术失信问题的产生起到监督作用,68.6%认为编辑积累了经验优势,即积累了丰富的学术失范行为的实践案例,63.3%认为学术期刊可以为学术诚信教育工作提供宣传平台;对于编辑群体,64.4%的编辑认为高校学术期刊是科研成果的重要刊载阵地,分别有67.7%、64.9%和67.0%的编辑认为编辑具有经验优势、硬件优势、人才优势,66.8%和69.3%的编辑认为可以对学术失信行为进行出版过程和同行评议审核把关,对学术失信问题的产生起到监督作用。

第四部分是关于学术期刊编辑如何实现其在高校学术诚信体系中角色和功能的途径,包括"您认为高校学术期刊(或编辑)通过哪些途径可参与到高校学术诚信建设体系中来?"等。58.4%的教师、65.8%的学生认为编辑可以作为委员或者咨询专家加入本校相关治理委员会(如学术道德/学风建设委员会)。

对于编辑群体,就如何具体实现这样的角色和功能,给出了具体的问题,包括"若允许高校学术期刊为高校学术诚信教育提供师资或素材,请问如何提供?""若允许高校学术期刊为学术失信问题的产生发挥监督作用,请问如何发挥?""若允许高校学术期刊为学术失信行为的认定提供技术支持和理论支撑,请问如何才能提供?""若允许高校学术期刊为高校学术规范等文件的制定提供参考资料和意见,请问如何才能提供?""若允许高校学术期刊参与到学术失信行为的治理中,请问如何才能参与?"等问题。69.4%的编辑认为可以提供案例、做法、进展和趋势等教育素材,63.2%认为可以制定科学研究、论文写作与稿件审查评议等过程中的伦理规范标准或指南;74.2%认为可以对有关本校科研工作人员的学术失信行为信息予以监控,协助本校相关治理委员会(如学术道德/学风建设委员会)监控相关信息;71.5%认为可以发现确实存在学术失信问题的,向作者所在单位通报有关情况;分别有77.5%和75.9%的编辑愿意积极开展相关理论、标准、规范、制度的学习与案例素材积累工作,以及积极参与国际国内学术伦理学术组织,开展广泛的合作交流,丰富实际经验;分别有75.5%和75.6%的编辑认为高校学术规范等文件制定的工作组应吸纳学术期刊编辑,以及高校学术规范等文件的制定、修订等应征求本校学术期刊编辑出版单位意见;76.3%的编辑认为本校相关治理委员会(如学术道德/学风建设委员会)向本校学术期刊编辑出版单位征求意见。

最后,对于三类人群,问卷均设置了开放性试题,即"关于高校学术期刊如何有效参与到高校学术诚信建设体系工作中,您还有哪些建议或意见?"对于这样的问题,文字内容多样,三类人群表现出的词云也不一样。

对于教师群体,在1249个有效问卷中,经过数据筛选,将"无""加油""很好""继续努力""越来越好""满意""不太了解"以及胡乱填字等表达支持或无效的意见去除之后,词云如图6.7所示,词频前16位的是诚信、科研、学术、期刊、建设、监督、高校、学术诚信、宣传、诚信建设、论文、学术期刊、力度、引导、失信、学术诚信建设。应用同样的筛选方法,获得编辑群体的词云图(见图6.8),词频前16位的是诚信、科研、学术诚信、学术、期刊、高校、建设、教育、学术期刊、诚信建设、诚信教育、学术诚信建设、高校学术期刊、宣传、不端、高校学术诚信建设体系。应用同样的筛选方法,获得学生群体的词云图(见图6.9),词频前16位的是诚信、科研、学术、监督、学生、高校、期刊、力度、论文、科研诚信、宣传、建设、教育、不端、讲座。从三组高频词相交可知,"诚信""建设""宣传""期刊""学术""高校"等相关内容是共同关心的问题,除此之外,教师与学生群体共同关注"监督""论文""力度"等相关的内容,编辑与学生共同关注"教育""不端"等相关的内容。

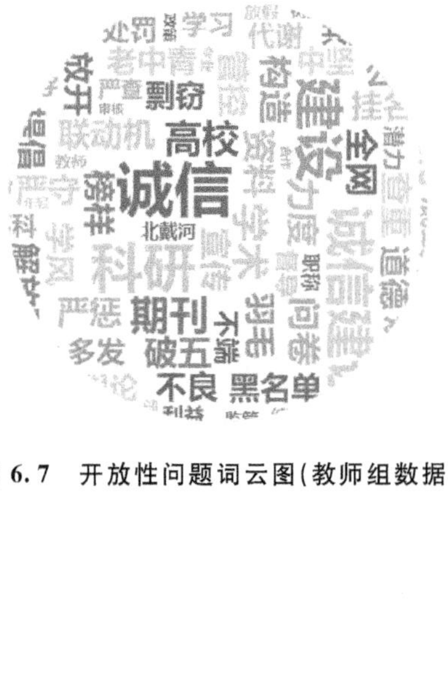

图6.7　开放性问题词云图(教师组数据)

图 6.8　开放性问题词云图(编辑组数据)

图 6.9　开放性问题词云图(学生组数据)

第六节　小结

根据调研结果,我们可得出以下结论。

1.高校学术期刊编辑可以成为高校学术诚信体系的中坚力量

高校学术期刊编辑因为工作使然,在一线长期、大量接触科研论文和科研信息,在论文初审、外审、收录过程中需要多次面对论文中可能出现的学术不端问题,因此积累了丰富的案例和实践经验。高校学术期刊编辑主动开展了大量关于如何做好学术不端问题防治工作的编辑出版学论文研究,已有的研究成果涵盖学术不端问题防范与处理的各个方面。期刊编辑的相关国内社会团体,如中

国高校科技期刊研究会、学术与专业学会出版者协会(ALPSP)、学术出版学会
(SSP)等均设有相应的学术伦理部门,在国际上还有国际出版伦理委员会
(COPE)、国际医学杂志编辑委员会(ICMJE)等机构。这些都说明了,期刊编辑
已经在主动掌握国内外的相关标准和规范,强化提升自身的学术诚信意识,推进
学术诚信工作。

2.对高校学术诚信体系建设工作的建议

(1)从国家层面来看,应做好顶层设计,建立国家层面的学术诚信建设体系,
成立学术诚信建设的专门机构,加强不同部门的协作,将不同部门的文件和规定
进行梳理、整合,出台专门的法律、文件和道德规范。在教师学术道德规范手册、
高校学术委员会章程、开设学术诚信相关教育讲座和课程等方面加强规划和建
设。同时,营造良好的科学氛围,充分发挥舆论和网络监督作用,加强学术共同
体的协同联动机制,鼓励社会各界联合起来维护学术诚信。国家相关管理部门
应优化学术评价体系,完善科研项目管理、人事管理等机制,使相关人员"不能
做";形成科学完善的监督约束机制,强化对学术失信行为监督、约束和查处机
制,分类施策,分别建立对于高校教师、研究生和学术期刊的学术诚信的制度,使
相关人员"不敢做";加强学术诚信宣传教育,组织学术诚信专题研究课题,编写
学术诚信专题著作和教材,借助新媒体和网络新技术进行宣传教育,开设专门的
学习栏目和线上课程或讲座,将学术诚信教育融入各类人员的教育体系中,提高
科研人员和学术期刊编辑对于学术诚信的认知和意识,提升教师个人的科研道
德水平和职业操守,使相关人员"不愿做"。

(2)从高校层面来看,首先应坚持依法依规治校,加强对于学术失信行为的
规范和惩处机制,依据国家相关规章制度、标准出台全面的学术诚信相关文件、
指导办法,不仅限于学位论文相关规范,还应包括学术道德规范手册、学术失信
行为查处办法、学术委员会章程等。其次,成立专门的学术诚信治理机构,吸纳
学术期刊编辑、研究生加入工作组或聘请学术期刊编辑和研究生分别作为咨询
专家和列席工作组会议,并在高校学术规范等文件的制定、修订和学术失信行为
调查的过程中征求学术期刊编辑出版单位、研究生代表的意见,在整个过程中接
受学术期刊编辑出版单位、研究生的监督。这样既充分发挥了学术期刊的优势
和特色,也保障了研究生的权益。最后,积极利用学校官网、微博、微信公众号等
途径开展学术诚信教育和引导工作,弘扬优良师德和学风,为教师和研究生等各
类群体开设线上线下讲座或课程,定期推送相关的案例遴选与警示教育,为学校
营造良好的学术氛围。

（3）从高校学术期刊编辑来看，应先练好"内功"，加强自身学术诚信和出版伦理意识，积极学习和掌握国内外最新的学术诚信标准和规范、发展动态与趋势，坚持依法依规办刊，帮助编辑部建立完备的规章制度和编辑出版规范等，掌握专业的学术失信检测系统，提高稿件在学术诚信方面的编辑审查力度与同行评议标准，做好学术诚信的"把门人"。另外，积极主动融入高校学术诚信体系建设中：第一，为高校学术诚信教育提供师资或素材，如编辑自身或联系国内外同行或专家担任授课教师，借助期刊官网、新媒体平台、学术社群开展学术诚信宣传教育，为高校提供案例、做法、进展和趋势等教育素材，参与制定和修改科学研究、论文写作与稿件审查评议等过程中的伦理规范标准或指南；第二，协助高校监督学术失信问题，如可协助本校相关治理委员会监控相关学术失信行为信息，向作者所在单位通报学术失信有关情况，建立学术失信作者黑名单，与其他高校期刊形成联动机制，开展科研失信行为的联动机制等方式；第三，为学术失信行为的认定提供技术支持和理论支撑，如积极开展相关理论、标准、规范、制度的学习与案例素材积累工作，参与国际国内学术伦理学术组织，开展广泛的合作交流，丰富实践经验、积极开展学术诚信方面的研究工作、加强对学术不端检测相关软件、程序等新技术的学习和使用等方式；第四，为高校学术规范等文件的制定提供参考资料和意见，如积极申请加入高校学术规范等文件制定的工作组，或参与学术规范等文件的制定、修订和监督过程中；第五，积极参与到学术失信行为的治理工作中，如为本校出具学术失信行为的具体情况描述或认定报告或检索报告，积极申请加入为本校相关治理委员会，或作为咨询专家参与本校相关治理委员会的学术失信行为调查工作。

第七章 以高校学术期刊为中心节点的高校学术诚信防治体系的构建

　　高校学术期刊长期作为学校边缘部门,得不到重视,这固然有期刊工作本身不能与传统意义上的学校主流工作并驾齐驱的原因,但也与期刊编辑长期不主动作为、不积极融入学校主流工作体系有关。因此,高校学术期刊更应借助学术诚信工作这一抓手,主动作为,承担更多职责,通过增加服务学校的工作内容、强化服务学校发展的能力,积极融入学校发展进程,提升自身地位,为学校发展做出自己的贡献。本章尝试提出以高校学术期刊为中心节点的高校学术诚信防治体系构建策略,给出构建原则、构建方法和策略实施,并从事前预防、事中监督、事后处理等三个阶段论述高校学术期刊在高校学术诚信教育体系建设中的定位和功能。

第一节 以高校学术期刊为中心节点的高校学术诚信防治体系构建策略

(一)中心节点

　　"节点"一词取自于计算机网络这一学科的专业术语。一个节点(英语:Node,拉丁语:Nodus)是一个连接点,表示一个再分发点(Redistribution point)或一个通信端点(一些终端设备)。节点可指一台电脑或其他设备与一个有独立地址和具有传送或接收数据功能的网络相连。节点可以是工作站、客户、网络用户或个人计算机,还可以是服务器、打印机和其他网络连接的设备。整个网络就是由这许许多多的网络节点组成的,把许多的网络节点用通信线路连接起来,形成一定的几何关系,这就是计算机网络拓扑。

计算机网络中有三个重要性质用以对节点进行分类和功能实施,即:度中心性(Degree centrality)、紧密中心性(Closeness centrality)和中介中心性(Betweenness centrality)。其中,度中心性指一个节点直接相连的节点的个数。紧密中心性指一个节点到其他所有节点的最短距离加和的倒数,紧密中心性值越大则说明这个节点到其他所有的节点的距离越近,越小说明越远。中介中心性指一个点位于网络中多少个两两联通节点的最短路径上,就好像"咽喉要道"一样,中介中心性刻画了一个节点掌握的资源多少,节点中介中心性越大说明节点掌握的资源多且不可替代。可根据节点这三个性质对节点进行简单分类,如可分为普通节点、核心节点、中心节点等。通常,计算机网络的拓扑结构用一个节点作为"中心节点",其他节点直接与中心节点相连构成网络。在星型拓扑结构中,整个网络由中心节点执行集中式通行控制管理,各节点间的通信、数据发送都要通过中心节点实现。

回到现有的高校学术诚信体系中,根据前述数据分析可知,42所"双一流"高校大多设有实现学术道德管理职能的相关委员会,但取名各异,包括"学术委员会""学术道德委员会""学风建设小组或委员会"等,学术失信问题的受理机构则通常是委员会的下属单位,如学术委员会办公室或秘书处、校学术道德委员会办公室等,而这些机构都不是固定机构,校园官网通常也只有机构名称没有电话号码、办公地点,这无疑为学术不端问题的举报带来了困难。显然,从现行管理机制来看,高校学术诚信防治工作缺乏工作落脚点、实质性实施单位,这也是当前学术诚信防治难以抓实的主要体现之一。而与此同时,几乎各个高校均设有学报编辑部、期刊中心等职能部门,若将学术期刊编辑部作为高校学术诚信防治体系的中心节点,可以较好地替代前述非固定机构完成相关工作,如联系工作、上下承接工作等。

(二)构建原则

充分利用学术期刊编辑的经验优势、硬件优势和人才优势以及在学术圈的广泛连结性,发挥期刊在学校和学术出版等多方面连接节点的作用,重新定义高校学术期刊在学术诚信体系建设中事前预防、事中监督、事后处理相关环节的角色与功能,在学术诚信教育、学术诚信监督以及学术不端处理等方面深入、持续开展工作,推动高校学术诚信治理体系的建设。

（三）构建方法

利用编辑工作对学术不端问题思考的敏感性、前沿性等特点，围绕高校学术诚信工作的各利益相关方，学术期刊可以学术诚信教育、学术失信问题监督与反馈、学术不端行为处理等三个重点工作为切入口，主动融入现有高校学术诚信防治体系，主动担当，作为高校学术诚信体系与社会舆论的连接点，实时反馈、公布学校学术诚信相关问题的文件、举措、处理等，实现以高校学术期刊为中心节点的高校学术诚信体系建构。

（四）结构图

学术期刊在高校学术诚信体系建设中事前预防、事中监督、事后处理相关环节的角色与功能如图 7.1 所示。

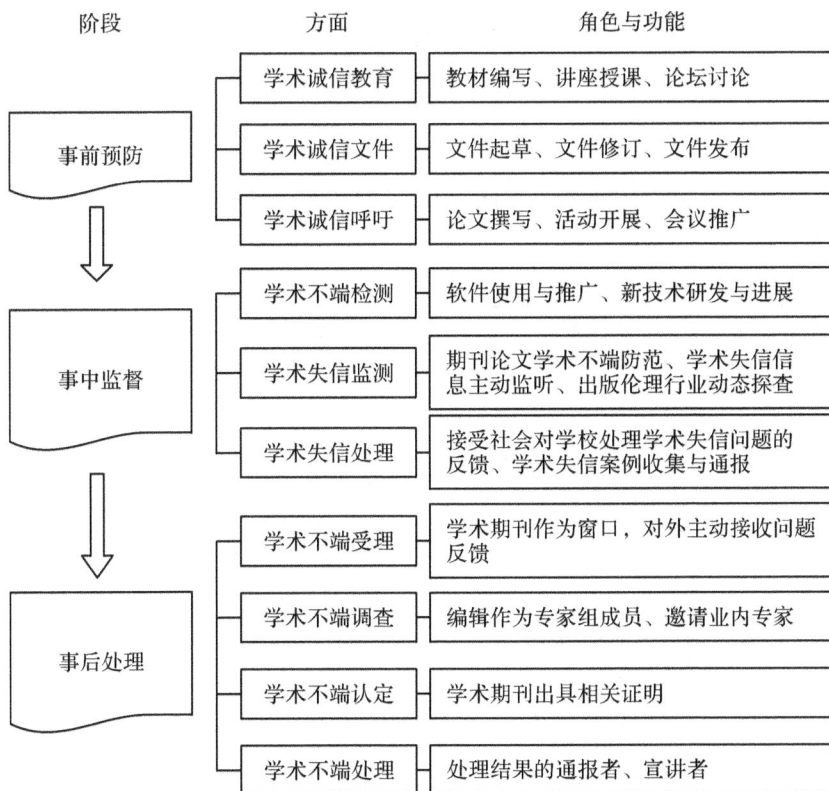

图 7.1　学术期刊在高校学术诚信体系中各环节的角色与功能

第二节 高校学术期刊在高校学术诚信
教育体系中的定位与功能

高校是科研人员和科研活动的主要聚集点,理应做践行学术诚信的典范。然而,时有发生的学术不端行为,不仅玷污了"象牙塔"的清誉,也侵蚀着学术公信力的基础。目前,我国仍处于经济社会转型的发展时期,市场经济带来的负面效应在高校学术界表现得较为突出,急功近利、弄虚作假、学风浮躁等问题在高校还普遍存在,加之数字出版等新媒体技术不断涌现,学术不端行为隐秘性、技术性增加,学术不端问题频发,将平时相对较少人关注的诚信教育领域推到了大众眼前,也给高校学术诚信教育工作加大了难度,加之高校学术诚信相关文件多而不完善、有而不执行等情况,使得诚信教育问题日益突出。

教书育人是教师的天职。教育也最需要投入、最需要坚持。高校学术期刊可以以学术诚信教育体系入手,介入高校学术诚信体系建设之中。第一,从有关学术诚信现状、学术失信行为的治理等方面调研来看,高校学术诚信体系建设相关人群对我国高校学术诚信的现状、相关文件制度的完备性等均有较好的认知,但学术失信相关知识的普及、获知等存在一定的不足,对制度的落实程度也存在一定的疑虑;第二,从有关学术期刊编辑在高校学术诚信体系建设中角色的调研来看,高校学术期刊编辑应该是高校学术诚信体系建设的重要组成部分,编辑也有强烈的意愿参与进来。高校学术期刊编辑对于学术规范、科研失信行为较为了解,因此能够胜任且非常有必要参与到高校学术诚信教育体系建设中来。

(一)高校学术诚信教育现状分析

从国家所发文件的角度来看,相关政策文件较多,但实施情况不容乐观。我们收集了 2000 年以来国家相关管理部门发布的有关学术道德、师德师风、学风建设的文件(如前文表 6.1 所示),可知,从 21 世纪初开始,我国就已明确了学术诚信教育的重要性。其中,2009 年教育部发布的《关于严肃处理高等学校学术不端行为的通知》(教社科〔2009〕3 号)明确要求把"学术道德和学术规范作为教师培训尤其是新教师岗前培训的必修内容,并纳入本专科学生和研究生教育教学之中"。2018 年,中办、国办印发了《关于进一步加强我国科研诚信建设的若干意见》中指出,学术诚信教育是青少年思想政治教育、公民基本道德规范教育、法制教育等的有机组成部分,要突出科学精神、科学思想、科学方法的养成教育,但这些政策文件的具体实施情况却是堪忧的。

近20年来,我国高校也相继出台了各自学校的学术诚信、道德规范的相关文件。这些文件的陆续出台,表明我国科研行为已经有了制度性约束,对学术不端行为的治理也逐渐走上了规范化道路。从这些文件中,我们分析出两类文件做简单分析,即学术诚信教育相关文件和学术不端行为处理相关办法。教育与处理是学术诚信问题的两头,从现有文件来看,与诚信教育相关的文件较少,有数据显示,在2018年春针对全国200余家高校和科研机构展开的调查中,只有26.3%的高校开设了学术诚信相关课程,没开和不知道占比达73.7%。而对于学术不端行为的处理办法,自2016年6月教育部发布《高等学校预防与处理学术不端行为办法》(教育部〔2016〕40号令)以后,至2020年11月,共有25所高校发布了题名中含有"学术不端行为"的校规,18所高校发布了各自的学术不端行为处理办法,其中大部分办法都在教育部文件的基础上增加了各自的理解,删除了部分表达。

从教育方式和效果来看,多年以来学术诚信教育停留在报告会、讲座、论坛等短期活动型宣传教育模式,较少开展系统的、覆盖在校学生和教师的、贯穿科研工作全过程的长效教育模式,学术诚信教育未能很好地融入日常教育教学工作中。部分高校开发了学术诚信相关的知识读本,如中山大学的《中山大学学术规范知识读本》,部分高校在本科生、研究生入学时发放本科生手册、研究生手册等,要求学生通过闭卷考试完成修习。

综上,大力推进高校学术诚信教育既是我国相关政策和文件的要求,也是高校积极推进规范科研行为、防治学术不端问题的必要措施。当前,高校学术诚信教育的现实情况是多发文件、强调规范,以文件落实文件、以口号代替行动、以签字代替落实,高校学术诚信教育任重道远。

(二)原因分析

1. 学术诚信教育收效缓慢且成本较高,具体实施过程难以保证

与学术失信事件的调查和事后处理相比,诚信教育显然在短期内难以看到成效。对于高校科研管理人员而言,诚信教育是长期事业,软性目标难以量化考核,工作也因此难以抓实落地。往往是出了问题反推,多为运动型教育模式,一阵风,但风过难留痕。对于科研人员、准科研人员(研究生群体)而言,课题任务

日益加重、竞争压力越来越大,一方面科研人员不愿意花时间去学、去领悟学术诚信相关知识,抱怨相关教育课程较多、条例已经熟知而无需再学习,另一方面也会明知条例或规则不允许而故意为之,心怀侥幸,企图蒙混过关。诚信教育,无论是时间还是金钱的投入产出比较低是实际情况,管理者、教育实施者、受教育者等利益相关人群均为此感到烦恼。

2.现有教育体制不完善,教育工作没有做到点、做到位

一方面是诚信教育没有做到全过程覆盖、全内容覆盖,存在许多教育盲点区域,教育形同虚设,如对学术不端认识不到位、不清晰,将学术诚信问题简单等同于大小论文抄袭,如部分新变动的处罚条款细节不明晰,多依靠学术道德自律;另一方面是没有开展有针对性的学术诚信教育工作,教师、研究生、其他科研人员、挂靠科研人员等均应采取不同的教育策略,如目前针对教师的学术诚信教育和职业道德培训等较少,教育内容应针对这类人群以相关条例的新变动、新出现的学术不端案例等为主,如对准科研人员、新教师的培训,应以学术诚信相关条例的讲解为主,如对挂靠科研人员,应以本人与挂靠单位的关系、学术不端行为案例为主。

3.高校的科研氛围仍需积极营造,科研环境仍需进一步优化

所谓科研氛围,是指由一部分科研工作者基于对学术创新和学术探索的热爱,在科研工作开展过程中自然形成的学术交流和合作形式。科研氛围的范围可大可小,大可以是整个科研共同体,小可以是一个小团体。科研氛围包括科研合作密切程度,学术信息交流、科研工作的组织形式,团体热衷科研的程度等,是一个科研团队的小环境、软环境。科研氛围的营造是科研环境建设中最能体现科研活动中尊重学术、激励关心科研工作者的内容。良好的科研氛围有助于科研合作、提高群体科学思维能力,从而提高整体科研能力,提高科研工作者投入科研工作的热情,提高科研效率。科研氛围和科研环境的优劣将直接影响科研共同体成员的科研精神。好的科研氛围,能发挥精神财富特有的潜移默化、润物无声的重要作用,能有效地推动所属科研团队、科研机构的科技创新事业发展,能使团队成员自觉遵守相应学术规则、严格自律并拥有很高的学术道德。当前,国内高校科研氛围仍不够浓厚,带有一定功利性特征,这也从客观上引发了学术不端。

总的来看,高校学术诚信教育尚属稀缺资源,长效教育机制仍未形成,缺乏相关针对性教材、缺乏专业的诚信教育教师、缺乏完善的教育机制,需要构建制

度化的科研道德教育体系。

(三)学术期刊在高校学术诚信教育体系中的定位与功能

学术诚信并非一般意义上的诚信,它不仅要求科研人员在科研过程中具有普通人的是非观念,例如,不得抄袭和剽窃,而且要求科研人员对负责任的科研行为具有专业性认识并且能够形成准确的专业判断,例如,生物学家对人体的研究如何才能不超出人的尊严所许可的范围。而这种专业性知识的培养,只有通过制度性教育才能实现。

在我国当前高校学术诚信体系建设过程中,虽然相关决策者也较为注重培养科研人员的诚信观念,但却大多只停留于口号性宣传,典型的表现形式是科研机构或主管部门下达有关文件,并以会议等形式对相关文件和政策进行宣传和引导。这种形式无法帮助科研人员确立何为负责任的科研行为的正确观念。由此,科研人员只好凭借作为普通人的是非观来对科研行为进行伦理判断。为了纠正这种错误的观念,在科研管理体制较为发达的国家,科学伦理教育是培养科研人员的必修课程。例如,美国的研究生课程常常含有学术诚信、研究道德和负责任的科研行为等内容。通过这些课程的学习,未来的科研人员可以获得关于正确科研行为的较为准确的专业判断。因此,正确和长效地培养学术诚信观念,必须走出口号性宣传的误区,转向正规的制度性教育。可以考虑将科学伦理课程作为学术类研究生的必修课程,同时有选择性地对现有科研队伍进行科学伦理的再教育。

笔者尝试将高校学术期刊在高校学术诚信教育体系中的角色与功能归纳如下。由于学术诚信教育体系是学术不端治理体系的前一阶段,体系构建过程还需要考虑与学术不端处理的衔接等工作。

1.可作学术诚信教育工作的主要实施者

学术期刊编辑可作为高校学术诚信教育固定的、主要的教师来源。当前的学术教育教师来自高校科研工作管理人员、相关专业教师(如伦理学、公共管理学、法学等相关学科的教师)、校外教师(如国外出版商出版伦理工作人员)等。不难发现,这几类教师都有其各自的侧重点,如管理人员侧重于上级文件的传达与文件出台前后相关背景信息的解释和说明,各专业的教师侧重于从其专业角度进行理论说明(诚信问题属于伦理道德领域),校外教师不能长期在某一个高校开展工作。与之相比,高校自己学术期刊的编辑在其中占有非常重要角色,起着重要作用,而这些工作都是其他师资所不能替代的。

学术诚信教育的对象,包括本科生、研究生、博士后、教师、教辅和管理人员等。从各高校的学术不端处理办法来看,相关文件均给出了"适用于＊＊大学的在职教职工、离退休教职工、正式注册的各类学生、博士后流动站研究人员等,以及以＊＊大学的名义从事学术活动的访问学者、进修教师和兼职人员等"等类似条款,但很多高校没给出专门的学术诚信教育相关文件,部分冠以"学术道德/学术规范"的文件中也只是简单提及了学术诚信教育工作,学术诚信教育的对象是哪些就更无从知悉了。从现在的学术不端问题来看,学术诚信教育应实现全员覆盖,即从本科生开始,对在高校从事科研工作的各类人员均应开展有针对性的学术诚信教育,如对本科生,应开展学术道德/学术规范等相关文件精神的解读和说明工作,可嵌入在思政教育、伦理教育课程中,以内容普及为主;硕、博研究生等准科研人员,则是重点对象,应对其开展全方位的学术诚信教育工作,包括国家和学校各类文件的解读、学术不端行为的表现形式和特点、各学科学术不端问题的特点和问题、相关案例介绍等,强调上好科研工作的第一课;对新教师和老教师,应以师德师风教育、最新案例介绍等为主;对管理人员,则以相关文件的说明和解读为主,强调管理工作职责、不越线;对相关进修人员、博后研究人员,则应以本校相关文件的解读为主,强调全覆盖。

以中南大学为例,新进教师岗前培训为期一个月左右,包括"习近平新时代中国特色社会主义思想""师德规范""人事政策""科研管理""国家安全""身心健康管理""学术道德规范""教育教学技能"等专题知识,及"加强和改进新形势下高校思想政治工作十谈""高等教育学""高等教育心理学""高等教育法规""高校教师职业道德修养""高校教师教育教学技能"等,对学术诚信相关内容较少涉及,高校教师职业道德修养一课仍然是高大上的理论探讨教学,对于什么是学术诚信、什么是学术不端等具体内容较少涉及,甚至连诚信教育都未能得以足够体现。新进研究生,每人会收到一本研究生手册,涵盖国家法律法规、学校章程、培养与创新实践、学位申请与授予、奖学金助学金、研究生管理等方面的内容,通过"学生自习＋闭卷考试"的方法要求学生掌握,并给予 2 个学分。这样的做法已经比较先进,且已将教育部和学校的预防和处理学术不端行为办法列入,但学生考完后仍然不知何为学术不端,学术诚信教育效果可见一斑。

学术诚信教育可以有多种方式,包括讲座、集中授课、固定课程、教材编写、教育活动、借助新媒体(短视频软件、两微一端等)等开展有针对性的教育活动,通过校内校外教师相结合(如编辑可通过中国高校科技期刊研究会学风建设与伦理委员会、国外出版商学术伦理讲师团等联系校外教师)、传统教学和新媒体传播相结合、文件解读与案例介绍相结合、国外出版商与国内期刊编辑相结合、本校论文基金等科研失范案例与校外案例相结合,以选修和闭卷考试相结合、职前教育和师德教育相结合、固定时间专门活动与不固定时间临时性活动等形式开展别开生面、丰富多彩的科研诚信教育活动。

2. 可作学术诚信研究的开展者

通过搜索中国知网查询学术不端行为防范与治理相关主题的文章,可以发现非常多的研究都是编辑开展的。编辑长期在一线,熟悉各种学术不端行为,可以开展多种多样的研究。如通过案例说明帮助受教育者了解学术不端;通过对各类中、英文查重软件的操作,分享使用经验,指出其不足与优势;可通过多年工作经验开发相关防范学术不端行为的软件和网站等。另外,编辑还可为高校学术规范相关文件的制定、修订等提供参考资料和意见、成为高校学术规范等文件制定的工作组成员、参与编写高校学术诚信教材等,如中山大学医学版编辑部就参与了《中山大学学术规范知识读本》的编写工作。

3. 可作高校学术诚信教育的宣传者和监督者

以高校各类相关文件的发布、解释为介入,高校期刊编辑可实施学术诚信教育的宣传和监督工作。高校学术期刊编辑部对接外部信息、制定内部规范和条例,同时,通过人员往来、邮件、网站、投审稿平台、微信等多种方式加强沟通与联系,构建期刊与相关利益方的联动机制,即期刊与高校管理方学术不端信息上传与通报机制,期刊与外审专家、期刊与读者的学术不端行为监督与防控机制,期刊与作者(投稿作者、潜在作者)的学术不端规避机制和学术诚信教育机制,多方协同,加强校内学术诚信氛围的营造与处罚机制的构建,将高校科研诚信工作融入学术共同体的学术诚信建设体系中,从而与社会各界一起,建立公众监督和反馈的合理渠道,使社会各界能有效了解科研信息,发现和质疑学术不端问题,起到舆论监督的作用。进而,帮助学术共同体在团体内部形成学者自律、社会他律的良好氛围,有效推动高校学术不端行为的预防与治理工作。

第三节　高校学术期刊在高校学术诚信监督体系中的定位与功能

2019 年 10 月 16 日,教育部网站发布《对十三届全国人大二次会议第 7079

号建议的答复》(以下简称《答复》),披露了教育部经商科技部答复全国人大代表提出的"关于严厉打击学术不端行为的建议"的具体内容。答复相关表述:"2018年5月,中共中央办公厅、国务院办公厅印发《关于进一步加强科研诚信建设的若干意见》(厅字〔2018〕23号)的文件,明确规定要坚持预防和惩治并举,坚持自律和监督并重,坚持无禁区、全覆盖、零容忍,严肃查处违背科研诚信要求的行为。"中国科学院监督与审计局侯兴宇指出学术监督体系中,常见的学术诚信监管部门,如学术期刊、查重机构、举报受理部门、经费审计部门之外,还应包括师德建设部门、舆情监测部门,部分研究领域还要有伦理审查部门等,也许还需要心理救助部门,而居于中枢地位的是一个能够独立运行的诚信专责部门和一支专业的诚信专员队伍。

上述论述从另一个侧面反映了当前学术诚信体系建设存在的问题,给了高校学术期刊担任中心节点、主动承担相关责任的理由。显然,一个好的学术监督体系需要多方齐心协力,对于良好学术风气和诚信氛围营造有着积极的作用。若教育先行,监督到位,则更能促进责任履行、后续惩戒的落实。

(一)高校学术诚信监督体系问题分析

1.当前普遍使用的学术诚信监督方式较为单一

国家和高校的学术诚信相关文件常用的表达语句多为"＊＊主动向社会公开、接受社会监督",但实际操作中,由于科研工作具有一定的门槛,学术失信问题的监督工作只能同行监督。考虑到现有学术不端问题的处理流程,即上级单位接受举报后,通常会本着信任的原则,责成学校或下辖二级单位处理举报信息,这给举报人造成了一定的担忧。通常,只有严重侵犯到了当事人的权益之后,当事人才可能举报,以求得到公正裁决。但即便如此,很多举报仍然是通过网上社交媒体公开相关信息、引起舆论关注之后,才得到涉事方的主动反馈,进而通报调查结果。虽然高校的学术不端行为处理办法也提到了匿名举报等方式,愿意接受邮件、电话、口头等方式的监督与举报,但这样的高校少之又少,网络上也未见有相关报道。从这个角度来看,当前的学术诚信监督方式比较单一,学术监督的难度是比较大的。

2.高校教师参与度不够,监督权益得不到保障

在现行的高校学术诚信同行监督机制中,普通教师作为同行监督,参与性是不够的。同行监督的初衷是提倡全体同行参与监督,人人拥有监督他人的权利

也有被他人监督的义务。只有同行学者全员参与的监督才能充分形成维护学术共同体利益的良好氛围,充分发挥同行监督的优势。一方面,同行代表的监督,容易形成小利益团体,可能形成同行者代表无人监督的尴尬情形;另一方面,高校教师开展同行监督,以个体形式开展的监督是专门机构监督的有力补充。实际操作中,部分高校管理部门也缺少吸纳个体监督并及时给予反馈的机制。更有甚者,自己高校的同行开展学术诚信监督行为很可能被诬蔑为学术诋毁、恶性竞争,同行监督的权益得不到保障。

3.当前的学术监督权威性不够

从学术诚信问题的监督来看,权威性与公信力、可靠性、及时性等密切相关。监督的权威性与学术不端问题的发现及后续惩处密切相关。有学者提出要重塑学术监督权威,要解决学术监督体系的启动条件,要从原始记录查起,立足于还原科研过程;要坚持学术、行政两条线,就是"让学术问题回归学术调查";要管理者责任不可缺失。重塑学术监督的权威也有赖于教育先行。只有教育先行,才能让诚信的种子生根发芽,自觉避免失信行为的获利诱惑。

如何让学术监督制度长出"牙齿",从而让监督真正落地,在严惩学术不端行为中发挥威力,一直是学界和舆论各方关注的焦点。迄今为止,我国在加强学术监督方面先后印发了一系列文件,制定了一系列规范,以"若干意见"和"联合惩戒"为骨架、环环相扣的学术监督制度体系正在形成。但是,让制度真正发挥作用的"牙齿"似乎尚未长全,或者说还不够锋利。尽管也惩治了一批学术不端行为人,但无论是学界还是公众,似乎都有不满意的声音。

(二)原因分析

1.文化因素对学术监督行为的影响

一方面,某些文化因素使得我国存在学术不端定义模糊,学术监督在学术不端难以明确的情况下是很难开展的。有学者认为不同的文化背景、学科背景、时代背景,人们对于学术不端的定义是有分歧的。例如,在国内的教科书编写中,适当引用某些文本,在一定程度上是可以接受的。在1999年之前,人们并不认为重复发表或者用中文和英文各发一次有什么不妥。超过20%的受访者认为重复发表和自我引用是允许的。而在国际学术界,这些都是毋庸置疑的学术不端。

另一方面,学术监督从某种程度上说是一种举报或揭发行为。举报是一种利益的博弈,其目的和结果是打击利益竞争的对手。但到底什么事情可以揭发检举？什么事情不可以揭发告密？什么人之间可以揭发检举？什么人之间不可以揭发检举？这是一个标准问题，也是一个原则问题。首先，对于"生活中非原则的一般性问题"当然不能告密和揭发，这的确是一个道德问题。但是对于大是大非的原则性问题则必须坚决斗争。

2. 学术不端的查证存在一定困难，学术监督投入产出比失衡，同行不愿意监督

南开大学的校长龚克教授曾经说，查处学术不端有五难，哪五难呢？一是学术之难，难以证伪，很难证明作者是有意造假还是疏忽。二是法理之难，追溯以往，七八十年代当时很多事情不规范，对学术规范也要求比较低，按现在的标准有些是学术不端，有些是学术不当，很难界定。三是析责之难，难究责任。我们国家有一些大牌的教授，甚至有一些院士，剽窃被人揭发以后，把责任推到学生身上，说学生是瞒着自己投稿的，但是这个事情只有老师跟同学之间知道，这个析责有时候不是太容易办到。四是量罚之难，一票否决。有些人以前做的研究不错，也有很多成绩，但是一旦发现他某篇文章里面有问题，评委是不是下得了决心一票否决。五是工作之难，利益冲突。一旦有人揭发以后，有些单位推卸责任，存在利益保护，所以查处学术不端确实是不容易的。正是因为学术不端查处之难，有能力进行学术监督的人望而生畏，不愿意进行学术监督。

3. 学术不端监督机制不健全，同行不愿意监督

学术监督有难度、监督效果难以服众、学术监督等多项因素使得在原有的"能够监督的人数较少"的情况，增加了"愿意监督的人数更少"的现象。加之，从我国已公布的多起学术不端事件来看，这些事件的损害程度从大到小来排序，往往是套取国家资源、申请项目、套取经费、骗取荣誉等，这些都不直接影响同行利益，同行即便知道，也多会"事不关己、高高挂起"，所以同行不愿意监督。另外，我们学术界只喜欢谈论学术诚信的大道理，不愿意认真地去处理学术不端行为，并且用这样或那样的理由对当事人减免处罚。遇到学术不端，往往用学术道德评判，用学术争议搪塞，不用制度规则去处罚，本身就是机制不健全的体现。

（三）学术期刊在高校学术诚信监督体系中的定位与功能

1. 学术不端检测软件使用与推广的先行者、新技术的倡导者

一方面学术不端检测软件的使用已经非常普遍，学术期刊从业人员、高等学校学生管理人员等均在使用，很多使用者对检测结果已经形成简单依赖，缺乏判

别;另一方面是现有的检测软件的功能不完备,只能对纯文本内容进行比较。即便是文本比较也不能单纯以复制比多少来简单断定文章是否剽窃。而且,针对软件不能进行图片、公式比较的情况,各种衍生的反查重办法不断出现。不可否认,当前的学术不端检测软件有其明显的缺陷,但其仍是一种易上手、易获取工具,而且新的针对图片和公式比较的软件也已陆续研发出来。学术期刊从业人员长期在一线接触各类学术失信问题,对学术不端检测软件有着较多的钻研,理应大力推动如何正确使用学术不端检测软件,并帮助技术开发人员进一步完善软件。

2.高校学术诚信问题的主动监听者

与高校监测学术不端的部门如宣传部门舆情监测、学术道德委员会下辖办公室的被动监测不同,有一定办刊历史的学术期刊,其编辑每天都会接触大量稿件、各类人员(如作者、潜在作者、外审专家、读者等),编辑的这种广泛连结性意味着编辑有能力从第一线了解学界的最新信息,如学者对当前某一问题的想法、观点等,编辑因此可以作为高校学术诚信问题的主动监听者。

3.高校学术不端问题处理结果的反馈者,学术不端案例的收集者

学术期刊的特点决定了期刊编辑必须要熟悉各类学术不端行为,新闻出版署于2019年7月1日从学术期刊的角度针对学术不端行为正式发布了行业标准,即《学术出版规范——期刊学术不端行为界定(CY/T 174—2019)》。另外,高校学术期刊的业务部门属性和编辑的广泛连结性使得学术期刊便于收集所在高校学术不端问题处理结果的反馈信息。

第四节　高校学术期刊在高校学术不端事件处理体系中的定位与功能

(一)高校学术不端事件处理的现状

1.管理部门对不端事件处理的高压态势明显,但学术不端事件仍时有发生

2018年5月,中共中央办公厅、国务院办公厅印发《关于进一步加强科研诚信建设的若干意见》(厅字〔2018〕23号)要求建立终身追究制度,依法依规对严重违背科研诚信要求的行为实行终身追究,随时发现,随时调查处理。规定主管

部门或所在单位对严重违背科研诚信要求的责任人给予科研诚信诚勉谈话;取消项目立项资格,终止项目合同,追回科研项目经费;撤销获得的奖励、荣誉称号,追回奖金;依法撤销学位、教师资格、收回医师执业证书等;一定期限直至终身取消晋升职务职称、申报科技计划项目、担任评审评估专家、被提名为院士候选人等资格;解除劳动合同、聘用合同、开除学籍;终身禁止在政府举办的学校、医院、科研机构等从事教学、科研工作,以及记入科研诚信严重失信行为数据库或列入观察名单等。但在各个高校如何落实却值得仔细查证。例如,近些年来,上海某高校的"汉芯"造假案、河北科技大学韩春雨事件的"非主观造假"结论,其处理程序不透明、处理结果不服众的情况还摆在公众面前。另外,某些网络匿名举报的处理,校方也长期不予以处理。此类种种问题,使得公众对国家文件的具体落实存疑。

2.学术不端成本收益不成比例,不端事件的处理不规范、不到位

一方面,学术不端带来了巨大的利益;另一方面,学术不端事件违规成本较小,处理结果小范围通报,影响不大,或者最后不了了之。特别是对一些有"帽子"和一些影响大的典型案例,一定要进行实事求是、严肃的处理。尽管学界一直强调要"破五唯",但破不易、立更难。有学者认为要建立起有人、有魂、有道、有爱、有术的评价体系,但实际操作困难重重。关于如何"立"的讨论还会持续一段时间,但必须先"破"已经形成共识。

(二)原因分析

1.学术不端问题处理的惯性因素

从我们以往了解到的信息来看,大多数高校在进行学术不端行为的调查、认定、处理等过程中并未考虑学术期刊的作用,调查组、认定组等几乎都没有期刊编辑参与其中。期刊编辑在相关编辑出版学期刊上发表的如何处理学术不端的办法、经验,以及编辑对学术不端问题的了解等情况可能并未被学校相关委员会获知,即便可能获知了也未引起重视。这与我国高校学术期刊编辑的人员构成、工作内容、相关历史因素等有关,从另一个侧面也印证了传统意义上期刊属于学校边缘部门的现实身份。

2.期刊部门的不主动作为

正如前述,长期以来学术期刊的边缘地位使得期刊部门、编辑已经习惯于这种现状,对于改变现状动力不足。从调研数据可知,目前的实际情况是,高校相

关治理委员会成员以教师和管理人员为主,较少或几乎没有高校学术期刊编辑、学生群体的参与。建设学术诚信体系需要多方群体协同参与,高校学术期刊或期刊主管部门不能坐视边缘而不争取,应主动作为,积极推动编辑加入上述组织,参与学术不端行为的治理,这样既可以发挥学术期刊编辑的独特性和优势,同时也能充分保障学生的权益。

(三)学术期刊在高校学术不端事件处理体系中的定位与功能

1.学术不端问题的说明者、受理者

学术期刊编辑的工作经验完全能够胜任学术不端问题的说明者。当前,大多数学术不端事件均与学术论文、学生毕业论文有关,关于论文中存在的文字剽窃、抄袭、图片造假等问题大多数编辑熟稔于心。编辑可以轻松地判别哪些问题属于学术不端,哪些属于学术不当,对于模棱两可的问题,编辑也有着自己的专业判断。若得高校主管部门(如学术道德委员会等)允许,学术期刊可作为高校学术不端有关问题的受理者,编辑可以以电话、邮件等方式在咨询是否可以举报时就给出指导意见,在接到实名举报后可以在第一时间就是否需要受理给出判断,帮助学校相关部门决策。

2.学术不端行为调查的参与者、调查结果的初步认定者

考虑到当前学术不端行为的多样性、隐蔽性、难以认定等问题,学术不端行为调查组的成员应包括各相关部门的专业人士以帮助判别。调查组应秉持客观、公正的态度,针对具体问题进行判断。通常,一起学术不端事件会涉及多个相关方,作者及作者团队、期刊出版部门、成果认定部门等。学术期刊从业人员作为调查组成员之一,可以推测和还原涉嫌学术不端稿件的出版过程,从学术出版的角度提供专业建议,帮助给出初步的认定结果。

3.学术不端事件处理结果的通报者、宣讲者

按照处理要求,调查结果必须在规定时间内返还给发函单位,比如国家自然科学基金委、国家卫生健康委员会等。而大多数高校只在相关学术不端问题引起了社会关注之后,才会根据舆情需要,将处理结果在一定时间内予以公示。显然,这还是传统思维,怕影响学校的声誉和形象。此类案件的处理结果至少可以通过学术诚信教育工作在一定范围内(如各自高校范围内等)予以公布,以达到警示作用。学术期刊编辑可以搜集基金委、卫健委和各高校的学术不端案例,与读者、作者、相关学者群体进行宣讲和通报,起到净化学术生态的作用。

第五节　小结

　　各高校学术诚信治理体系的形成和完备有各自的历史因素,但不可否认,形成一套成熟的、各具特色的、符合中国国情的高校学术诚信治理体系需要长期的积累,需要各利益相关方不断地探索。高校学术期刊是否能作为中心节点支撑起整个高校的学术诚信治理体系建设工作还有待进一步研究和探讨,但部分高校学术期刊的从业人员是可以开始予以尝试的。本章所提到的学术期刊可以在学术诚信体系的各个环节中发挥作用,而角色与功能并没有要求一并同时实现。比较现实的做法是,学术期刊可根据编辑自身的知识储备、发展诉求尝试上述角色中一个或多个,进而摸索出经验予以分享,推动高校学术诚信治理体系建设工作的展开。

参考文献

[1] Nicholas H. Steneck. 科研伦理入门[M].曹南燕等译,北京:清华大学出版社,2005:6.

[2] 邓履翔,彭超群.执行编辑如何把握科技期刊的论文质量[J].中国科技期刊研究,2012(6).

[3] [美]欧内斯特·博耶.学术水平反思——教授工作的重点领域[M].国家教育发展研究中心编(第五集),北京:人民教育出版社,1994:32.

[4] 杨萍,朱伯兰.高等学校学术道德建设及其学术不端行为惩处机制研究[R].2010年教育部人文社科项目研究报告,2012:4.

[5] 沈亚平.学术诚信与建设[M].北京:高等教育出版社,2017:8.

[6] 杨萍,靳丽遥.高校学术诚信体系建设研究[M].北京:经济科学出版社,2019:5.

[7] 王玉林.试论学术规范的构成[J].图书情报,2005(6).

[8] 陈学飞.谈学术规范及其必要性[J].中国高等教育,2003(11).

[9] 田成有,李斌.学术行为的规范化:反思与重构[J].学术探索,2005(2).

[10] 文丰安,中国大学学术规范化与治理研究[M].北京:中国社会科学科学出版社,2010:23.

[11] 张宇,李立.高校科研论文诚信问题及相关防范机制建立[J].中国编辑,2019(2).

[12] 刘一玮.学术期刊对学术不端行为的认定与处理[J].科技与出版,2017(11).

[13] 蒋来,詹爱岚.高校科研活动中的不端行为及对策研究[J].中国科学基金,2015(1).

[14] 万慧颖,华灵燕.高校科研不端行为的信用监督与失信惩戒[J].中国高校科技,2017(7).

[15] 范昊雯.高校科研不诚信行为现状调研与因素分析[J].河北能源职业技术学院学报,2020(3).

[16] 曹蓓,刘辉,张虹,陈金源,赵镇.高校科研诚信建设的现状与对策[J].科技管理研究,2014(15).

[17] 郑磊.高校科研诚信建设主体责任的法治建构[J].高校教育管理,2020(5).

[18] 徐巍.高校科研诚信教育发展现状及经验借鉴[J].高教学刊,2020(20).

[19] 杜宝贵,左志远.高校科研诚信精准治理体系构建[J].中国冶金教育,2020(3).

[20] 苏洋洋,董兴佩.论我国高校科研诚信教育制度之完善[J].山东科技大学学报(社会科学版),2019(2).

[21] 王金平,闫青.浅析新时代高校科研诚信教育[J].山西高等学校社会科学学报,2012(8).

[22] McCabe Donald, L. Trevino, Linda Klebe. Butter field, Kenneth D. Cheating in Academic Institution: A decade of research[J]. *Ethics and Behavior*, 2001(3).

[23] (美)查尔斯·利普森,诚实做学问:从大一到教授[M].郜元宝,李小杰译.上海:华东师范大学出版社,2006:4.

[24] Tamera B Murdock, Eric M Andeman. Motivational Perspective on student Cheating: Toward an integrated model of academic dishonesty [J]. *Educational Psychologist*, 2006(3).

[25] 李礼.加拿大高校学术道德与学术规范教育探析——以多伦多大学和滑铁卢大学为例[J].比较教育研究,2012(9).

[26] 励业.高等教育领域研究诚信体系的建设——加拿大的经验[J].比较教育研究,2012(9).

[27] 付艳.高校学术诚信教育的危机与对策研究——从美国高校学术诚信教育看我国高校学术诚信教育[J].云南社会主义学院学报,2013(1).

[28] 刘普.我国学术不端问题的现状与治理路径——基于媒体报道的64起学术不端典型案例的分析[J].中国科学基金,2018(6).

[29] 何惠予.高校学术不端行为的治理对策研究[D].华南理工大学,2012.

[30] 蔡瑞.国外学术不端行为治理机制及其启示[D].哈尔滨师范大学,2015.

[31] 陈恺思.高校学术不端行为治理研究[D].广西大学,2013.

[32] 霍建菲.高校学术不端行为治理研究[D].山东大学,2013.

[33] 江利平,邓毅,卢勃.高校研究生学术不端行为影响因子调查研究[J].研究生教育研究,2015(1).

[34] 周莹.高校学术不端行为的成因及治理对策研究[D].沈阳师范大学,2017.

[35] 梁颖.我国高校学术不端行为的成因及治理对策研究[D].东北大学,2012.

[36] 岳云强.学术诚信、学术不端与学术规范——关于高校学术道德建设若干问题的思考[J].北京化工大学学报(社会科学版),2014(2).

[37] 伍新德,张人崧.试析高校科研诚信危机及其防范机制的建立[J].黑龙江高教研究,2012(11).

[38] 解本远.科研不端行为的制度成因分析[J].首都师范大学学报(社会科学版),2013(3).

[39] 李俊龙,方燕飞,孙怡,韩磊.基于撤稿数据的生物医学领域科研诚信建设挑战及治理对策分析[J].中国科学基金,2020(3).

[40] 王佳佳.高校教师学术不端行为影响因素研究[D].南昌:南昌大学,2016.

[41] 邓履翔,胡英,沈辉戈.42所"双一流"高校学术不端行为处理办法比较研究[J].中国科技期刊研究,2021(2).

[42] 陈亮.大学学术不端行为及其治理[J].吉首大学学报(社会科学版),2018(2).

[43] 王少.高校学术不端治理权的来源、本质及其行使机制[J].天津师范大学学报(社会科学版),2020(5).

[44] 盖红肖,冯琳,冯彦成,樊平,杨金涛,许淼.从医学研究生学术不端行为谈高校学风建设[J].中国医学教育技术,2018(2).

[45] 赵兴华,韩星梅.高校学术不端行为的治理路径探究[J].科教导刊,2013(12).

[46] 冯知周.高校学术不端行为治理优化研究[D].上海交通大学,2018.

[47] 姜学霞.高校学报的学术诚信现状及其建设途径[J].惠州学院学报,2017(5).

[48] 王启,陆汉栋.新时代我国高校科研诚信规制的保障机制探索[J].南京理工大学学报(社会科学版),2019(5).

[49] 曹蓓,刘辉,张虹,陈金源,赵镇.高校科研诚信建设的现状与对策[J].科技管理研究,2014(15).

[50] 何宏莲,吕志娟,刘尊梅.高校科研诚信的"他律"与"自律"机制研究[J].东

北农业大学学报(社会科学版),2014(6).

[51] 司文超.高校科研工作者学术诚信状况及其影响因素调查——以湖北8所
高校为例[J].北京教育(德育),2016(10).

[52] 靳彤,赵勇.国内高校科研诚信管理工作进展研究——基于2019年软科中
国最好大学排名前50高校的分析[J].情报工程,2021(5).

[53] 赵果.我国大学生学术诚信的现状调查及对策研究——以上海部分高校为
例[J].思想教育研究,2015(4).

[54] 胡科,陈武元.高校学术不端行为治理的国际经验及其启示——以斯坦福
大学、剑桥大学、东京大学为例[J].东南学术,2020(6).

[55] 张银霞.美国常春藤联盟高校本科生学术诚信治理模式研究[J].比较教育
研究,2016(9).

[56] 张银霞.重新认识美国高校学生荣誉制度促进学术诚信的有效性——兼论
我国部分高校的免监考政策[J].比较教育研究,2018(40).

[57] 邓环.英国高校遏制学生学术不端行为制度概述[J].学位与研究生教育,
2014(4).

[58] 李晓燕.美国高校治理学术不端行为制度研究[J].陕西师范大学学报(哲
学社会科学版),2014(4).

[59] 陈翠荣,张一诺.美国高校学术不端行为处理程序分析——以四所美国研
究型大学为例[J].外国教育研究,2016(8).

[60] 胡林龙.中美高校学术不端行为处理程序的比较研究——以中美部分高校
学术规范为例[J].中国高教研究,2014(6).

[61] 孙丰成,崔护社.学术不端特征分析及学术期刊编辑防治学术不端的措施
[J].编辑学报,2013(S1).

[62] 肖骏.期刊编辑防范学术不端能力培养的必要性与策略[J].编辑学报,
2018(1).

[63] 陈志贤.学术不端防范中科技期刊编辑的主体意识[J].编辑学报,2015
(2).

[64] 徐海丽.学术不端行为及其预防措施[J].中国科技期刊研究,2015(6).

[65] 邓履翔.科技期刊欺诈引用案例分析及编辑工作建议[J].中国科技期刊研
究,2020(1).

[66] 李媚,沈昱平,沈叔洪.医学科技论文作者学术不端行为分析与防范对策
[J].浙江医学,2021(7).

[67] 葛芳君,蔡华波.学术不端成因探析及防范对策之拙见[J].科技传播,2017 (16).

[68] 王福军,谭秀荣,冷怀明.科技期刊中常见学术不端现象分析与思考[J].编辑学报,2014(05).

[69] 汪勤俭,郭建秀,栾嘉等.84篇因学术不端退稿稿件追踪分析与思考[J].编辑学报,2012(2).

[70] 王茂诗.大学生责任伦理问题研究[D].重庆师范大学,2014:15

[71] 谢军.责任论[M].上海:上海世纪出版社,2007:1

[72] 高湘泽.汉斯·忧那思责任伦理最主要代表作之我见[J].广东社会科学,2014(2).

[73] Hans Jonas,The Imperative of Responsibility:In search of an Ethics for the Technological Age[M],Chicago & London:The University of Chicago Press,1984.

[74] (德)汉斯·伦克.人与社会的责任:负责的社会哲学[M].陈巍,励洁丹,任春,译,杭州:浙江大学出版社,2020.

[75] 田秀云,白臣.当代社会责任伦理[M],北京:人民出版社,2008:4.

[76] 王茂诗.大学生责任伦理问题研究[D].重庆师范大学,2014.

[77] Freeman,R.E.,Strategic management:A stakeholder approach[M],New York:Cambridge University Press,1984:205.

[78] 沈亚平.学术诚信建设[M].北京:高等教育出版社,2017:192.

[79] 汪再非,杨国祥.学术期刊对科研的评价作用[J].科技管理研究,2006 (11).

[80] 易耀森,被撤销医学论文数据学术不端行为与防范对策研究[J],中国科技期刊研究,2020(3).

[81] 邓履翔.学术传播视角下学术期刊内容角色转变[J].中国科技期刊研究,2021(12).

[82] 李宗红.科技学术期刊编辑初审稿件的"三审"[J].编辑学报,2008,20(4).

[83] 蒋晓,杨锐,张凌之,等.基于AMLC的科技期刊论文学术不端特征分析及对策研究[J].编辑学报,2021(6).

[84] 石鹤,夏黎明,汪晓,等.《放射学实践》应用AMLC检测已发表论文结果分析及应对策略[J].中国科技期刊研究,2016(7).

[85] 陈芳.应用AMLC对动物医学论文的查重结果分析[J].编辑学报,2011

(5).

[86] 刘清海.学术不端医学论文中重复文字的分布[J].编辑学报,2010(5).

[87] 刘清海,王晓鹰,孙慧兰,等.AMLC 检测医学论文的特点及期刊的应用对策[J].编辑学报,2009(6).

[88] 徐诺,程利冬,苗秀芝,等.科技期刊使用 CrossCheck 查重软件对提高稿件质量的作用——以《国际智能和纳米材料》为例[J].编辑学报,2017(S1).

[89] 黄睿春,张玉平.基于 CrossCheck 论文防剽窃系统的稿件处理策略分析——以《数学物理学报》(英文版)为例[J].中国科技期刊研究,2019(10).

[90] 罗云梅,蒲素清,李缨来,等.华西期刊社 1748 篇疑似学术不端稿件的分析[J].编辑学报,2018(3).

[91] 朱大明.关于实名审稿制与双盲审稿制的讨论[J].编辑学报,2010(5).

[92] 杨波,赵丽莹,张荣丽.审稿专家的搭配法[J].编辑学报,2009(1).

[93] 赵丽莹,冯树民,刘彤,等.如何选择"小同行"审稿专家[J].编辑学报,2007(1).

[94] 朱大明.关于制订"科技期刊专家审稿规则"的建议[J].编辑学报,2007(1).

[95] 邓国英.我国编辑的起源及其在历史上的贡献[J].出版科学,1994(3).

[96] 王义纲.著书立说与编辑工作——记我国古代几位著名的编辑活动家[J].山东医科大学学报(社会科学版),1990(3).

[97] 赵志坚.试论司马迁对编辑学的贡献[J].编辑之友,1998(1).

[98] 王振铎.邹韬奋:现代编辑出版大师的优秀代表[J].山东理工大学学报(社会科学版),2004(6).

[99] 戴显红.邹韬奋书刊"编辑力"考述[J].青年记者,2017(29).

[100] 王德春.毛泽东与编辑出版工作[J].智慧中国,2018(9).

[101] 任晓山,吴金.《新湘评论》:发扬优良传统 续写新的荣光[J].传媒,2021(12).

[102] 张立科.新时代做好总编辑工作的思考与实践[J].出版发行研究,2021(1).

[103] 吴双英.5G 时代童书出版的新业态和新发展[J].出版广角 2020(9).

[104] 朱剑.如影随形:四十年来学术期刊编辑的身份焦虑:1978—2017 年学术期刊史的一个侧面[J].清华大学学报(哲学社会科学版),2018(2).

[105] 范晨芳,沈宁.新时期科技期刊编辑胜任力素质新要求及其培养[J].中国科技期刊研究,2018(9).

[106] 陆祎.综合性医学科技期刊编辑培养核心素养的思考[C],上海:上海大学出版社(学报编辑论丛),2021:368.

[107] 谢燕,钱俊龙,潘小伦,等.从防范学术不端论文中提升编辑职业素养[J].中国科技期刊研究,2011(4).

[108] 吴成福.论科技期刊编辑的文化价值实现[J].中国科技期刊研究,2011(3).

[109] 刘淑华.科技期刊的品位[J].中国科技期刊研究,2007(5).

[110] 熊国祯.语文修养是编辑的入门功夫[J].科技与出版,2007(6).

[111] 查朱和.新时代编辑素质"六要"新要求[J].中国出版,2020(7).

[112] 习近平给《文史哲》编辑部全体编辑人员回信[N].人民日报,2021-05-11.

[113] 陶汝昌.浅谈新时代背景下编辑的自我修养[J].传播力研究,2019(10).

[114] 郑辛甜,张斯龙.学术期刊公开同行评议的发展现状及发展趋势[J].中国科技期刊研究,2015(2).

[115] 颜永松,王维朗,薛婧媛,等.学术期刊同行评议中不端行为的应对策略[J].编辑学报,2021(4).

[116] 高美艳.结构功能视角下同行评议中的利益冲突[D].山西大学,2015.

[117] S. T. HAINES, W. L. BAKER. ,J. DIDOMENICOR, et al. Improving peer review：What journals can do[J]. *American Journal of Health-System Pharmacy*,2017(24).

[118] 付伟棠.我国学术期刊同行评议研究综述[J].中国科技期刊研究,2019(8).

[119] 余三定.关于整治学术腐败讨论的评述[J].云梦学刊,2008(2).

[120] 韩丽,王敏,武文.编委送审制在国内学术期刊中的应用[J].编辑学报,2012(4).

[121] 陆雁,米慧芝,李智娟,等.学术期刊如何防范编辑的学术不端行为[J].编辑学报,2020(1).

[122] 赵艳静,王新英,何静菁.防止同行评议造假的可行性措施[J].编辑学报,2017(2).

[123] 万志超,蔡静雯,姜海,等.国际同行评议中审稿意见造假现象及相关的学术不端防范[J].中国科技期刊研究,2021(5).

[124] 蒋颖.科研诚信视角下的人文社科国际学术论文撤稿特征研究[J].情报

资料工作,2020(6).

[125] 徐玲英.国际期刊大规模撤稿对我国期刊的启示[J].编辑之友,2017(6).

[126] 张秀峰.从撤稿事件论学术期刊对出版伦理把关的责任[J].编辑学报, 2017(6).

[127] 胡金富,史玉民.国外学术期刊同行评审造假的分析及启示——基于2015 年三次大撤稿事件的分析[J].中国科学基金,2016(6).

[128] 楼亚儿.从近来几起严重撤稿事件反思期刊防范学术不端的措施[J].北 京印刷学院学报,2019(2).

[129] 张维,吴培红,汪勤俭,冷怀明.国内外生物医学期刊撤稿规范分析及应对 学术不端行为的防范策略[J].编辑学报,2020(3).

[130] 叶青.中国 SCI 期刊撤稿声明调查及建议[J].编辑学报,2021(1).

[131] 李亚辉,徐书令,房威,王维朗.学术期刊撤稿引出的出版伦理问题与对策 [J].编辑学报,2021(2).

[132] 张和,张海燕,鲁翠涛,毛文明.关于科技学术期刊撤稿流程规范化建设的 建议[J].编辑学报,2021(4).

[133] 汪全伟,高静,黄东杰.科技期刊论文录用后作者申请撤稿的思考[J].编 辑学报,2021(5).

[134] 孙岳,张红伟.我国中文期刊撤稿因素交叉分析及对策研究[J].编辑学 报,2021(5).

[135] 林琳,苗晨霞,李英华,庞静,徐明霞.科技期刊编辑如何正确认识撤稿和 规范撤稿流程[J].编辑学报,2017(4).

[136] 金琦,王书亚,石朝云.学术期刊撤稿声明的规范化写作与发布[J].中国 科技期刊研究,2016(4).

[137] 蔡明科,王小艳,宋妍娟.防范学术不端行为,高校学术期刊编辑部的新作 为——从集中撤稿事件想到的[J].传播与版权,2017(9).

[138] 杨珠.学术段论文违背撤销现象及其智力——基于董鹏学术不端时间的 个案分析[J].中国科技期刊研究,2018(7).

[139] 丁佐奇.学术期刊建立申诉机制的实践研究及启示[J].编辑学报,2018 (3).

[140] 代小秋,殷宝侠,贺欢,吕延伟.作者对同行评议意见异议申诉的必要性及 期刊编辑对策[J].中国科技期刊研究,2021(3).

[141] 许倩,汪谋岳,倪婧.医学科技期刊退稿申诉稿件的特点分析[J].中国科

技期刊研究,2019(7).

[142] 孟美任,彭希珺,华宁,张晓林.中文学术期刊学术诚信控制机制应用现状调查[J].中国科技期刊研究,2015(12).

[143] 孔晔晗,许怡然,于艺浩,王元杰,刘茜.科技期刊学术诚信控制机制调研——以"中国科技期刊卓越行动计划"入选期刊为例[J].中国科技期刊研究,2021(8).

[144] 杜焱,邓履翔,张光,等.高校学术期刊编辑在高校科研诚信体系建设中的角色与功能[J].中国科技期刊研究,2021(8).

[145] 王育花,童成立.科技期刊编辑和审稿专家对学术不端的认知及其防范对策[J].中国科技期刊研究,2018(11).

[146] 张辉玲,白雪娜,崔建勋,等.学术不端文献的发表追溯及防范对策——基于185篇疑似学术不端文献的实证分析[J].中国科技期刊研究,2016(7).

[147] 李静,许淳熙.科技编辑方法论与学术不端之判别[J].江汉大学学报(自然科学版),2012(6).

[148] 韩磊,邱源.低文字复制比抄袭论文反常写作特征分析[J].中华医学图书情报杂志,2020(12).

[149] 王子君,赵丽琴.修稿过程中甄别学术不端的问题研究[J].科技传播,2019(13).

[150] 祁丽娟,戢静漪,方梅.跨语种抄袭和代写代投类学术不端行为的甄别和防范[J].中国科技期刊研究,2021(11).

[151] 吴艳妮,周春兰.科技期刊编辑对学术不端论文的识别——以《护理学报》为例[J].编辑学报,2015(4).

[152] 余菁,邬加佳,孙慧兰,等.科技论文数据造假的核查策略和统计学方法验证[J].中国科技期刊研究,2021(6).

[153] 刘清海.利用统计方法与规律发现论文数据造假[J].编辑学报,2018(6).

[154] 张维,邹仲敏,汪勤俭,等.生物医学论文典型学术造假图片辨析及防范措施探讨[J].编辑学报,2021(3).

[155] 余菁,邬加佳,刘清海,徐杰.医学论文图片篡改实例分析及对策[J].传播与版权,2019(5).

[156] 潘华.科技期刊论文图片的鉴定[J].编辑学报,2016(4).

[157] 邓履翔.学术期刊如何防范学术论文署名权纠纷[J].科技与出版,2017(8).

[158] 乔鹏飞.医学论文中常见学术不端行为的识别及防范对策[J].内蒙古医科大学学报,2018(6).

[159] 颜巧元.科技期刊论文通信作者署名滥用现象分析与对策[J].编辑学报,2013(5).

[160] 丛敏,王景周.2类典型学术论文署名不端行为及其防范策略[J].编辑学报,2021(2).

[161] 邬加佳,余菁,吴秋玲,等.科技期刊论文不当署名的特征分析及风险防范[J].编辑学报,2021(3).

[162] 刘红.高职学报论文署名不端现象及治理[J].中国高校科技,2017(4).

[163] 艾勇琦,严金海.医学论文署名不实现象的伦理审思与对策[J].医学与哲学,2020(20).

[164] 赵蔚.科研成果合作署名的学术不端行为研究[J].宁波大学学报(教育科学版),2015(2).

[165] 林佳瑜,罗浩林.论文署名学术不端问题探析[J].内蒙古师范大学学报(教育科学版),2016(11).

[166] 林振梅.高校学报论文作者不当署名问题及其防范[J].新余学院学报,2018(1).

[167] 张梅.学术论文拆分发表行为分析与防范措施[J].科技与出版,2020(8).

[168] 侯风华,黄莉,颜峻,等.科技期刊一稿多投现象的分析及防范措施[J].编辑学报,2013(S1).

[169] 王露,李青.一稿多投现象分析及规制策略[J].宜宾学院学报,2012(4).

[170] 于笑天.关于学术论文"一稿多投"的分析和思考[J].科技传播,2015(12).

[171] 孙惠昕,宋冰冰,张茂祥.利用"稿件追踪"防止一稿多投的探索[J].新闻研究导刊,2019(11).

[172] 徐林艳.关于科技期刊一稿多投现象的思考[J].新闻研究导刊,2018(9).

[173] 吴凌霄.高校学报中"一稿多投"现象再探[J].昌吉学院学报,2013(1).

[174] 张萍,沈岚.期刊论文"一稿多投"现象的原因与对策[J].传播力研究,2019(5).

[175] 于荣利,朱丽娜,张劲松等.科技期刊编辑针对一稿多投和重复发表行为的防范与应对作为[J].编辑学报,2019(S2).

[176] 朱玲瑞,李福果."互联网＋"环境下科技期刊对一稿多投和重复发表行为

的防范方法——以《半导体光电》为例[J].编辑学报,2020(4).

[177] 金伟.学术期刊一稿多投、重复发表的防范与思考[J].辽宁师范大学学报（自然科学版）,2012(3).

[178] 詹启智.一稿多投是著作权人依法享有的合法权利——兼论一稿多发后果的规制[J].出版发行研究,2010(2).

[179] 马建平.一稿多投正当性的法理分析及其权利规制[J].现代出版,2012(3).

[180] 唐兵.学术期刊"一稿多投"防范的困境及路径选择[J].中共四川省委党校学报,2013(1).

[181] 王颖鑫.ESI指标原理及计算[J].图书情报工作,2006(9).

[182] 常思敏.参考文献引用中的学术不端行为分析[J].出版科学,2007(5).

[183] 吕亚平.学术论文参考文献不良引用行为分析及防范措施浅议[J].图书馆工作与研究,2012(11).

[184] 闻浩,鲁立.引用矮化——论参考文献的不当引用[J].中国科技期刊研究,2013(6).

[185] 朱久法,郑均正.参考文献引用错误是科技论文的严重缺陷[J].编辑之友,2014(6).

[186] 邓履翔,王维朗,陈灿华.欺诈引用——一种新的不当引用行为[J].中国科技期刊研究,2018(3).

[187] 王明华.不正常引用参考文献现象的动因与对策[J].天津科技,2020(12).

[188] 舒安琴,廖微微.不正当学术引用行为识别方法及实例分析[J].出版发行研究,2017(12).

[189] 乔鹏飞.医学论文中常见学术不端行为的识别及防范对策[J].内蒙古医科大学学报,2018(6).

[190] 周芳.学术期刊编辑对引文失范现象的防范[J].科技传播,2021(13).

[191] Chandra G. Prabha. Some aspects of citation behavior: A pilot study in business administration [J]. *Journal of the American Society for Information Science and Technology*,1983(3).

[192] 刘婷婷.识别中介来稿,避免一稿多投[J].编辑学报,2013(6).

[193] 关珠珠,李雅楠,郭锦秋.医学期刊编辑初审过程中对"枪手"论文的识别[J].编辑学报,2018(1).

［194］邹强.医学"枪手"论文的特征及识别分析［J］.中国科技期刊研究,2020
（12）.

［195］吴艳妮,周春兰.科技期刊编辑对学术不端论文的识别——以《护理学报》
为例［J］.编辑学报,2015（4）.

［196］祁丽娟,戢静漪,方梅.跨语种抄袭和代写代投类学术不端行为的甄别和
防范［J］.中国科技期刊研究,2021（11）.

［197］郑小虎,何莉.科技期刊"中介稿件"的识别及防范［J］.编辑学报,2018（1）.

［198］齐烨,崔浩,郑雨田,等.科技期刊中介稿件的特征识别与应对策略［J］.天
津科技,2019（5）.

［199］余菁,邬加佳,徐杰.由采编系统登录密码辨别代写代投学术不端行为
［J］.科技与出版,2018（9）.

［200］吴凌,李海霞,郭桃美.国内五个学术不端文献检测系统的对比研究［J］.
科技传播.2019（10）.

［201］张旻浩,高国龙,钱俊龙.国内外学术不端文献检测系统平台的比较研究
［J］.中国科技期刊研究,2011（4）.

［202］于海,王巍.学术不端文献检测系统存在的问题及使用建议［J］.太原城市
职业技术学院学报,2011（3）.

［203］谢文亮,李俊吉,张宜军.期刊学术不端文献检测系统误检分析［J］.中国
科技期刊研究,2013（6）.

［204］王文福.期刊防范学术不端的深度反思——兼谈对 AMLC 系统的理性认
知［J］.编辑之友,2017（3）.

［205］魏强.科技论文中学术不端行为的编辑控制［J］.科技管理研究,2011（7）.

［206］朱荣华,刘国强.学术不端文献检测系统的负效应及其反思——以高校、
学术期刊的应用为例［J］.编辑之友,2019（7）.

［207］李青,王露.CNKI 学术不端检测系统的合理使用［J］.宜宾学院学报,2013
（5）.

［208］吴娟.AMLC 应用下学术不端行为的防范［J］.今传媒,2012（7）.

［209］周益兰.TMLC 在研究生学位论文检测中的应用研究［J］.研究生教育研
究,2012（2）.

［210］张福军.学位论文学术不端行为检测系统（TMLC2）在研究生学位论文检
测中的应用与思考［J］.工业和信息化教育,2016（1）.

［211］李晶晶.运用 SMLC 系统检测法学类论文存在误检问题及对策［J］.北京

印刷学院学报,2017(1).

[212] 彭分文,舒阳晔.辩证地看待学术不端检测系统的正负效应[J].邵阳学院学报(社会科学版),2019(6).

[213] 段为杰,于洋,吴立航,等.CrossCheck 检测平台及信息核实在学术不端防治中的作用[J].编辑学报,2018(1).

[214] 林原,贺俊尧,姜春林,等.基于 Pubpeer 的学术预警研究[J].现代情报,2021(7).

[215] 刘清海.国际期刊我国学者论文被撤销情况与分析——基于 Retraction Watch 网站结果[J].中国科技期刊研究,2016(4).

[216] A. Marcus,I. Oransky. Science publishing:The paper is not sacred[J]. *Nature*,2011,480(7378).

[217] A. Abritis, A. McCook. Retraction Watch. Cash bonuses for peer-reviewed papers go global[J/OL]. *Science*, 2017[2021-12-10]. https://www. Sciencemag. org/news/2017/08/cashbonuses-peer-reviewed-papers-go-global.

[218] 邓支青,吴任力.基于撤稿观察数据库的被撤销会议文献研究[J].情报杂志,2021(3).

[219] 杨耀,施筱勇.基于撤稿观察数据库的论文撤稿国际比较研究[J].科技管理研究,2021(10).

[220] 张宁.职称评审中学术不端文献检测系统之比较研究[J].图书馆工作与研究,2014(11).

[221] 王福军,冷怀明,谭秀荣.AMLC 与 PSDS 检测结果的比较研究[J].中国科技期刊研究,2014(9).

[222] 王倩,范晓鹏,刘洁云,项珍.两种中文文献检测系统在实际工作中的比较分析研究[J].高校图书馆工作,2016(6).

[223] 徐咏军.多种学术不端检测系统在学术论文检测中的综合应用[J].合肥学院学报(综合版),2019(6).

[224] 吴凌,李海霞,郭桃美.国内五个学术不端文献检测系统的对比研究[J].科技传播,2019(10).

[225] 程翠,王静,胡敏,等.学术不端文献检测系统检测医学学术论文存在的问题及对策[J].传播与版权,2016(3).

[226] 秋黎凤,白雪.略谈学术不端检测系统的盲区[J].传播与版权,2013(5).

[227] 李永莲.学术不端文献检测系统的检测盲区研究[J].青岛职业技术学院学报,2014(5).

[228] 周颖.学术不端文献检测系统在实践应用中的功能[J].新闻传播,2015(6).

[229] 孙雄勇,耿崇,申艳.学术不端检测的难点及对策[J].中国科技期刊研究,2019(1).

[230] 袁维勤."985"高校科研不端行为的"立法"研究[J].山东科技大学学报(社会科学版),2011(2).

[231] 王龑.高校对学生学术不端行为处理机制研究[D].吉林大学,2015.

[232] 何惠予.高校学术不端行为的治理对策研究[D].华南理工大学,2012.

[233] 朱燕.美国大学生学术不端的防治研究[D].北京大学,2008.

[234] 田瑞强,姚长青,刘糧颖,等.学术不端治理政策及案例计量研究[J].中国科技期刊研究,2018(4).

[235] 司林波.国内高校学术道德规范文本比较分析——基于对国内9所"985工程"大学的调查[J].四川理工学院学报(社会科学版),2013(6).

[236] 迟宝策.基于国内高校视角浅论"学术道德"与"学术诚信"[J].传播力研究,2018(25).

[237] 常唯,张莹,白雨虹.期刊编辑部在做好出版伦理防控中的责任——Light：Science & Applications 的实践探索[J].中国科技期刊研究,2019(1).

[238] 温凤英.高校科技期刊网站出版伦理制度建设研究[J].中国科技期刊研究,2020(2).

[239] 郑晓梅,张利田,王育花,等.期刊编辑和科研人员对学术不端及其边缘行为的界定、防范和处理认知的调查结果分析[J].中国科技期刊研究,2020(4).

[240] 张利田,郑晓梅,靳炜,等.面向科技期刊编辑部的学术不端及其边缘行为防范和处理导则的制订方法及主要内容[J].中国科技期刊研究,2020(5).

[241] 任艳青,靳炜,翁彦琴.撤销论文的学术不端行为新特征及启示[J].中国科技期刊研究,2019(12).

[242] 孙娟,何丽,宋勇刚,等.学术期刊在科研诚信建设中的作用与实施路径[J].中国科技期刊研究,2021(2).

［243］申海菊.科技期刊编辑重构学术诚信的领导艺术［J］.编辑学报,2015(2).

［244］邢爱敏.科技期刊编辑在学术生态圈构建中的作用与作为［J］.编辑学报,
2020(5).

［245］吴永英,李新美,于光.科技期刊编辑在推进学术诚信建设方面的思考
［J］.编辑学报,2013(S1).

［246］张春丽,倪四秀,宋晓林.科技期刊学术不良行为认知与管控研究——基
于作者、编辑和审稿专家的问卷调查分析［J］.中国科技期刊研究,2018
(12).

［247］徐石勇,叶靖,康锋,等.期刊学术不端的现象、成因及防范措施［J］.编辑
学报,2019(4).

［248］张利田,郑晓梅,靳炜,等.面向科技期刊编辑部的学术不端及其边缘行为
防范和处理导则的制订方法及主要内容［J］.中国科技期刊研究,2020
(5).

［249］霍振响,屈李纯,李小平.基于科技期刊编辑视角探讨抵制学术不端行为
［J］.农业图书情报学刊,2018(7).

［250］邓瑶,洪青标,朱宏儒.科技期刊学术不端防范措施——对江苏省医学科
技期刊的调查分析［J］.中国科技期刊研究,2016(9).

［251］李晶,张嵘.科技期刊中研究生学术不端行为探析及编辑作为［J］.编辑学
报,2016(5).

［252］李爱群,黄玉舫.我国体育科研人员对学术不端行为的认知和态度及体育
学术期刊治理方策［J］.中国科技期刊研究,2019(3).

［253］李洁,李娜,栾嘉,等.我国医学科研人员出版伦理认知情况调研及对医学
期刊工作的启示［J］.编辑学报,2020(3).

［254］侯兴宇.科技期刊在科研诚信协同治理中的作用［J］.编辑学报,2021(1).

［255］史昱.科技期刊与科研诚信建设刍议［J］.编辑学报,2021(1).

［256］张晓雪.科技期刊在学术生态建设中如何发挥积极作用［J］.编辑学报,
2021(1).

［257］王芳,张琼,李朝晖.浅谈学术期刊在反对学术不端行为中发挥的作用
［J］.传播与版权,2020(4).

［258］李新根,徐用吉.学术期刊编辑如何防范学术不端行为［J］.2010(8).

［259］宫在芹,武英刚,代艳玲.学术不端行为演变趋势及科技期刊应对措施
［J］.江苏科技信息,2021(2).

[260] 江国平.学术期刊编辑如何处理和防范作者的学术不端行为[C],上海:上海大学出版社(学报编辑论丛),2020:334.

[261] 王嘉,仲辉,杨琴.科技期刊编辑部针对学术不端的防范措施[C],上海:上海大学出版社(学报编辑论丛),2020:683.

[262] 赵晓华.高校学报生态系统及学术不端行为防范研究[J].新乡学院学报,2020(10).

[263] 印波.科技期刊编辑部在科研失信行为查处中的主体责任[J].编辑学报,2020(4).

[264] 范艳芹,楼启炜.期刊编辑防范学术不端的"把关人"作用[J].青年记者,2020(12).

[265] 翁志辉.学术期刊编辑要善于利用网络平台防范学术不端行为[J].编辑学报,2019(S2).

[266] 武星彤,谈平,鲁博,等.科技期刊学术诚信问题的探讨[J].编辑学报,2019(S2).

[267] 张宏,程建霞,王小唯,等.学术不端现象分析及期刊编辑应对策略[J].编辑学报,2010(1).

[268] 于玲玲,苗苗,刘伟,等.三级医院科研人员科研诚信认知及学术不端现状调研分析[J].中华医学科研管理杂志,2020(4).

[269] 白新文,张婍,杜鹏,等.我国科研人员对学术不端行为的归因分析——基于参与国家重大科技项目科研人员的调研[J].中国科学基金,2017(3).

[270] 张鹏俊,高强,彭博,等.医学科研管理工作者科研诚信认知现状调研分析[J].中华医学科研管理杂志,2019(2).

[271] 赵金国,朱晓红.基于科研人员特征的科研诚信比较分析[J].中国高校科技,2018(12).